LANDOLF SCHERZER

Stürzt die Götter vom Olymp

aufbau

LANDOLF SCHERZER

Stürzt die Götter vom Olymp

DAS ANDERE GRIECHENLAND

aufbau

Mit Beiträgen von Konstantin Wecker, Asteris Kutulas und Stephan Kaufmann sowie 51 Fotos des Autors

FSC
www.fsc.org
MIX
Papier aus verantwortungsvollen Quellen
FSC® C083411

ISBN 978-3-351-03580-8

Aufbau ist eine Marke der Aufbau Verlag GmbH & Co. KG

1. Auflage 2014

Einbandgestaltung hißmann, heilmann, Hamburg
Satz LVD und Reproduktion GmbH, Berlin
Druck und Binden CPI – Clausen & Bosse, Leck
Printed in Germany

www.aufbau-verlag.de

DIE ERSTE REISE: ALL-INCLUSIVE-PLUS IM PARADIES

Im Reiseführer hatte ich gelesen, dass Griechen gegen 14 Uhr Mittag essen. Doch in den Touristenhochburgen gilt diese griechische Zeitrechnung wahrscheinlich nicht mehr, denn als ich um 13 Uhr im großen Speisesaal des 5-Sterne-Hotels »Oceania Club« in Nea Moudania einen freien Tisch suche, schleppen die weiß und blau gekleideten Kellnerinnen und Kellner schon schwere Tabletts mit oft noch halbvollen Tellern und Gläsern im Slalom durch die eng gestellten Tische und schütten Fleisch und Fisch, Salat und Spaghetti in die Abfalltonnen, gießen Wein und Bier in den Ausguss, wischen die Tische ab, legen neue Deckchen, Teller und Bestecke wie in einem Nobelrestaurant millimetergenau nebeneinander und bringen im Laufschritt neues Bier, neuen Wein und neues Wasser für die neuen Gäste.

Küchenjungen füllen ständig die in der Mitte des Restaurants stehenden Desserttische mit fettigen Torten und Törtchen, buntverzierten dickbäuchigen Marzipanschweinen, honignassem Kuchen, sahnigem Eis und Schokosoße auf.

Regelmäßig schreitet der Küchenchef die 25 Meter

lange Front der aufgebauten Speisen ab. Dabei würdigt er die Gäste keines Blickes, schaut nur mit Argusaugen auf das Büfett und bewegt sich so gerade und bedächtig, dass seine sehr hohe weiße Mütze nicht einen Zentimeter ins Wanken gerät. Im Laufen zwirbelt er die linke Seite seines schwarzen Bartes, rückt drei Salatschüsseln gerade, zupft das andere Ende seines Bartes, legt zwei Löffel neben die Pfanne mit gebratenen Rosmarinkartoffeln, glättet die linke Seite des Bartes, ordnet die Kuchenstücke symmetrisch und streicht über das rechte Bartende.

Der stolze Grieche scheint zufrieden mit sich und dem Büfett, auf dem wahrscheinlich alles zu finden ist, was ausländische Touristen in Griechenland essen möchten: pürierte Tomatensuppe oder cremige Champignonsuppe. In Scheiben geschnittene Gurken, Tomaten, Möhren, Rote Bete, Zwiebeln und Rettiche. Blätter von Rucola, Endivien, Minze und Kopfsalat. Schalotten von Zwiebeln und Stängel von Dill. Gebratene Zucchini und gefüllte Paprika. Spaghetti mit Sauce Bolognese. Putenfilets gegrillt mit Pilzen und Zwiebeln, Putenfilets gebraten mit Kartoffeln und Tomaten, Putenfilets gedünstet in Möhren und Erbsen. Rindfleischwürfel und Leber mit grünen Bohnen. Hackfleischklößchen, gebratene Auberginen und verschieden belegte Pizzen. Gebratene Würstchen, gegrillte Fische und Hähnchenschenkel in Sahnesoße …

Nur Gyros fehlt. Und der Knoblauch im Tsatsiki!

Ich grüße den Küchenchef leise: »Kalimera – Guten Tag.« Er beugt Kopf und Mütze zu mir hinunter und lächelt. Als ich wie ein kleines Kind den großen Mann an seinem weißen weiten Kochärmel bis zur Tsatsiki-Schüssel ziehe und ihm, indem ich tief Luft hole und kräftig durch die Nase atme, klarmachen will, dass Knoblauch fehlt, versteht er mich nicht. Er geht in die Küche, schüttet Joghurt nach. Ich imitiere Essbewegungen und hauche ihn an. »Knoblauch fehlt!« Er gießt Olivenöl dazu. Und wartet, bis ich mein Wörterbuch vom Tisch geholt habe. »Skordo – Knoblauch.« Er schüttelt den Kopf. Hier würden keine Griechen essen. Nur Angli, Jermani und Europai. Deshalb macht er Tsatsiki ohne Knoblauch.

Ein Kellner fragt mich in gebrochenem Deutsch: »Beer? Wein? Wosser?« Weil ich noch nicht weiß, ob ich Fleisch oder Fisch esse, bestelle ich Rosé. Er bringt mir einen halben Liter Roten. Hier ist alles inklusive. »Trinken und Essen in Griechenland, so viel Sie wollen und so viel Sie können!«, hatte der deutsche Reiseprospekt für den All-inclusive-plus-Aufenthalt im »besonders familienfreundlichen« 5-Sterne-Hotel geworben. Das Plus: Der Zimmerkühlschrank wird täglich kostenlos mit Bier, Wein, Saft und Wasser aufgefüllt. Den Flug hinzugerechnet, kostet der Luxus am Ägäischen Meer für eine Aprilwoche knapp 500 Euro.

Ich nehme gebratene Zucchini und gegrillten Fisch. Als ich mir Obst hole, stellt der Kellner, obwohl meine erste noch nicht leer ist, eine zweite Karaffe Wein auf den Tisch. Beim Zurückgehen verfolgt ihn ein Trupp von »hands up« schreienden Kindern, die sich, mit ihren Spielgewehren zwischen den Tischen Deckung suchend, bekämpfen und arbeitende Kellner und essende Touristen gleichermaßen erschießen. Dutzende Tote. Jeder wird von den Kindern bejubelt. Und die Eltern lächeln.

Ich zwinge mich, aus dem Fenster zu schauen. Unten am Pool sind die Stühle nicht mit Reservierungshandtüchern belegt. Auf die Wasserfläche regnet es Blasen.

Am Nachbartisch sagt ein vielleicht 50-jähriger Mann in gelbem Diesel-T-Shirt: »Nu sparen die Griechen sogar schon mit ihrer Sonne.« Und schlägt mir vor: »Machen wir heute also einen Bartag und trinken zusammen ein paar Whisky.«

Vielleicht gehe ich mit, weil diese Reise auch bei Lidl angeboten wurde und mir eine befreundete Reiseunternehmerin prophezeit hatte: »Bei Lidl kaufen und buchen vor allem die sozialen Unterschichten. Du wirst im Hotel interessante Leute treffen, die sich zu Hause solch einen All-inclusive-plus-Exklusivurlaub nie leisten, aber gute Geschichten erzählen können.«

Der Diesel-Mann gehört, wie er sagt, nicht zu den sozialen Unterschichten und kennt auch keine guten Geschichten. Er ist Busfahrer bei der BVG. Aber er weiß, wie man sich an einer Bar, an der es eigentlich keinen Platz mehr gibt, doch noch einen Platz erkämpft. Man schiebt zwei Hocker mitsamt den darauf Sitzenden auseinander. Bevor wir einen Whisky trinken, verlangt er, dass der Kellner, der trotz seines kurzgeschorenen Kopfes noch wie ein Kind aussieht, ein Radler, »aber mit viel Bier«, bringt. Der Kellner fragt: »Please, Mister?« Der sagt nun sehr laut: »Nu, Bier und Brause zusammenschütten, ein Radler!« Der Kellner versteht ihn immer noch nicht. Mein Nachbar schreit: »Wenn wir im Urlaub unser Geld hierherbringen, damit ihr eure Schulden bezahlen könnt, dann lernt dafür wenigstens die Namen von deutschen Getränken.«

Ich versuche zu vermitteln, doch der Kellner versteht auch mein bruchstückhaftes Griechisch nicht. Auf Englisch erklärt er dann, dass er kein Grieche, sondern ein Lette ist. Und ergänzt, erfreut auf mein Russisch reagierend: »Die wenigsten Kellner hier sind Griechen. Die meisten kommen aus Rumänien, Litauen, Georgien und Lettland. Wir sind für den griechischen Besitzer nur halb so teuer wie seine arbeitsuchenden Landsleute. Polowina! Polowina! – Hälfte! Hälfte!«

Statt Whisky trinke ich einen Wodka. Der Kellner bringt mir sto Gramm.

Obwohl mich der gelbe Diesel-Mann, der nach dem Whisky noch Sekt mit Curaçao bestellt, zurückhalten will, ziehe ich meine Windjacke an und gehe hinaus in den Regen.

140 Stufen hinunter bis zum dunklen, still ruhenden Meer. Vom Rand der Sonnenschirme, die am Sandstrand in Reih und Glied stehen, tropft der Regen. Ich atme den frischen Geruch des Meeres, der sich mit dem süßen Duft von großen Kakteenblüten mischt, und genieße die Stille und die Einsamkeit. Weit entfernt bückt sich ein alter Mann in knielangen Hosen nach lebenden Muscheln. Es sieht aus, als ob er sich vor dem Meer verneigt. Die Wolken verharren ruhig über der Wasserfläche. Kein noch so schwacher Wind reißt ein Loch in

No Parking vor dem »Oceania Club«

das Grau. Und die weiß-blaue griechische Nationalflagge hängt als nasser Lappen reglos zwischen Eukalyptusbäumen. Die Schwalben fliegen tief.

Ich laufe durch das regenwarme, salzige Uferwasser, das die Füße nur behutsam umspielt, und bin – anders zwar, denn ich rechnete mit Sonne – an der griechischen Ägäis angekommen. Während mir der Regen vom Kopf ins Genick rinnt und von dort unter meine Jacke, erinnere ich mich an jenes erst vier Wochen zurückliegende Gespräch im Dönerladen unseres Dorfes Dietzhausen.

Es war entscheidend, dass ich spontan nach Griechenland gefahren bin.

Ich hatte Ercan, den Pächter des Dönerladens, wie immer mit »Merhaba« gegrüßt. Wir kennen uns schon lange. Auch die zwei Männer, die am Stehtisch gebratene Nudeln mit Ei löffelten, kannte ich. Der Jüngere, vielleicht 30-Jährige, ist Computerspezialist. Zurzeit ohne Job. Hartz-IV-Empfänger. Der Ältere arbeitet, obwohl er schon Rente bekommt, noch stundenweise in einer Suhler Metallbude. Er erwiderte lachend und überdeutlich: »Guten Tag! In Deutschland – und Dietzhausen gehört zu Deutschland – wird deutsch gegrüßt! Außerdem spricht Ercan wahrscheinlich besser Hochdeutsch als du.«

Der Jüngere nickte und lobte den Türken: »Der redet anständig und arbeitet fleißig wie ein Deutscher. Hast dir die Deutschen zum Vorbild genommen, Ercan?«

Der zuckte, als würde er die Frage nicht verstehen, mit den Schultern und schenkte uns zur Begrüßung Apfeltee ein. Nach dem ersten Schluck sagte der Rentner: »Wenn wir in Griechenland, der Türkei, Portugal und den anderen südeuropäischen Ländern was zu sagen hätten, gäbe es in der EU keine faulen Schmarotzer mehr. Im Café sitzen, in der Sonne liegen, Siesta machen, nicht arbeiten, aber gut leben wollen. Nee!«

»Die Türkei ist nicht in der EU«, widersprach Ercan. »Wir haben unser Land bisher vor der Finanzkrise bewahrt. Die Griechen dagegen waren immer ein Volk von Sklaven, das erst viele Jahrhunderte von uns Türken regiert wurde und heute von der EU.«

Der Rentner ergänzte: »Doch diese Griechen arbeiten weniger als wir Deutschen, verdienen aber mehr und bekommen mehr Urlaub als unsereiner. Sie zahlen keine Steuern, gehen jedoch früher als wir in Rente.«

Ich fragte, woher er das alles so genau weiß. Er schlug die BILD auf, die Ercan täglich für seine Gäste auslegt. »Nein, heute steht mal nichts über die Pleitegriechen drin. Aber sonst …«

Als ich die Worte des Rentners bezweifelte, sagte der Computerexperte, dass ich die Fakten nachlesen könnte. »Schwarz auf weiß. Musst im Internet nur unter ›Griechenland – Schulden‹ oder ›Griechenland – Meinungen‹ googeln.«

Am nächsten Tag las ich unter http://community.t-online.de/community/forum/na1/2/griechenland:2D:krise .

»Deutscher Bürger«: »Sollen die undankbaren Griechen doch ihre Götter um Hilfe bitten. Ich mache keinen Urlaub mehr bei diesem Göttervolk, sollen die doch verhungern mit ihrer Undankbarkeit.«

»Kritiker«: »Undank ist der Griechen Lohn und Deutschlands Grab!!!!!! Jagt sie aus der EU und lasst sie wursteln wie sie wollen, vielleicht wollen sie eine Provinz der Türken werden, mit Zypern haben sie ja geübt.« (131 Unterstützer der Meinung, 13 Ablehnungen)

»Deutscher«: »wen kümmern überhaupt diese kleinen olivenbauern??? stehen ständig auf der strasse rum und verbrennen deutsche fahnen anstatt zu arbeiten.«

»Steuerzahler«: »- Hilfe einstellen,

- bereits gezahlte Gelder umgehend zurückfordern,

- aus EU werfen,
- Griechen in Deutschland höher besteuern,
- zu keinem Griechen mehr essen gehen,
- nicht in Griechenland in Urlaub fahren,
- keine Waren aus Griechenland kaufen usw.« (117 Unterstützer, 14 Ablehnungen)

»Niko«: »Liebe deutsche Bürger, eins solltet ihr nicht vergessen, dass der ganze Globus den Griechen vieles zu verdanken hat. Die Geschichte. Schreiben. Lesen. Ohne dies Wissen würden viele Völker noch in den Wäldern leben.« (Nur 5 Unterstützer, 37 Ablehnungen)

»Euroskeptiker«: »Schmeißt sie endlich raus, die Gyrosfresser!! Erst Bilanzen fälschen, dann Milliarden unserer Steuergelder kassieren, und jetzt wird Deutschland permanent verunglimpft. Fahren Sie mal in Urlaub und hören Sie sich das Geschwätz der Leute an gegenüber denjenigen, die Jahrzehnte das Geld in den Tourismus reingeschleppt haben. Undankbares Pack.«

»Bobi«: »Ich arbeite in einem Reisebüro und werde jedem Kunden abraten in dieses Land zu fahren und das Volk damit zu unterstützen. Raus mit denen aus der EU.«

Am übernächsten Tag buchte ich den Flug nach Thessaloniki und das »all inclusive plus«-Hotel in Nea Moudania.

Beim Abflug in Berlin-Schönefeld hatte ich mich heute früh nicht in die Warteschlange eingereiht, sondern bin als einer der Letzten zur Sicherheitsschleuse gegangen. Eine junge Frau mit schwarzen Haaren und schwarzen

Augen wies mir den Weg durch das Labyrinth der aufgestellten Absperrbänder. Als ich vor der Kontrolle meine Wasserflasche austrank und sie in den übervollen Behälter warf, winkte die Frau einem strohblonden Jungen, der mit aufgehucktem Rucksack an der Eingangstür der Halle wartete, und drückte, damit er geradewegs zur Sicherheitskontrolle gehen konnte, die Labyrinth-Absperrung zur Seite. Er füllte den Rucksack mit Plasteflaschen, nickte der Frau dankbar zu und lief wieder hinaus. Sie brachte die Absperrbänder in die alte Ordnung. Auf ihrem Namensschild an der Dienstjacke stand »Salmar«, und ich fragte, ob sie aus Ägypten kommt.

»Nein, aus Jordanien.«

»Und der Junge mit dem Rucksack?«

»Aus Poland. Er hat keinen Job und holt immer, wenn ich hier stehe, die leeren Plasteflaschen.«

»Darf er das?«

»Das weiß ich nicht. Aber die Menschen, die fremd sind in Deutschland, müssen einander helfen.«

Sie fragte, wohin ich fliege, und als ich ihr mein Ticket zeigte, meinte sie, dass die Griechen in ihrer Heimat jetzt vielleicht noch schlechter dran sind als arbeitslose Polen in der Fremde. Und wünschte mir einen guten Flug.

Die Stewardessen geizten nicht mit freundlichen Begrüßungsworten. An allem anderen aber wird bei der griechischen – nein, es ist eine englische – Billigfluggesellschaft rigoros gespart. Sogar Wasser erhält man wie alle anderen Getränke, die man bei der Sicherheitskontrolle abgeben musste, nur gegen horrende Bezahlung. Ich saß an einem Notausgang, und der Steward erklärte mir, mit welchem der großen Hebel ich bei einer Notlandung zu Wasser oder zu Lande den zweiten Griff drücken muss, damit die Türblockierung aufgehoben wird und ich mit viel Kraftanstrengung die erste Klappe öffnen und dann die Tür zur Seite drücken kann. Ich verstand nichts, aber in der Nachbarreihe saß ein schwarzbärtiger Pope in einer dunkelbraunen Kutte und studierte, schon angeschnallt, andächtig ein hoffentlich heiliges Buch. Obwohl ich vor der Reise gelesen hatte, dass die griechisch-orthodoxen Popen in Griechenland vom Staat bezahlt werden, hoffte ich, dass dieser Pope trotzdem noch eine Verbindung zum Himmel hat und ich die Notausgangsklappe nicht öffnen muss.

Nachdem die Stewardessen Bier, Wein, Hamburger, Snacks, Schweizer Uhren, amerikanische Zigaretten, irischen Whiskey und deutsches Wasser verkauft hatten, landeten wir sicher.

Der April soll in Griechenland bei blauem Himmel schon 25 Grad warm sein, doch Thessaloniki empfing uns mit schwarzen Wolken und deutschen 10 Grad. Der Reiseleiter stellte, nachdem ich mich als erster ankommender Tourist bei ihm gemeldet hatte, sein »Schauins-Land«-Schild vorerst in die Ecke, bestätigte, dass es in Griechenland im April normalerweise schon wärmer ist, und fügte lakonisch hinzu: »Doch was ist in Griechenland heute noch normal?« Nach der Saison werde er z.B. arbeitslos sein und in den folgenden Monaten keine staatliche Unterstützung erhalten.

An der Auffahrtsstraße zum Terminal standen Autos

im Halteverbot. Doch bevor die dort ständig patrouillierenden Polizisten Strafzettel schrieben, pfiffen sie sehr laut und sehr lange vor den falsch parkenden Autos mit ihren Trillerpfeifen. Verkehrssünder, die daraufhin in olympiaverdächtigem Tempo zu ihrem Wagen sprinteten, gingen straflos aus. Wer allerdings zu langsam war, so dass die Polizisten schon zu schreiben begonnen hatten, konnte sie am Strafvollzug nur noch hindern, indem er ihnen ein Scheinchen zusteckte.

In der Ankunftshalle hingen Suchplakate mit Fotos von Kindern aus orientalischen, asiatischen und afrikanischen Ländern. Der Reiseführer erklärte mir, dass es Kinder von Familien sind, die über Griechenland nach Mitteleuropa emigrieren wollten. »Sie haben ihre Kinder hier nicht verloren. Die meisten von ihnen wurden in Griechenland entführt, und die Eltern hatten keine Chancen, sie zu suchen, denn sie mussten als Flüchtlinge weiterziehen.«

Weil der Reiseleiter noch auf die nächste Maschine mit Touristen aus Deutschland wartete, verließ ich das Gebäude und atmete trotz der Kälte den Duft der schon grünen Wiesen und der an den Bäumen hängenden Orangen und Zitronen ein.

Die Fahrt im Kleinbus nach Nea Moudania führte durch die hässlichen Außenbezirke von Thessaloniki. Baubetriebe, Betonhochhäuser, Lagerhallen, Autoreparaturwerkstätten und Schrottplätze verschandelten die Landschaft. Aber der griechische Himmel sah, betrachtete man ihn durch die obere Hälfte der Frontscheibe des Busses, auf der ein blaues Farbraster klebte, nicht

Die Bienenwaben des »Oceania Clubs«

mehr pessimistisch grau aus, sondern erstrahlte im touristenfreundlichen, optimistischen Blau. Und auf einem der grünen Hügel stand eine schlossähnliche Fabrik, die Ouzo und den geharzten Wein Retsina herstellt.

Nach einer knappen Stunde erreichten wir in Nea Moudania die Ferienanlage »Oceania Club«: mehrere langgestreckte dreigeschossige Blocks, die neben- und hintereinander auf einem zum Meer hin abfallenden Hang stehen. Sie ähneln mit jeweils 50 bis 60 »Einfluglöchern« riesigen Bienenwaben. In der Mitte der Anlage befindet sich ein schmaleres, aber höheres Haus mit Rezeption, Restaurants, Bars, Fitnessräumen, Sauna und Schwimmbad.

An der Rezeption begrüßte mich eine Frau auf Deutsch: »Willkommen im schönen Griechenland!«, und servierte mir unaufgefordert Prosecco. Danach rief sie einen uniformierten Boy, der mich und meine Tasche auf einem Elektrokarren in großen Kurven um die Blocks zu meinem Zimmer kutschierte. Kaum hatte ich ausgepackt, musste ich mich sputen, um zum Mittagessen in den Speisesaal zu kommen.

Leider sind die Gebäude, obwohl man sie den Hang hinauf gebaut hat, nicht wie ein antikes Amphitheater so angeordnet, dass man von überall die Bühne der Handlung, also das Meer, sieht. Auch mir versperrt der vordere Block die Sicht auf das Meer, und weil ich es wegen der gepriesenen Familienfreundlichkeit des Hotels, sprich lärmender Kinder, vom Balkon auch nicht hören kann, gehe ich noch einmal hinunter.

Es hat inzwischen aufgehört zu regnen. Unterwegs erklingt aus einem kleinen Restaurant griechische Musik. Ich frage ein deutsches Ehepaar, das davorsitzt, ob man auch dort wie in dem riesengroßen zentralen Speisesaal »all inclusive plus« essen und trinken kann.

Nur mittags und nachmittags, erklärt mir die Frau. Um abends einen Platz zu erhalten, muss man sich drei Tage zuvor schon am Morgen anmelden. Genau wie für einen Platz in dem italienischen oder dem asiatischen Restaurant, die zum »Oceania Club« gehören.

Ich »spendiere« den freundlichen Informanten roten Wein und mir einen Ouzo ohne Eis.

Die beiden leben im bayerischen Weiden. Die Frau arbeitet noch einige Stunden als Pflegerin, er ist seit kurzem Rentner und erholt sich, wie er sagt, von seinem »anstrengenden Job im Finanzamt der Weidener Stadtverwaltung«.

Anscheinend ist ihm dieser Gesprächsbeginn im Land der akuten Finanzkrise nicht angenehm, denn er relativiert seine Arbeit im Finanzamt sofort. »Wir hatten natürlich keinen Einfluss auf die Spekulationen und die Krise des Euro. Wir kontrollierten nur – was in Griechenland wahrscheinlich nicht geschieht –, ob die kleinen Leute ihre Steuern ordentlich bezahlt haben. Und das machten wir sehr gründlich. Für die großen Finanzhaie waren wir nicht zuständig.«

Doch er möchte im Urlaub nicht über Geld und Politik sprechen.

Sie sind das zweite Mal in Griechenland und wollen sich Klöster und die antiken Stätten anschauen. Vor zwei Tagen haben sie Kassandra besucht, jenen Ort auf Chalkidiki, der nach dem König Kassandros (dem Gründer von Thessaloniki) benannt worden ist. »Nein, nicht nach der legendären Weissagerin, die in die Zukunft schauen und das Unheil voraussagen konnte«, erklärt der Ex-Finanzer. Und nun spricht er doch über Politik und den Brocken von 303,9 Milliarden Euro Schulden, der Griechenland, weil es sehr viel ärmer als das mit 2166,3 Milliarden Euro verschuldete Deutschland ist, schmerzlich auf die Füße fallen wird. »Vor allem den Ärmeren. Die sind zwar nicht schuld an den Schulden und dem griechischen Elend, müssen aber wie immer alles ausbaden. Das Geld haben die Großen geklaut, versteckt und ins Ausland verschoben.«

Der Finanzbeamte glaubt nicht, dass Kassandra jetzt

weissagen könnte, wie und ob die Griechen die Tragödie beenden werden. »Mit solch einer Prognose wäre sie heute wahrscheinlich überfordert.« Inzwischen gäbe es in Politik, Medien und Wissenschaft Hunderttausende falsche Seher, die den Menschen, damit sie manipulierbarer sind, entweder Angst machen oder ihnen im gleichen Atemzug das Paradies auf Erden versprechen würden.

Eine Weissagung traut er sich trotzdem zu. »Irgendwann wird das griechische Elend auch in Deutschland ankommen. Dann können die Leute ihre Häusle-Kredite nicht mehr bezahlen, und die Löhne und Renten werden nicht mehr zum Leben reichen.«

Von der naheliegenden Poolbar übertönen Lachen und russische Flüche die griechische Musik. Drei Männer diskutieren mit dem Kellner hinter dem Tresen, dass er den Wodka nicht in kleine Gläser füllen, sondern ihnen eine volle Flasche geben soll.

Einer von ihnen zeigt zum dunklen Wolkenhimmel und klopft sich mehrmals mit dem Zeigefinger gegen die Gurgel. »Tschto delat pri takoi plochoi pogode? – Was machen bei diesem schlechten Wetter?«

Der Grieche hinter der Theke versteht sie, rückt aber keine Flasche heraus. Er füllt ihnen lediglich die Saftgläser randvoll. Der Barkeeper ist vielleicht 25 Jahre alt, heißt Manos und lacht, als er mir sagt, dass er halb ein Grieche und halb ein Deutscher sein möchte. »Vom Griechen das Herz, vom Deutschen den Kopf. Griechen fühlen mehr, und Deutsche denken mehr.« Zuerst hat er Englisch, dann Deutsch gelernt und schließlich wegen der Touristen auch noch Russisch. »Die Russen wollen harte Sachen. Die trinken hier nur Wodka. Vor allem, wenn er nichts kostet. Aber es sind gute Menschen, die Russen.« Manos verdient, wie er sagt, für griechische Verhältnisse ungewöhnlich viel: 600 Euro im Monat. Seine Frau lebt mit zwei kleinen Kindern in Thessaloniki. »Einmal in der Woche sehe ich sie. Und dann beten wir zusammen zu Gott, dass ich meine Arbeit hier in der Saison behalte.«

Manche Hilfskräfte im »Oceania Club« würden nur 150 Euro verdienen. »Doch ein Stück Butter kostet inzwischen über 2 Euro und ein Liter Milch fast 2 Euro.« Seiner Mutter haben die Behörden die Rente von einem Tag zum anderen von 720 auf 360 Euro gekürzt.

Ja, er lebe hier im Paradies. »Aber leider nicht als Tourist!«

Um zu erfahren, wie viel die Putzfrauen, die Köche und Kellner, die Handwerker und Poolreiniger für ihre Arbeit im Paradies erhalten, gehe ich hinauf zur Rezeption und bitte um ein Interview mit dem zuständigen Manager der Ferienanlage.

Eine gut deutsch sprechende junge Frau fragt, wie lange ich noch hierbleibe.

»Sechs Tage.«

»Dann ist ein Termin kein Problem. Man wird Ihnen eine Nachricht ins Zimmer legen.«

Ihr Gesicht ist schmal wie das der Aphrodite, aber Elena stammt nicht aus Griechenland, sondern aus Russland.

»Meine Eltern wohnen noch in Russland, meine

Schwester lebt schon in Koblenz, und ich bin froh, dass ich an der Rezeption arbeiten darf. Vielleicht weil ich vier Sprachen spreche und einen griechischen Freund habe. Ich bin 25 Jahre alt und erhalte 700 Euro. Wer noch nicht 25 ist, bekommt weniger. Meine erst 24 Jahre alte Kollegin nur 450 Euro.« Aber das dürfte mir nur der verantwortliche Manager erzählen. Sie hätte schon zu viel geredet.

Weil ein kleines Mädchen hinter dem Tresen immer wieder zu Elena läuft, die liebevoll den dunklen Wuschelkopf streichelt, sage ich: »Sie haben ein hübsches Mädchen.«

Aber Elena antwortet sehr leise und ein wenig errötend: »Es ist nicht meins. Ein Kind können wir uns jetzt nicht leisten.«

Am frühen Morgen laufe ich nach Nea Moudania. Zwischen Meer und dem Hang, auf dem das eingezäunte Touristenparadies steht, befindet sich ein promenadenähnlicher asphaltierter Uferweg. Doch ich ziehe meine Schuhe aus, stecke sie in den Rucksack und wate durch das kalte Wasser. Wenn schon Griechenland, dann auch richtig!

In einer Bucht, in der faule Hunde schlafend im Sand liegen und das Meer von einem großen Holzschiff nur das Gerippe übriggelassen hat, stochert eine alte Frau mit einem Stock im seichten Wasser. Sie trägt Gummigaloschen und weicht den Wellen geschickt wie ein junges Weib aus. Ärgerlich deutet sie auf meine nackten Füße und schüttelt sich, als ob sie unter ihrem dicken Anorak friert.

Als ich sie frage, was sie am Meer sucht, holt sie eine Handvoll perlengroße, glitzernde Muscheln und Steine aus einem Stoffsäckchen, das sie am Gürtel festgebunden hat. Ich kann mir nicht vorstellen, dass sie diese Winzlinge verkaufen will. Doch als hätte sie meine Bedenken geahnt, legt sie die kleinen Fundstücke zu kunstvollen Ornamenten geordnet in den Sand, zeichnet mit dem Stock einen Rahmen drum herum und erklärt, indem sie Daumen und Zeigefinger aneinanderreibt, dass sie Sandbilder an Touristen verkauft. Für einen Euro. Sie sucht lange, bis sie eine besonders bunte kleine Muschel findet. Schenkt sie mir und zeigt noch einmal, nun fürsorglich drohend, auf meine nackten Füße. Bevor ich meine Schuhe aus dem Rucksack holen kann, läuft sie zu einem Müllhaufen und sucht dort wahrscheinlich nach alten Latschen für mich. Ich winke ihr, gehe dann aber, bevor sie Latschen findet, schnell weiter und bleibe erst im Ort vor einem Zeitungskiosk stehen. In der Auslage ganz vorn glotzen mich auf der Titelseite des griechischen Nachrichtenmagazins »Crash«, wie für eine Verbrecherkartei abgelichtet, zwei zur Fahndung ausgeschriebene kurzgeschorene Köpfe an: Angela Merkel und Wolfgang Schäuble. »Wanted! – Gesucht!«

Wenige Schritte hinter dem Kiosk liegt der Hafen von Nea Moudania. Als ehemaliger Hochseefischer suche ich in allen Städten am Meer immer zuerst den Hafen. Die Fischerboote sind noch draußen. Am Kai liegen nur drei große Kähne. Auf Deck sind bis zu den Spitzen der Funkmasten weiße Polystyrolkisten gestapelt, in denen

Am Hafen von Nea Moudania

die frischen Fische eisgekühlt bis nach Thessaloniki gebracht werden können. Die Netze mit den braun-weißen Schwimmerkugeln liegen ordentlich zusammengelegt an Deck. Darüber hängen die frisch gewaschenen bunten T-Shirts und blauen Pullover der Besatzung.

Ein junger Mann, der die Kapuze seiner hellen Trainingsjacke frierend über den Kopf gezogen hat, wäscht am Kai Sardinen, die er von den Fischern geschenkt bekommen hat, einzeln unter dem Wasserhahn. Es riecht nach Fisch, Salz und den Dieselabgasen eines laut tuckernden Kühlaggregats. Ich genieße es, möchte mir auch Sardinen geben lassen und, statt mittags im »Oceania Club« zu schlemmen, die Fische in Olivenöl mit Zitronensalz braten und dazu Weißbrot essen und Wasser

Die Basilika auf dem Hügel

trinken! Aber als ich die fünf Männer, die an Bord im Halbkreis auf Kisten sitzen, beim Frühstück sehe – sie trinken Kaffee aus Plastebechern und essen gelben Paprika mit Brot –, traue ich mich nicht einmal, sie bei diesem Ritual zu fotografieren, geschweige denn sie in der Hoffnung, dass einer von ihnen mich versteht, weil er schon einmal als Billigarbeiter auf einem deutschen Schiff gefahren ist, zu fragen: »Nehmt ihr mich heute Nacht mit hinaus aufs Meer?«

Ich gehe still vorbei und denke: Wahrscheinlich ahnen sie, dass ich mir als Tourist am Morgen schon »all inclusive plus« den Bauch mit Schinken und Ei, mit gefüllten Auberginen, mit Käse, Honig und mit Kuchen vollgeschlagen habe. Sie könnten mich vielleicht fragen: Weshalb ihr Deutschen in Griechenland, aber wir Griechen nicht in Deutschland?

Die Basilika von Nea Moudania steht auf einem Hügel. Zwischen kunstvoll aus roten und weißen Ziegeln gemauerten Rundbögen, die von weißen Säulen gestützt werden, schmücken die griechische Nationalflagge und Ikonen mit Goldhintergrund das Äußere der Kirche. Ich laufe zweimal um die heiligen Bilder, aber alle Eingangstüren sind verschlossen.

Hundert Meter weiter steht dagegen die Tür eines Ladens weit offen. Dort verkauft eine vielleicht 40-jährige Frau mit einem dunklen Lockenkopf und einem sehr runden, lieben Puppengesicht Kerzen und Schatullen, goldene Kruzifixe, heilige Bücher und selbstgemalte Ikonen.

Mit Zeichensprache versuche ich zu erfahren, wann die Kirche geöffnet ist.

Sie antwortet in fast akzentfreiem Deutsch: »Natürlich immer am Sonntagvormittag.« Die Ikonenmalerin Melissi Wassiliki hat in Kiel studiert.

Ohne lange Vorrede erzähle ich ihr von dem Merkel-Schäuble-Verbrecher-Foto auf der Titelseite der griechischen Zeitschrift. Sie möchte die »ungeheuerliche Schweinerei« nicht entschuldigen, aber versuchen zu begründen. Vielleicht sei es aus Wut geschehen, weil Frau Merkel und Herr Schäuble, die sie als »Kommandeure der Troika« bezeichnet, nur die armen Griechen bluten lassen. »Weshalb nehmen sie das Geld nicht von den griechischen Bankern und Politikern? Und weshalb lassen sie zur Schuldentilgung nicht die Milliarden Euro

Die Ikonenmalerin

beschlagnahmen, die reiche Griechen in der Krise an der Steuer vorbei auf deutschen Banken deponiert haben?«

Melissi Wassiliki hat im vergangenen Jahr in Deutschland Vorträge über Ikonenmalerei gehalten und erlebt, wie Deutsche über die »faulen, korrupten Griechen« schimpfen. »Doch wahrscheinlich sind nicht nur die deutschen Medien für diese Vorurteile verantwortlich, sondern wir Griechen selbst, denn Griechen sagen alles immer sehr undiplomatisch. Die kleinen Leute unten reden schlecht über ihre Regierenden oben: ›Die sind korrupt!‹ Und die oben reden öffentlich sehr schlecht über die kleinen Leute unten: ›Die sind faul!‹ Wir Griechen sollten wie die Deutschen erst einmal still sein und nachdenken, bevor wir etwas öffentlich sagen!«

Sie macht den letzten Strich am Umhang einer Marien-Ikone, steckt den Pinsel in den Farbtopf und behauptet: »Von Malerei verstehe ich etwas. Doch von den wirtschaftlichen Zwängen, die zum Elend in Griechenland geführt haben, verstehe ich nichts. Vielleicht wurde die Krise ausgelöst, weil die Ratingagenturen schwache Länder ruinieren, indem sie deren Kreditwürdigkeit willkürlich herabstufen?« Ob ich wüsste, wer die Schuld an der griechischen Katastrophe hat.

»Nein, ich bin nach Griechenland gekommen, um es zu erfahren.«

»Wo wohnen Sie hier?«

»Im ›Oceania Club‹.«

»In der umzäunten Touristenburg? Dort oben werden Sie nicht verstehen, wie die Griechen unten leben. Manchmal verbrauchen die oben im Sommer so viel Wasser, dass für uns hier unten kaum noch ein Tropfen bleibt.« Die Ikonenmalerin gibt mir ihre Karte und sagt, ich soll noch einmal vorbeikommen. »Dann werden wir süßen Kaffee trinken und über die bittere Krise reden.«

Ich bin auch nach Nea Moudania gelaufen, um mir für alle Fälle – die Hoffnung stirbt als Letztes – Sonnenschutzcreme zu kaufen. Im ersten Supermarkt finde ich keine. Dafür Werbeprospekte mit Billigangeboten. Manos hat nicht übertrieben. Ein Liter Milch kostet 1,70 Euro, ein 250-Gramm-Stück Butter 2,70 Euro.

Als ich auch im zweiten Supermarkt keine Sonnen-

Blick auf die Basilika

schutzcreme entdecke, frage ich eine Frau, die genauso hilflos wie ich zwischen den Regalen umherläuft. Sie spricht, »weil Eltern in Deutschland gearbeitet«, wie viele in der Gegend ein wenig Deutsch und schlägt vor, in ein kleines Geschäft zu gehen, in dem Sonnencreme nicht nur im Sommer verkauft wird. Unterwegs erzählt sie, dass sie seit Juni 2012 keine Arbeit hat. »Damals musste ich mein Geschäft in Nea Moudania schließen. Ich verkaufte Artikel für Hobby und Freizeit, aber in der Krise braucht der Mensch zuerst Geld für Essen. Da gibt er keinen Cent für Hobbys aus.«

In zwei Monaten endet ihre staatliche Krankenversicherung. »Dann kein Arzt und keine Medikamente. Doch mein Mann hat noch Arbeit. Er fährt mit seinem Paketboot im Hafen.«

Erst nach langem Palaver begreife ich, dass er mit dem Boot die Waren der großen Frachter, die wegen ihres Tiefgangs auf Außenreede liegen müssen, an Land fährt und von dort neue »Pakete« zu den Schiffen bringt.

Im dritten Geschäft gibt es Sonnenschutzcreme. Die billigste Tube kostet 13 Euro! Ich lege sie ins Regal zurück.

»Sonnenschutzcreme wird in Griechenland nur an Touristen verkauft. Wir Griechen brauchen keine«, sagt die Frau und lacht.

Ich fliehe von den Supermärkten ins umzäunte Paradies. Zuvor gehe ich in ein Café und gebe der Frau am Tresen 50 Cent, damit ich ihre Toilette benutzen darf. Aber sie nimmt kein Geld dafür.

Die Hunde am Strand schlafen noch immer.

Die alte Frau sehe ich nicht mehr. Sie wird vielleicht schon ihre perlengroßen Muscheln und Steine zu kunstvollen Sandbildern für die Touristen legen. Ein Bild für einen Euro.

Ich bin nicht abergläubisch, doch was den Zusammenhang zwischen Regenschirm und Regen betrifft, könnte ich es werden. Denn wenn ich vorsorglich einen Schirm mitnehme, regnet es meist nicht. Habe ich keinen dabei, öffnet der Himmel alle Schleusen. Mit der Sonnenschutzcreme verhält es sich ähnlich. Weil ich am Vormittag keine gekauft habe, strahlt die Sonne heute Nachmittag das erste Mal seit meiner Ankunft. Auf allen dicht an dicht vor dem Pool stehenden Liegestühlen schmoren weißhäutige Touristen. Ich möchte mich nicht dazwi-

Am Hafen

schendrängen, bleibe aber, als ich höre, dass einer über seine gestrige Busfahrt nach Thessaloniki schimpft, neugierig bei zwei beleibten Männern stehen. Der Schimpfende trägt eine bis zu den Knien reichende Hawaiihose, auf der sinnigerweise H_2O steht. Seinen Unterarm ziert ein Krokodil-Tattoo. Sehr laut und ehrlich empört berichtet er dem Liegestuhlnachbarn, dass er am zentralen Busbahnhof in Nea Moudania – »weil der Kerl am Schalter zwar eine Dienstuniform trug, aber nicht einmal Deutsch konnte!« – erst nach langem Verhandeln ein Ticket erhalten hat. Der Bus wäre okay gewesen. »Ein Mercedes!« Allerdings sei er nicht die direkte Schnellstraße nach Thessaloniki gefahren. »Der kurvte auf Feldwegen über die kleinsten Nester. Oft stieg kein Mensch, einmal nur eine alte Frau ein. Die klappern hier die Dörfer ab, als ob sie alles Geld der Welt hätten, diese Griechen! Wegen einer alten Frau verbrauchen die den teuren Diesel literweise. Aber auf unsereinen nehmen die keine Rücksicht!« In einem Kaff hat der Bus gehalten und ist nicht weitergefahren. »Obwohl am Bus ›Thessaloniki‹ stand, mussten alle aus dem Mercedes aussteigen, einige Meter laufen und in einen anderen Bus einsteigen. Das Schlimmste war jedoch die Ankunft. Statt im Zentrum hielt der Bus irgendwo jwd. Und keine einzige Informationstafel auf Deutsch. Die Griechen kennen sich in ihrem Land aus. Doch unsereiner ist denen scheißegal. Hauptsache wir bezahlen ihre Schulden.«

Ich könnte über seine Information froh sein, denn morgen will auch ich mit dem Bus die knapp 70 Kilometer nach Thessaloniki fahren, um eine griechische Germanistikprofessorin zu besuchen. Aber ich möchte diesen Mann weder nach dem Fahrplan noch nach dem Ticketpreis fragen. Mit keinem Wort! Er steht auf und geht in H_2O-Hose und mit nacktem Oberkörper in das griechische Restaurant. Der Kellner bittet ihn, sich ein Hemd anzuziehen. Fluchend streift er sich ein grün-weißes T-Shirt über. Es lag auf der BILD-Zeitung. Die Schlagzeile: »Nacktattacke auf Merkel«. (Als ich wieder in Deutschland war, erfuhr ich, dass kein griechischer Protestierer Angela nackt attackierte, sondern eine ukrainische Feministin.)

Abends ist mein Kühlschrank zwar wieder mit Wein, Bier und Saft aufgefüllt, aber im Zimmer liegt noch keine Nachricht für den Gesprächstermin mit der Geschäftsleitung vom »Oceania Club«.

Am nächsten Morgen komme ich auf der Straße zum Busbahnhof an kleinen geschlossenen Läden und einem PKW-Wrack vorbei, das schon vom Gras überwuchert wird. Vor dem Busbahnhof verfällt eine mit Unrat gefüllte Betonhalle. Doch im Busbahnhof gibt es noch Warteräume mit vielen Bänken und einem Imbiss und einer Toilette. Fahrscheine für Fernlinien werden nur bus- und zeitgebunden verkauft. Mein Bus fährt um 9.50 Uhr. Um 9.40 Uhr frage ich vorsichtshalber, ob die Busnummer stimmt. Der Mann am Schalter nickt, schreibt mir aber eine neue Abfahrtszeit auf das Ticket. Der Bus nach Thessaloniki fährt heute eine Stunde später.

In der Zwischenzeit schaue ich mir den Wochenmarkt an. Mit seinen Gewürz-, Fleisch-, Fisch-, Kleider-, Kaffee-, Obst-, Schuh-, Wein-, Gemüse-, Haushaltswaren-, Brot-, Käse- und Schmuckständen breitet er sich wie ein riesiger Krake auf dem zentralen Platz und in den umliegenden Gassen aus. Ich schnuppere an griechischen Kräutern, koste süß schmeckende Tomaten, begutachte Dutzende Sorten von Schafskäse, die in Blechkanistern in Salzlake schwimmen, rieche an mit Zimt und Koriander gewürzten Würsten und laufe so lange zwischen den Ständen mit Tintenfischen, Sardinen, Schwertfischen, Thunfischen und Garnelen umher, bis ich glaube, selbst nach Fisch zu riechen.

Der um eine Stunde verspätete Bus kommt pünktlich. Alles, was der dicke Wasserhosenträger über die Busroute erzählt hat, stimmt zeitlich und topografisch. Der Bus kurvt mühsam auf engen Wegen von Dorf zu Dorf. Wir fahren durch Olivenhaine und Apfelplanta-

Auf dem Wochenmarkt

gen, durch gepflegte Terrassengärten, in denen Auberginen und Zucchini wachsen, durch Felder mit Tomaten und Paprika, durch Alleen von Nussbäumen. Ich kann mich nicht sattsehen. In den ersten Dörfern steigen alte Frauen aus. In Beuteln und Körben tragen sie die auf dem Markt von Nea Moudania gekauften Vorräte nach Hause. An manchen Straßenkreuzungen wartet niemand. Und keiner steigt aus. Aber der Bus hält trotzdem, hupt und fährt nach zwei, drei Minuten weiter. Bis zu jenem großen Dorf, in dem der Fahrer den Motor abstellt und den Leuten wortlos mit einer Kopfbewegung die Richtung zeigt, in die sie gehen müssen.

Ich trotte dem Pulk zum neuen Bus hinterher. Der fährt nicht mehr in jedes Dorf und hält schließlich im Industrie- und Einkaufsviertel außerhalb von Thessaloniki nahe einem großen »Praktiker«-Baumarkt. Ich muss dort nicht umsteigen. Die Germanistikprofessorin Anthi Wiedenmayer holt mich in einem klapprigen Auto vom Busbahnhof ab.

Ohne meinen roten Rucksack als Erkennungszeichen hätten wir uns wahrscheinlich nicht gefunden, denn in der temperamentvollen, keinen Moment stillstehenden, aufgeregt gestikulierenden Frau, die mich zur Begrüßung umarmt und ständig redet und deren schwarze Haare burschikos kurz geschnitten sind, hätte ich nie die Frau Professorin vermutet. Sie sagt lachend, Rot sei immer ein gutes Erkennungsmerkmal. Beim Lachen öffnet sie den Mund so weit, dass ich die makellos weißen Zähne der oberen und unteren Reihe gleichzeitig bewundern kann. Während der fünfminütigen Fahrt bis zu ihrer Wohnung erzählt sie in Kurzfassung so viel, wofür andere eine Stunde brauchen würden.

»Ich habe ein halbes Jahr in Berlin an der Uni als Gastprofessorin Vorlesungen gehalten. In Berlin ist alles schön, sauber und ordentlich. Hier ist es dreckig und unordentlich, und es gibt sehr viele alte, stinkende Autos. Aber ich liebe Griechenland – auch wenn es dreckig ist und die Autos stinken …

… Ihr habt den Sozialismus nicht gut gemacht! Ihr habt ihn töten lassen! Was soll nun aus der Welt werden, wenn es diese Alternative nicht mehr gibt? …

… Auch ich habe schon in einem griechischen Großbetrieb gearbeitet, in dem bestochen wurde, um Aufträge zu erhalten. In jedem von uns ist ein wenig Korruption. Mal lauter und mal leiser …

… Du musst mich heute entschuldigen. Ich fahre in einer halben Stunde zur Universität. Uni ist jetzt wichtig – der Studienbetrieb läuft wieder …

… Im Winter sind viele Lehrstunden ausgefallen. Wegen der Krise und der idiotischen Einsparungen erhielt die Uni kein Geld für die Ölheizung, für Lehrmaterial und auch keins für Reinigungskräfte …

… Ich unterrichtete im Anorak und mit Handschuhen, und wir Lehrer kehrten die Räume und brachten Papier und Müll nach draußen …

… Zur gleichen Zeit wurden unsere Gehälter gekürzt. Als langjährige Assistenzprofessorin erhielt ich früher 1900 Euro, und jetzt bekomme ich noch 1200 …

… Wenn ich in der Uni bin, wird dir Katerina Thessaloniki zeigen. Sie ist meine Trauzeugin und ebenfalls Professorin an der deutschen Fakultät …

… Katerinas Mann Stavros, ein Computerspezialist, wurde in der Krise arbeitslos. Jetzt hat er einen Job als Monteur bei einer Firma für Sicherheitstechnik …

… Er besitzt einen Weinberg. Und einmal im Jahr lässt der Vater von Stavros aus den Beeren einen wunderbaren Schnaps brennen. Tsipouro. Das ist eine Art Ouzo. Aber ohne Anisgeschmack. Ein Klarer wie Grappa, also man brennt ihn ohne Anis und …«

Wir sind an ihrem Haus angekommen. Es ist einstöckig, aber über eine Terrasse mit einem zweiten kleinen Haus verbunden.

Als müsste sie sich für diesen »Reichtum« entschuldigen, erklärt Anthi, dass es das Eigentum von Mutter, Schwester, ihr und ihrem Mann ist. »In Makedonien siedelten viele der über eine Million Griechen, die nach dem 1922 verlorenen Krieg aus der Türkei vertrieben worden sind. Sie besaßen nichts mehr und wurden in ihrem eigenen, aber für sie fremden Land wie vom Sturm hin und her getrieben. Diese griechischen Migranten hatten nur einen Wunsch: wieder zwischen Mauern, die ihnen gehören, zu wohnen. Ein Haus, und wenn es noch so klein ist, gilt in Griechenland immer als Sicherheitsgarantie. Wenn du keine Arbeit und kein Geld mehr hast, bleibt dir doch ein Dach über dem Kopf, und kein Vermieter kann dich auf die Straße setzen. Ein Haus ist hier zuerst ein ideeller und erst danach ein materieller Reichtum. Man verzichtet, um für die Familie ein Häuschen bauen oder kaufen zu können, auf Urlaubsreisen, auf Schmuck, auf teure Klamotten und anderen Konsum.«

Doch in der Vergangenheit hätten nicht alle griechischen Männer für ihre Familien diese Sicherheit erwirtschaften können.

»Mein Vater …«, sie stockt und spricht dann ungewöhnlich langsam. »Mein Vater hatte wie über 100000 Griechen in der ELAS, der Partisanenarmee, gegen die Faschisten gekämpft. Nach ihrem Sieg über die italienischen und deutschen Okkupanten und dem danach beginnenden Bürgerkrieg zwischen den kommunistischen Partisanen und der von Großbritannien und den USA unterstützten reaktionären Regierungsarmee wurde er dreimal zum Tode verurteilt. Er saß viele Jahre im Gefängnis, nicht auf der Todesinsel, auf der sein Bruder, um freigelassen zu werden, irgendwann öffentlich der kommunistischen Gesinnung abgeschworen hat, aber …«

Sie muss zur Uni. Dort wartet Katerina auf mich.

Katerina trägt eine grün-weiß karierte Bluse. Sie hat ihr halblanges dunkelblondes Haar ordentlich in der Mitte gescheitelt und sieht mit ihrer Brille einer Professorin ähnlicher als Anthi. Dafür raucht sie wie eine russische Proletarierin, allerdings dreht sie sich die Papyrossi nicht aus »Prawda«-Seiten, sondern aus dünnem Zigarettenpapier. Doch in der Geschicklichkeit beim Einwickeln des Tabaks, in der Hast des Rauchens und in der Schnelligkeit, eine halb aufgerauchte Zigarette auszudrücken und sich eine neue anzustecken, steht sie den Russen nicht nach.

Das Gelände der Universität befindet sich teilweise auf dem alten jüdischen Friedhof. Katerina zeigt mir die drei Gebäude ihres philologischen Institutes. Das älteste stammt noch aus dem osmanischen Reich, das zweite wurde um 1970 gebaut und das dritte nach 2000 eingeweiht. »Dafür erhielt der Architekt nicht nur ein üppiges Honorar, sondern auch den Architekturpreis von Thessaloniki. Doch kurz nachdem das preisgekrönte Gebäude fertig war, bröckelte der Putz von den Wänden, Deckenplatten fielen herunter, und der Fußboden senkte sich.«

Die freigelegten Mauern der rund 1700 Jahre alten römischen Bauten stehen noch. Aber nur wenige sind

Die Literaturprofessorin Katerina

erhalten, sagt Katerina. Viele historische Schätze wurden, wenn man sie bei Bauarbeiten entdeckte, schnell wieder zugeschüttet, um die Errichtung von Hochhäusern, Verwaltungsgebäuden und Geschäften nicht durch protestierende Historiker und Archäologen zu gefährden. Doch gerade wegen der römischen Paläste, der byzantinischen Kirchen, der türkischen Moscheen, der jüdischen Synagogen und der griechisch-orthodoxen Kirchen wurde Thessaloniki 1997 »Kulturhauptstadt Europas«.

Zwischen all diesen Zeugnissen der alten Kultur flanieren, diskutieren, shoppen, singen und amüsieren sich ungewöhnlich viele junge Leute, darunter auffallend schöne Mädchen, die sehr selbstbewusst extrem kurze Röcke und durchsichtige Blusen tragen. Fast 100000 Studierende verjüngen die zweitgrößte Stadt Griechenlands.

»Bisher erhielten alle Studenten die Lehrbücher und das Mensaessen kostenlos. Doch diese Art von Sozialismus, der allen, auch den Kindern von armen Leuten, das Studium ermöglichte, wird man abschaffen!«, sagt Katerina bedauernd. Sie zeigt mir Straßenzüge mit geschlossenen Geschäften, an denen nicht einmal mehr das Hoffnung machende »Zu verkaufen«-Schild steht. Tür- und Schaufensterrollos sind herabgelassen und mit großen Vorhängeschlössern an den in Beton gegossenen Halterungen festgemacht.

Während des Rundgangs halten wir kurz vor einigen der vielen Denkmäler von Thessaloniki: dem des Philosophen Aristoteles, dem des 1963 von Rechtsextremisten getöteten linken Parlamentsabgeordneten Grigoris Lambrakis, für den Theodorakis ein Memorial komponierte, und dem Denkmal für die 50000 Juden aus Thessaloniki, die in den Konzentrationslagern der Nazis ermordet wurden.

Wir kommen an modernen Boutiquen vorbei, in denen teure Markenartikel verkauft werden. Zwischen diesem Luxus klebt an der Fensterscheibe eines sehr einfachen, aber geschlossenen Cafés – eines Kafenio – eine Liste mit einem Dutzend Adressen von Suppenküchen.

Zum Meer hinunter gehen wir nicht. Auch nicht hinauf zur Altstadt, die von einem Hügel auf das neue Zentrum hinunterblickt und zu der eine der vielen Magis-

Antike Ruinen, von Hochhäusern umstellt

tralen führt, die nach dem Brand von 1917, der die Hälfte aller Häuser vernichtete, von französischen Heeresarchitekten sehr geradlinig angelegt wurden.

Katerina sagt, dass sie nicht gläubig ist. »Doch am Ostersonntag gehe ich fünf vor zwölf in die Kirche und fünf Minuten nach der Auferstehung von Jesus Christus wieder auf die Straße. Sie erstrahlt dann, nur von einigen Hochhäusern unterbrochen, auf vielen Kilometern vom Meer bis hinauf zur Altstadt im Licht der Kerzen und Fackeln.«

Zwei junge Männer in schwarzen T-Shirts, auf denen Runenzeichen leuchten, und ein schon Grauhaariger locken die Vorübergehenden mit freundlichen Worten und vertrauenerweckendem Winken zu ihrem Stand, an dem sie Gurken, Paprika, Flugblätter, Tomaten, Parteiprogramme, Kartoffeln, Kohl, Broschüren und Auberginen verteilen. Die vielen Frauen und die wenigen Männer, die sich Plastetüten füllen lassen, müssen nichts bezahlen, sondern nur ihren Ausweis zeigen.

»Sie ködern die immer zahlreicher werdenden absolut verarmten Griechen mit Suppe, Medizin, Gemüse. Den Ausweis müssen die Leute zeigen, um zu beweisen, dass sie reinrassige Griechen sind. Ausländer bekommen nichts. Im Gegenteil, die wollen die Mitglieder der ›Morgenröte‹ aus Griechenland vertreiben.«

Ich merke, dass Katerina nur widerwillig über diese neuen Faschisten redet, und frage nicht weiter.

Sie beendet die Stippvisite in der Stadt mit der Bemerkung, dass ich, um in Thessaloniki wirklich anzukommen, endlich einen Kaffee und einen Ouzo trinken muss. Vor dem Kafenio bittet eine griechische Frau um Geld für Medikamente. Als ich vor einer halben Stunde eine Frau gesehen hatte, die in Lumpen gekleidet mit einer Sammelbüchse und ihrem Baby neben einer Mülltonne lag, erklärte mir Katerina: »Bettler sind hier meist bandenmäßig organisierte Ausländer. Wir Griechen haben noch unseren Stolz.« Nun berichtigt sie sich. »Wer länger als ein Jahr arbeitslos ist, hat keinen Anspruch auf staatliche medizinische Betreuung. Deshalb bitten jetzt auch kranke Griechen auf der Straße um Geld.«

Es gibt aber in Thessaloniki über 200 Ärzte und Schwestern, die während der Krise eine Hilfsgesellschaft gegründet haben. Sie behandeln die nicht mehr versicherten Patienten kostenlos.

Zum Kaffee serviert die Kellnerin wie überall in Griechenland ein Glas kaltes Leitungswasser. »Man muss zuerst den Mund erfrischen, um ihn lebendig und neugierig auf den Kaffee zu machen«, erklärt Katerina.

Und damit auch der Ouzo, den wir danach trinken, im Körper willkommen ist, sollte man ihn mit Auberginenpaste, Weißbrot, Geflügelsalat und Gebäck begrüßen. »Und mit Nikotin.«

Sie pafft jetzt keine Selbstgedrehten, sondern raucht eine mir bislang unbekannte E-Zigarette. Die sieht wie eine qualmende Blockflöte aus. Und Katerina ähnelt nun einer Lady, die eine Zigarette an einer sehr langen kostbaren Spitze raucht. Mit der E-Zigarette, die nicht mit Tabak, sondern mit einer nikotinähnlichen chemischen Substanz gefüllt ist, will sich Katerina das Rauchen allmählich abgewöhnen.

Doch nach dem dritten Ouzo dreht sie sich wieder ihre Papyrossi.

Ich staune über die Fröhlichkeit in den oft bis auf den letzten Stuhl besetzten Kafenios. Von Krise ist hier nichts zu spüren. »Wir essen und trinken zwar weniger als früher«, bemerkt Katerina, »doch niemand hockt deshalb traurig im Café oder jammert dem Gegenüber die Ohren voll. Im Kafenio den Kaffee schlürfen und miteinander reden gehört für die Griechen zum täglichen Ritual, wie frühmorgens aufzustehen und nachts zu Bett zu gehen.«

Krise und Spardiktat hätten nicht alle Griechen gleichzeitig und augenblicklich zu notleidenden, ihrer Existenz beraubten Menschen gemacht. Kürzlich habe sie bei Heiner Müller gelesen, dass ein Frosch, den man in kochendes Wasser wirft, sofort wieder herausspringt. »Setzt man ihn aber in einen Topf mit kaltem Wasser und bringt es langsam zum Kochen, wird der Frosch keine Kraft mehr haben, aus dem Topf herauszuspringen.«

Anthi kommt herein. Also bestellen wir wieder Kaffee, Ouzo, Brot, Pasten und Gebäck. Und die Frauen rauchen Selbstgedrehte. Beide agitieren mich, dass ich noch einmal nach Thessaloniki kommen muss, vielleicht im Mai, wenn es wärmer ist. Ich könnte mit ihren Freundinnen und deren Männern sprechen. Mit Peruz, die den kleinsten und ältesten Kaffeeladen in Thessaloniki besitzt und Kaffee jetzt auch 50-Gramm-weise verkauft. Mit ihrem Mann Christo, dem seit der Krise arbeitslosen, früher in der Welt umherreisenden Vertriebsmanager einer Textilfirma.

Um ein anderes befreundetes Ehepaar kennenzulernen, müsste ich mich allerdings beeilen. »Fast 30 Jahre haben die Schweizerin Lisa und ihr griechischer Mann Nikos in Griechenland gemeinsam gearbeitet, sie haben ihren Sohn großgezogen und vor 21 Jahren das erste und einzige Geschäft für deutsche Öko-Farben in Thessaloniki eröffnet. Doch in fünf Wochen wird Lisa in die Schweiz zurückgehen. Ihr Mann und der Sohn bleiben hier, und Lisa wird in der Schweiz versuchen, einen Job zu finden, um mit dem dort verdienten Geld das gemeinsam Aufgebaute irgendwie zu retten. Nur durch persönliche Geschichten wirst du begreifen, was die Krise für uns bedeutet.«

Anthis Mann dreht einen Dokumentarfilm über Arbeiter, die vor einem Jahr ihre insolvent gegangene Fabrik übernommen haben. »Sie sind Kollektiveigentümer, ohne Unternehmer, ohne Direktor und ohne Geschäftsleitung, und arbeiten, um ihre Fabrik und die Produktion zu erhalten, schon zwei Monate nur für die Fahrtkosten.«

Ich könnte ihren Mann einen Tag lang begleiten.

»Unser Haus ist kein Hotel, aber wir haben genug Platz für dich!«

Ihr letztes Angebot lehne ich diplomatisch, aber sehr entschieden ab. »Ich komme nur wieder, wenn ihr mir ein Zimmer in einem billigen Hotel organisiert, in dem nur Griechen übernachten.« Und ich zähle auf, mit wem ich außer ihren Freunden dann sprechen möchte: mit Popen, Hoteliers, Köchen in Suppenküchen, Bankern, Juden, die den Holocaust überlebt haben, Mitgliedern der faschistischen Partei »Goldene Morgenröte«, Journalisten, Seeleuten und Ärzten, die Patienten kostenlos behandeln.

Katerina und Anthi versprechen, alles vorzubereiten. »Außer ein Treffen mit Mitgliedern der ›Morgenröte‹! Wir reden nicht mit Faschisten! Wir kennen keine von denen und wollen auch keine kennenlernen!«

Wir verabreden, dass ich in vier Wochen wieder in Thessaloniki sein werde und sie für mich in der Zwischenzeit eine »Absteige« buchen und einen Dolmetscher besorgen.

Lange Umarmungen zum Abschied.

Zwischen Thessaloniki und Nea Moudania verkehren auch (man muss es nur wissen) Schnellbusse, die nicht über die Dörfer zuckeln und selten halten. Kurz

Die griechische Flagge: Blau für Meer und Himmel, Weiß für den Befreiungskampf

vor Nea Moudania frage ich den Fahrer, ob er, damit ich mir den langen Rückweg zum Hotel spare, außerplanmäßig schon am »Oceania Club« halten würde. Er hält für mich. Und ich steige als Einziger aus.

Der nächste Tag im Paradies wird, abgesehen von der Bekanntschaft mit zwei Altenburgern, die F6 rauchen, und der Balkonbegegnung mit einem bayerischen Forstverantwortlichen, ein schlechter Tag. Zwar wissen inzwischen alle Frauen an der Rezeption, dass ich einen Chef vom Hotelmanagement interviewen möchte, und beteuern, meinen Antrag zusammen mit meinen Personalien »nach oben« weitergeleitet zu haben, doch auch heute schütteln sie nur bedauernd den Kopf.

Eine pausbäckige dunkelhaarige junge Frau versucht

mich zu trösten und versichert, dass die Marketingverantwortliche schon zweimal versprochen hat, wegen meines Termins zurückzurufen. »Bestimmt wird sie sich vor Ihrer Abreise melden. Wir dürfen Ihnen leider keine Fragen zum Hotel und unserer Arbeit beantworten.«

Auf ihrem Namensschild steht »Sissi«. Sie verrät mir, dass sie eigentlich Anastasia heißt. »Wie meine Großmutter. Die Enkeltöchter erhalten in Griechenland immer den Namen der Großmutter und die Enkelsöhne den des Großvaters.«

Als sie drei Jahre alt war, nahmen die Eltern sie mit nach Deutschland.

»Dort blieb ich 10 Jahre. Aber in jedem Sommer fuhr ich zur Oma und zum Opa nach Hause. Mir fehlte in Deutschland die Sonne. Alles andere liebte und liebe ich: vor allem die deutsche Organisation! Man hat für die ganze Woche ein festes Programm. In Deutschland wird auch alles ordentlich kontrolliert. Unsere Polizei dagegen – also von 100 Polizisten kontrollieren 20 auf der Straße und 80 sitzen im Büro.«

Ich frage, wieso sie Sissi genannt wird.

»Im deutschen Kindergarten konnten die Erzieherinnen und Kinder Anastasia nicht ordentlich aussprechen. Da nannten sie mich Sissi. So rufen sie mich hier auch.«

Noch einmal entschuldigt sie sich, dass ich, wie sie meint, wegen der schlechten griechischen Organisation noch keinen Gesprächstermin erhalten habe. Sie wird aber regelmäßig nachfragen. Ich könnte hoffen.

Hoffnung oben an der Rezeption, aber unten am Meer fliegen die Schwalben wieder tief. Und alle Barhocker im Hauptgebäude sind besetzt. Mittags drängen die Engländer, die im Hotel in der Überzahl sind, in gemeinsamem Ansturm Punkt 12 Uhr in den Speisesaal und okkupieren die Tische mit Meerblick. Dann holen sie sich Hähnchen mit Pommes frites, kosten und lassen die Teller wegbringen. Holen gegrillten Fisch mit Reis. Kosten und lassen den Rest wegwerfen. Dann Kuchen und Eis. Und ihre Kinder kriechen inzwischen unter den Tischen herum und erschießen Griechen und Ausländer. Ich esse hastig und flüchte vor dem Lärm auf den Balkon meines Zimmers. Doch zwei Stockwerke unter mir brüllt ein englischer Vater seinen Sprössling an, der auf der Terrasse ständig den Fußball gegen die Tür donnert, und über mir streitet sich ein englisches Ehepaar. Verzweifelt suche ich Stille im Freizeit- und Erholungsbereich des Hotels. Umgehe das Schwimmbad, in dem so viele Kinder vom Beckenrand springen, dass das Wasser meterhoch spritzt, und setze mich in die kleine Sauna, in der nur Männer schwitzen dürfen und die für Kinder streng verboten ist. Als ein englischer Vater mit seinen zwei Kindern hereinkommt, die Kinder sofort wegen der Hitze zu schreien beginnen und die Sauna fluchtartig verlassen, überkommt mich ein selten gespürter bösartiger Nationalismus. Ich verwandele mich in den Chef einer amerikanischen Ratingagentur, der per Knopfdruck durch Auf- und Abwertung Länder reicher oder bankrott machen kann. Und werte die Staatsanleihen der Engländer in kollektiver Bestrafung für ihr unverschämtes Verhalten im »Oceania Club« von der AAA-Bestnote auf Ramschniveau ab …

Ich brauche einen Ouzo. Der auch ohne Sonnenschein lachende Manos hinter der Poolbar weiß noch, dass ich ihn ohne Eis möchte. Neben mir rauchen eine zierliche Frau und ein sehr kräftiger Mann F6, die Kultzigarette der DDR, die nun einer amerikanischen Firma gehört. Das Ehepaar ist in Altenburg zu Hause. Er, gelernter Maurer, baut für eine westdeutsche Firma Tunnel und Brücken. »Das ist nach wie vor eine verdammte Knochenarbeit. Beton machen und ihn dann Abschnitt für Abschnitt gleichmäßig mit der Schaufel verteilen, trocknen lassen. Wir sind 30 Leute, die dort schuften. Und obwohl es eine westdeutsche Firma ist, kommen alle 30 aus Ostdeutschland. Eben eine Drecksarbeit.«

Seine Frau Elke arbeitete als Zerspanerin. Als der Betrieb dichtgemacht wurde, ging sie in einen Kälberstall und von dort folgerichtig in einen Kindergarten. Jetzt akquiriert sie für eine Versicherung in Coburg neue Kunden im Osten.

Ich frage, weshalb sie ausgerechnet während der Krise nach Griechenland in den Urlaub fahren.

»Aus Solidarität mit den Griechen«, sagt sie. »Sie leiden sehr unter dem auch von Deutschland initiierten Spardiktat.«

Ihr Mann: »Kannst doch nicht in Deutschland beim Griechen essen und gleichzeitig zuschauen, wie die Griechen in ihrem Land kaputtgemacht werden. Vielleicht hilft ihnen der Tourismus.«

Darauf trinken wir noch einen Ouzo.

Meine Balkonnachbarn sehe ich am Abend zum ersten Mal. Sie sitzen draußen und warten wie ich den 18-Uhr-Ansturm im Restaurant ab, um später in Ruhe essen zu können.

Weil sie fast jeden Tag unterwegs sind, hätten wir uns bisher nicht getroffen, sagt der Mann. Sie haben schon in Deutschland ein Ausflugsprogramm gebucht: die Klöster, die Dörfer, die antiken Stätten, Thessaloniki.

Ihnen gefällt Griechenland auch in der Krise. »Und die Ausflüge sind für griechische Verhältnisse sehr ordentlich organisiert. Fast mit deutscher Gründlichkeit.« Nur den Höhepunkt aller Ausflüge, eine Schifffahrt unterhalb der Klöster des heiligen Berges Athos, hätten griechische Demonstranten verhindert.

Bevor der Nachbar davon erzählt, frage ich ihn, als was er arbeitet.

»Ich war als bayerischer Staatsbeamter für den Forst verantwortlich. Nur 70 Prozent des bayerischen Forstes gehören privaten Waldbesitzern. 30 Prozent sind immer noch staatlich.« Er kann verstehen, dass die griechischen Demonstranten den Wald schützen wollten. Andererseits …

Seine Frau unterbricht ihn und meint, wenn er schon vom ausgefallenen Ausflug erzählt, solle er am Anfang beginnen.

»Wir hatten die Schifffahrt unterhalb der Klöster gebucht. Die Klöster stehen, nur schwer zugänglich, auf den Gipfeln der heiligen Berge. Frauen dürfen die Klöster nicht betreten. Weil auch Frauen auf den Ausflugsschiffen mitfahren, müssen die Boote in einem festgelegten Abstand vor dem Berg kreuzen. Zur Anlegestelle fuhren wir mit dem Reisebus. Plötzlich wurde er in einer waldreichen Gegend ohne Vorwarnung von Hunderten Demonstranten gestoppt. Sie blockierten die Straße und ließen uns auch nicht weiterfahren, als der Reiseleiter erklärte, dass deutsche Touristen im Bus sitzen, die den Ausflug mit dem Schiff schon bezahlt haben. Im Gegenteil, sie schrien noch lauter, schwenkten Fahnen und Plakate. Und begannen schließlich zu singen! Zu singen! Als ich sie fotografieren wollte, warnte mich der Reiseleiter: ›Es sind Vermummte unter ihnen. Die haben Wut im Bauch.‹«

Die Demonstranten würden wie zehntausend andere in Makedonien gegen den hier geplanten Großabbau von Gold, die Vernichtung der Wälder, die Zerstörung der Natur und der Landschaft protestieren.

Doch selbst als ehemaliger bayerischer Forstverantwortlicher hätte er wenig Verständnis für die Protestierenden. »In Griechenland geht es im Moment ja wohl nicht um den Erhalt von Wäldern, sondern um neue Staatseinnahmen durch Privatisierung. Und hier könnten die Griechen ihr Gold verkaufen. Na ja, an die Russen, aber …«

Ich berichtige ihn, denn Anthi hatte mir erzählt, dass die Polizei Gegner des Goldabbaus durch eine kanadische Firma nachts um drei Uhr aus den Betten gezerrt hatte. »Das Gold werden nicht die Russen abbauen.«

»Wer sonst? Die Chinesen?«

»Nein, die Kanadier.«

»Ist auch egal. Aber Arbeitsplätze hätte man geschaffen. Stattdessen demonstrieren die Griechen.«

Die Touristen sind an diesem Tag nicht mehr zum Schiff gekommen, und der Reiseführer hatte verkündet: »Wir machen heute vorfristig den für später vorgesehenen Ausflug zum Thema ›Land und Leute in Griechenland erleben‹.«

Gestern hatten sie sich auf den Programmpunkt »Besichtigung von Thessaloniki« gefreut. »Aber auch dort standen Tausende Menschen, die sich gegen den geplanten Goldabbau durch die Russen – Verzeihung, die Kanadier – versammelt hatten, und wir konnten die Kirchen und Museen nur auf Umwegen erreichen.«

Als wir zum Speisesaal hinaufgehen, meint er: »Wie viele Hektar Wald sind in Deutschland schon für Straßen, Wohngebiete und Großbetriebe abgeholzt worden? Doch die Deutschen demonstrieren nicht. Sie begreifen, dass es zum Wohle des Landes und der wirtschaftlichen Entwicklung nötig ist. Hier dagegen protestieren, demonstrieren, schreien und singen die Leute. Sie sind eben anders, diese Griechen!«

Jeden Morgen spannt ein Hotelangestellter am Pool eine 50 Meter lange Schnur und richtet nach ihr die Sonnenschirme und Liegestühle preußisch genau aus. Ein Vorgesetzter prüft, ob die Abstände zur Schnur akkurat eingehalten sind, und gibt nach Augenmaß Anweisung: »Den ersten Liegestuhl noch 3 Zentimeter nach vorn, den zwanzigsten Sonnenschirm 3 Zentimeter zurück …« Frauen putzen die Metallgeländer blitzblank, und Männer schrubben die Fliesen vor dem Schwimmbecken.

Ich weiß immer noch nicht, wie die Hotelangestellten für ihre Arbeit entlohnt werden. Sissi hat zwar erneut mit der Tourismusmanagerin telefoniert, aber die ist im Moment dienstlich verhindert. »Vielleicht nutzt es, wenn Sie ihr die Fragen, die Sie stellen wollen, zuvor aufschreiben.«

Ich schreibe: »Wie viele Zimmer hat das Hotel? Wie viele Gäste? Welche Nationalitäten dominieren? Hat sich die Gästezahl durch die Krise verringert? Wodurch entstand die griechische Krise? Wie viel verdienen Putzfrauen, Handwerker und Kellner im Hotel? Reicht im Sommer das Wasser für den Ort und das Hotel?«

Sissi kopiert die Fragen.

Am Mittag steht eine Flasche Prosecco in meinem Zimmer. Daneben liegt ein DIN-A4 großes Blatt Papier. Es war also richtig, die Fragen zuvor aufzuschreiben, frohlocke ich und lese dann: »Sehr geehrter Herr Scherzer. Wir gratulieren Ihnen zu Ihrem heutigen Geburtstag. Bitte geben Sie diese Gratulation am Abend beim Restaurantchef ab, dann erwartet Sie eine Überraschung!«

Genau wie der Tunnelbauer Wolfgang Witt und seine Frau Elke habe ich für den Abend das Essen in dem kleinen griechischen Restaurant vorbestellt. (Das kann man während des Aufenthalts im Paradies nur einmal.) Der Tisch ist reserviert. Niemand drängelt am Büfett. Statt Lärm und weichgespülten Hits Musik von Theodorakis, brennende Kerzen auf dem Tisch und Speisen und Getränke à la carte. Ich bestelle Krabbensuppe, gegrillte Sardinen, Gyros mit Rosmarinkartoffeln und Karamellpudding mit Eiscreme.

Beim Wein erzähle ich dem Tunnelbauer von meinem Geburtstag und dem Gratulationsschreiben, das ich im Restaurant abgeben soll. Doch ich mag keine Überraschungen. Wenn er allerdings statt meiner … Er nickt und überreicht dem Kellner das Glückwunschschreiben. Zwar steht nicht sein, sondern mein Name darauf, aber »in Griechenland kontrolliert man nicht« (Originalton Sissi). Als die meisten Gäste schon gegangen sind, bringen die Kellner eine schnell aus Joghurt, Sahne und Schokolade gezauberte kleine Torte. Kerzen brennen darauf. Die Kellner singen Happy Birthday und gratulieren dem Tunnelbauer. Und ich auch. Er bläst alle Kerzen auf einmal aus, und wir stoßen auf seinen Geburtstag an. Beim Abschied legen er und ich einen Schein in den Trinkgeldfisch.

Am nächsten Tag soll ich um 12.45 Uhr aus dem Paradies vertrieben, das heißt für die Fahrt zum Flughafen abgeholt werden. Auschecken kann ich bis 11 Uhr, aber schon um 10 Uhr ist meine Schlüsselkarte deaktiviert. Notgedrungen muss ich also noch einmal zur Rezeption. Weil Sissi später kommt, telefoniert ihre Kollegin mit der Tourismusmanagerin, und die bestätigt, dass sie die Fragen erhalten hat und in der nächsten Stunde im Hotel sein wird. Sie lässt sich meine Handynummer geben, fragt, wann ich abfahren muss und ob ich Griechisch oder Englisch spreche. Wenn nicht, würde sie einen Dolmetscher mitbringen.

Auch meine Nachbarn, der bayerische Forstbeamte und seine Frau, reisen heute ab. Während die Frau die Koffer packt, sitzt er auf dem Balkon und fragt mich nach dem Zustand des Waldes in Thüringen. Leider hätte er bei seiner Arbeit noch die Zeit miterleben müssen, als auch in Bayern mit panzerähnlichen Maschinen in die Wälder gefahren wurde und die Bäume, ohne Hand an sie zu legen, wie von riesigen Robotern gefällt, entästet und zersägt wurden.

»Überall tiefe Kettenspuren, und der Wald wie im Krieg aufgerissen. Das ist im Moment zwar billiger, aber … Die Griechen fällen die Bäume wahrscheinlich immer noch mit Beil und Motorsäge.«

Er und seine Frau werden erst gegen 16 Uhr abgeholt und zahlen, weil sie später auschecken, 10 Euro zusätzlich und 20 Euro für das Mittagessen. Nach der Vertreibung kostet das Paradies sehr viel Geld.

Die Tourismusmanagerin ruft nicht mehr an.

Als ich mich von Sissi verabschiede, gibt sie mir die Kopie der Fragen zurück. Wer für die Krise in Griechenland verantwortlich ist, könnte ich jetzt aus eigener Erfahrung beantworten. »Wir Griechen sind selbst schuld. Wir können nicht ordentlich kontrollieren und organisieren und sind unzuverlässig …«

Ihre Kollegin meint, dass niemand vom Management mit mir über die Arbeit und Entlohnung im Hotel sprechen wollte. »Dann hätten Sie vielleicht auch über die jungen Rumänen geschrieben, die hier angeblich zur Ausbildung als Kellner für eine Saison eingestellt, aber nur als billige Arbeitskräfte ausgenutzt werden.«

Vor der Abfahrt gehe ich noch einmal die 140 Stufen hinunter zum Meer. Es regnet wie bei meiner Ankunft. Ich atme den frischen Geruch des Meeres ein, der sich mit dem süßen Duft von großen Kakteenblüten mischt, und genieße die Stille und die Einsamkeit. Die Wolken verharren ruhig über der Wasserfläche. Kein noch so kleiner Wind reißt ein blaues Loch in das Grau. Und die weiß-blaue griechische Nationalflagge (blau für Meer und Himmel, weiß für die Reinheit des Befreiungskampfes gegen die Türkenherrschaft) hängt als nasser Lappen reglos zwischen Eukalyptusbäumen. Die Schwalben fliegen tief.

Obwohl ein Junge mit seinem Elektrokarren an der Unterkunft bereitsteht, um meine Tasche und mich zum Hoteleingang hinaufzufahren, laufe ich.

Der Bus ist pünktlich. Ich schenke dem Fahrer die Geburtstagsflasche Prosecco.

Die Plakate mit den Fotos der vermissten ausländischen Kinder hängen immer noch in der Abfertigungshalle des Flughafens. Und die Polizisten pfeifen auch heute, wenn Autos im Halteverbot stehen, so lange, bis der Besitzer zu ihnen sprintet und zwischen Strafzettel und Trinkgeld wählen kann. Bei dieser Amtshandlung lassen sie sich auch nicht stören, als vor dem Flughafeneingang bewaffnete Polizisten und Kriminalisten in Zivil zwei Männer zu Boden drücken, mit Handschellen fesseln und ihre verschlossenen Koffer gewaltsam öffnen.

Ich kann die Szene nicht zu Ende verfolgen, denn »Mister Scherzer mit Flug nach Berlin« wird per Lautsprecher aufgefordert, sich sofort zum Ausgang zu begeben.

Adieu, Griechenland!

Mein Sitznachbar liest eine griechische Tageszeitung und spricht mit dem Steward ein fast akzentfreies Deutsch. Jedes Mal, wenn er die Zeitung umblättert, staune ich über seine schmalen, feingliedrigen Hände und die sehr kurz geschnittenen, gepflegten Fingernägel. Ich tippe auf Arzt, und als wir die Flughöhe erreicht haben, frage ich ihn, ob meine Vermutung stimmt.

Er nickt und stellt sich förmlich vor: »Dimitris Malkotsis, Gefäßchirurg im Klinikum Berlin-Buch.«

»Ein Arzt, der sich für Politik interessiert?«

»Ich kenne keinen Griechen«, sagt er, »der sich heute nicht für Politik interessiert. Schließlich entscheiden inzwischen europäische und griechische Politiker im Auftrag der Finanzgewaltigen dieser Welt, wie viel ein Grieche verdient, ob er eine Arbeit und eine Wohnung hat und sich noch etwas zu essen kaufen kann.«

Ich frage, ob er die Festnahme vor dem Flughafen gesehen hat. Er verneint, meint aber, dass es wahrscheinlich Gastarbeiter oder Touristen waren, die im Auftrag griechischer Hintermänner Gold aus dem Land schmuggeln sollten. »Die reichen Griechen haben während der Krise kofferweise Gold und Geld im Wert von vielen

Milliarden Euro ins Ausland gebracht, und nur die wenigsten von ihnen wurden erwischt, denn auch griechische Zollbeamte sind bestechlich.«

Ich weiß, dass ich in der einen Woche Paradies und dem Kurzbesuch in Thessaloniki zu wenig über das Leben in Griechenland erfahren habe, um mit ihm über die Ursachen und die Auswirkungen der Krise diskutieren zu können. Aber er steckt nach meiner ersten Frage sofort die Zeitung in die Klappe des Vordersitzes und gibt mir in den zwei Stunden bis zur Landung Unterricht in Politik und neuer griechischer Geschichte. Er spricht über Frau Merkel und ihre »Kriseneinflüsterer«, über die Korruption beim Bau der Athener Olympiaanlagen und darüber, dass die wirtschaftlich starken Länder Deutschland und England durch Niedriglöhne, durch Dumpingpreise und Einsparungen in allen Bereichen die ökonomische Führung in Europa übernehmen.

»Bei einem Flug mit dieser britischen Billiggesellschaft erlitt ein Fluggast einen epileptischen Anfall. Mit einem zweiten Arzt habe ich den Mann ruhiggestellt. Doch als der Chefsteward uns das Rettungsgerät, das üblicherweise im Flugzeug für solche Notfälle vorhanden ist, geben sollte, sagte er, dass dieses Gerät nicht zur Ausrüstung gehört. Eingespart! Ich habe als Arzt einen Beschwerdebrief an die Geschäftsleitung der Fluggesellschaft geschrieben, doch ich erhielt keine Antwort. In den reichen europäischen Ländern sparen Staat und Wirtschaft heimlich. In Griechenland kann man es nicht mehr still und leise tun. Die Griechen protestieren sehr laut. Auch weil die Lehrer jetzt nur noch 800 Euro monatlich verdienen, ein ungelernter Arbeiter für weniger als 400 Euro eingestellt wird und über 60 Prozent der Jugendlichen überhaupt keinen Job mehr haben.«

Ich schreibe mit, was er mir sagt. Das stört seinen Redefluss nicht.

Die Eltern von Dimitris Malkotsis sind 1980 nach Deutschland gegangen. Der Vater als Mechaniker, die Mutter als Hilfsarbeiterin. »Ich konnte später in Deutschland mit gutem Gewissen studieren. Schließlich haben meine Eltern durch ihre Arbeit Werte für Deutschland geschaffen, Steuern in Deutschland bezahlt und erhalten dafür aus Deutschland jetzt eine zwar kleine, aber hilfreiche Rente. Doch das wollen die Deutschen, die heute ›Ausländer raus!‹ schreien, nicht wahrhaben.«

Er liebt Deutschland. Aber im Moment würden die deutschen Politiker wahrscheinlich nur ein Ziel verfolgen: Wie kann die deutsche Wirtschaft aus der Krise der ärmeren Länder Kapital für Deutschland schlagen?

»Auch Frau Merkel begreift die große Verantwortung nicht, die Deutschland jetzt hat, nämlich dass kein neuer Faschismus in Europa entsteht. Sie müsste wissen, dass die Faschisten in den Zeiten von Not und Existenzangst unter den kleinen Leuten schnell Anhänger gewinnen und wie in Griechenland in die Parlamente einziehen. Also sollte Frau Merkel die sozialen Daumenschrauben durch das Spardiktat nicht weiter anziehen. Es ist allerdings falsch, dass griechische Zeitungen ständig schreiben: Frau Merkel zwingt die Griechen … Frau Merkel spart … Frau Merkel denkt … Frau Merkel ordnet an …

Nein, es ist nicht Frau Merkel, die zwingt, spart, denkt und anordnet. Das machen ihre Berater und ihre Einflüsterer, hinter denen die Lobbyisten der Wirtschaft und der Banken stehen. Auch Frau Merkel sagt nur das, was sie sagen soll!«

Nur einmal während des Gesprächs macht der politisierende Gefäßchirurg eine Bemerkung, die man als Vorwurf verstehen kann. »In einer Schlagzeile forderte die BILD-Zeitung die Griechen auf: ›Verkauft doch eure Akropolis!‹ Aber die Akropolis gehört uns nicht. Sie ist das Eigentum der gesamten Menschheit. Man kann sie nicht verkaufen. Ich verstehe nicht, dass nach einer solchen perversen, kulturlosen Forderung die Dichter und Denker im Land der Dichter und Denker nicht öffentlich protestieren. Und weshalb helfen die deutschen Museen, die mit unseren antiken Schätzen, beispielsweise dem Pergamonaltar, Geld verdienen, nicht den durch die Krise bedrohten griechischen Kulturstätten mit einem Teil der Einnahmen?«

Als wir landen, sagt der Arzt, dass er die Zeitung nun in der S-Bahn lesen wird.

»Ich muss mitreden können, wenn Deutsche über Griechenland diskutieren.«

Schon einen Tag nach meiner Ankunft zu Hause erhalte ich eine E-Mail von Anthi. »Katerina hat für dich ein billiges, von Taxifahrern empfohlenes Hotel gefunden. Du kannst in vier Wochen wiederkommen.«

DIE ZWEITE REISE: ABENDDÄMMERUNG IM HOTEL »EUROPA«

Bereits eine Woche vor dem Abflug beginne ich, die Sachen für die Reise zurechtzulegen. Weil der Reiseführer auf dem Flughafen von Thessaloniki behauptet hatte, dass in Griechenland nichts mehr normal ist, packe ich zuerst dicke Pullover, Cordhose, Windjacke und Regenschirm ein. Dazu für Anthi und Katerina, in der Hoffnung, dass sie Kräuterlikör trinken (die Hoffnung bestätigte sich), zwei Flaschen »Rhöntropfen«. Außerdem will ich – um den Griechen zu zeigen, wie Wurst auch schmecken kann – Thüringer Salami, Knacker und verschiedene Blasenwürste mitnehmen. Als ich unserem Dorffleischer Werner Dietl erzähle, dass ich Wurst und Schinken als Gastgeschenk nach Griechenland mitnehmen möchte, spottet er: »Die brauchen keine Würste, sondern Geld, um ihre Schulden zu bezahlen. Nimm ihnen lieber den Bibelspruch mit: Du sollst dein Brot im Schweiße des Angesichts verdienen.« Außerdem, wenn schon Wurst, dann keine Leber-, Rot- und Sülzwürste. »Die vergammeln dir in der Hitze.«

Ich sage ihm nichts von den tief fliegenden Schwalben und meinen dicken Pullovern, sondern frage zweifelnd, ob er glaubt, dass Griechen überhaupt Leber- und Rotwurst essen.

»Aber natürlich. Mein Grieche nimmt jedes Mal welche mit.«

Sein Grieche, erklärt er mir, ist der, dessen Porträt ich in den Kühltruhen der Supermärkte auf den Plastebechern mit Tsatsiki, Olivencreme und Taramas sehen kann. »Er spricht perfekt Deutsch, lebt schon lange in Deutschland und produziert seit zwei Jahren in Suhl griechische Spezialitäten.«

Taramas, sagt der Fleischer, ist eine gut schmeckende Paste aus Kabeljaurogen.

Die Kühltruhe im Suhler Supermarkt ist nur noch zur Hälfte mit den Spezialitäten gefüllt. Vielleicht achtzigmal guckt mich der Grieche lachend aus der Kälte an. Sein schwarzer Schnurrbart, die schwarzen Haare und ein dunkler Schlips mit Ornamenten, die ich auf dem winzigen runden Deckelfoto nicht deuten kann, heben sich von seinem blütenweißen kurzärmeligen Hemd kontrastreich ab. Über seinem Kopf schwebt die griechische Flagge, an deren rechtem unterem Zipfel wie ein Heiligenkranz die EU-Sterne glitzern. Ich rufe in seinem Feinkostbetrieb an.

Tagelang meldet sich niemand. Schließlich versuche ich es auch in der heiligen Siesta-Zeit von 14 bis 17 Uhr, in der man bei Strafe größter Verachtung keinen Griechen stören, also anrufen oder besuchen, darf.

Der Grieche meldet sich und meint, dass ich ihn auch um diese Zeit lediglich bei der Arbeit stören würde. »In

Deutschland erschlägt die Hitze die Menschen nicht. Hier muss man sich also keine drei Stunden ausruhen, um dann weiterarbeiten zu können.« Für ein Gespräch hat er allerdings nur am Sonntag Zeit.

»Bitte kommen Sie am Sonntag um 10 Uhr in mein Büro.«

Lange suche ich in dem Suhler Neubauviertel nach dem Griechen. Ich klingele und frage vergeblich. Erst an der Bushaltestelle zeigt eine Frau zum ehemaligen Konsum und späteren tegut-Supermarkt, der ebenfalls geschlossen wurde. »Dort sitzt ein Ausländer im Schaufenster.«

Es ist zwar kein Schaufenster, aber das sehr große Fenster eines noch viel größeren weiß gekalkten Büros. Und darin sitzt so einsam und verloren, dass man Mitleid bekommen könnte, das Ebenbild vom Tsatsiki-Deckelfoto an einem langen Schreibtisch. Weißes Hemd, schwarzer Schnurrbart, dunkler Schlips …

Er erzählt, dass er von einem alten Gebäude am Bahnhof, wo er immer noch wohnt, mit dem Betrieb hierher in den ehemaligen Supermarkt gezogen ist, der heller und geräumiger ist.

Im hinteren Teil stehen überdimensionale Rührgeräte, Zerkleinerer, Abfüll- und Verpackungsmaschinen. Fünf Frauen verarbeiten Kraut und Joghurt, Olivenöl und Knoblauch, Feta, Oliven und Kabeljaurogen.

»Wie viel Lohn zahlen Sie den Mitarbeitern?«

»In Griechenland erhalten die Arbeiter nicht einmal die Hälfte von dem, was meine Leute verdienen.«

Ich misstraue solchen Zahlenvergleichen. Vor meiner

Evangelos Pantermanlis mit seinen griechischen Spezialitäten

ersten Reise hatte ich gelesen, dass Griechen weniger als Deutsche arbeiten, aber mehr als sie verdienen, früher in Rente gehen, aber eine höhere Rente erhalten. Vor der zweiten Reise habe ich statistische Vergleiche aus eurostat, Handelsblatt, Natixis, EU-Agentur, Eurofound, OECD, Frankfurter Rundschau, zusammengefasst von der Rosa-Luxemburg-Stiftung, studiert:

Durchschnittliche Wochenarbeitszeit (ohne Siesta) in Griechenland 44,3 Stunden. In Deutschland 41 Stunden. EU-Durchschnitt 41,7 Stunden. Jahresarbeitszeit in Griechenland im Schnitt 2120 Stunden, in Deutschland rund 1400 Stunden. Urlaubstage in Deutschland 30, in Griechenland 23. Rentenbeginn bei deutschen Männern

(2010) mit 61,5 Jahren, in Griechenland mit 61,9 Jahren. Die griechische Durchschnittsrente beträgt 55 Prozent der in der Euro-Zone gezahlten Renten, das waren 2007 nur 617 Euro. 66 Prozent der griechischen Rentner erhalten weniger als 600 Euro. Der Durchschnittslohn lag 2010 in Griechenland 27 Prozent unter dem Durchschnittslohn im Euro-Gebiet. 25 Prozent der Griechen verdienen weniger als 750 Euro im Monat.

»Vielleicht waren die Löhne und Renten vor der Krise üppiger?«, frage ich den Griechen.

»Das weiß ich nicht, ich bin 1986 schon aus Griechenland weggegangen.«

Mit seiner Größe, dem Schnauzbart und der kräftigen Statur ähnelt Evangelos Pantermanlis ein wenig Alexis Sorbas aus der berühmten Romanverfilmung. Ob dieser allerdings wie der Suhler Grieche schmale, lackglänzende schwarze Halbschuhe mit Silberschnallen und extrem langen Spitzen getragen hat, weiß ich nicht mehr.

Seine, wie er sagt, »traurige und schreckliche Kindheit« verbrachte Evangelos Pantermanlis mit dem kleinen Bruder zuerst bei der Großmutter und später bei einem Onkel. Die Eltern arbeiteten in Deutschland und hatten ihren zwei Kindern versprochen, sie bald nachzuholen.

Bei den Großeltern fühlte sich der 6-jährige Evangelos wohl. Weil es im Dorf keine Elektrizität gab, saßen sie um eine Petroleumlampe, und die Großmutter erzählte Märchen und Sagen von griechischen Helden. Doch als neben dem Dorf zur Stromerzeugung ein riesiger Stausee gebaut wurde und die Felder der Großeltern im Wasser versanken, zogen sie in eine Stadt.

»Mein Bruder und ich wurden, weil die Eltern nicht zurückgekommen waren und uns auch nicht nach Deutschland holen wollten, zur Familie des Onkels in das Dorf Sparto gebracht. Der Onkel war sehr dick und sehr böse. Als 9-Jähriger musste ich seine Kühe hüten oder auf seinem Feld arbeiten. Für das geringste Vergehen schlug er mich. Er schlug auch meinen kleinen Bruder. Immer ins Gesicht. Klatsch! Und noch einmal klatsch. Immer ins Gesicht!«

Der 50-Jährige wischt sich Tränen aus dem Gesicht.

»Ich versuchte den Onkel und die Tante durch gute Schulzeugnisse gütig zu stimmen. Einmal konnte ich sogar eine Klasse überspringen. Doch sie gaben mir kein einziges lobendes Wort, denn zwei von ihren eigenen vier Kindern waren Versager und sehr schlecht in der Schule.«

Der neue Stausee versperrte Evangelos den Weg vom Dorf zum Gymnasium. »Es gab keine Brücke. Ich hätte viele Kilometer um den Stausee herumlaufen müssen.« Weil nur der Lehrer im Dorf ein Auto besaß – »ein zwar kleines, aber immerhin ein Auto« –, beschloss Evangelos, später Lehrer zu werden. Als jedoch der Freund einer Dorfschönheit mit einem großen Ford-Taunus durch Sparto kutschierte und Evangelos erfuhr, dass der Flugzeugmechaniker war, wollte er ebenfalls Flugzeugmechaniker werden. Mit 16, die Eltern hatten den jüngeren Bruder endlich nach Deutschland geholt, verließ er das Dorf und ging in die Kreisstadt Kozani. Dort lernte er Kfz-Mechaniker und wohnte mit zwei Freunden in einer WG. Die drei hatten so wenig Geld, dass Brot und Käse höchstens für 4 oder 5 Tage reichten. Allerdings konnten seine Freunde freitags zu ihren Eltern fahren und sich am Wochenende satt essen. »Ich dagegen hatte niemanden. Solche Menschen sind in Griechenland die Allerärmsten. Ich wartete, bis die Freunde am Sonntag mit Lebensmitteln zurückkamen, lag auf der Matratze und guckte Television. Eine Fernbedienung gab es damals noch nicht. Also baute ich mir eine mechanische Drahtverbindung, mit der ich, ohne von meiner Matratze aufstehen zu müssen, den Fernsehapparat ein- und ausschalten und Kanäle wählen konnte. Nicht weil ich zu faul zum Aufstehen war, sondern um Energie zu sparen!« In dieser Zeit der Entbehrung begann Evangelos, wie er sagt, erwachsen zu werden. Den Rest erledigte die Armee.

Als er erwachsen war, ging er nach Deutschland. Köln, Bamberg, Neuhaus am Rennweg und Suhl.

Er hat sich bis zum Feinkostproduzenten emporgearbeitet. »Griechen sind fleißig. Nur die Möglichkeiten, Fleiß in Erfolg zu verwandeln, sind zu Hause nicht so günstig wie in Deutschland.«

Jede Woche fährt er mit seinem Transporter in 60 verschiedene Supermärkte in Thüringen, Hessen und Bayern. Die Qualität seiner Spezialitäten hat sich bis zu österreichischen und Schweizer Handelsfirmen herumgesprochen. Eine deutsche Kette listet seine Metaxa-Produkte.

Er erinnert sich an die ersten Jahre in Deutschland,

vor allem an den 10. November 1989. »Meine Frau drückte damals die Autohupe, bis die den Geist aufgab. Stundenlang hatte sie die durch den Mauerfall befreiten Landsleute aus der DDR begrüßt.«

Er sagt das Wort »befreit« mit einem spöttischen Unterton. Und ergänzt: »Wissen Sie, dass der reiche Kapitalismus das Wertvollste, das es für den Menschen gibt, niemals finanzieren kann: soziale Sicherheit und ein Leben ohne Zukunftsängste. Die arme DDR konnte das.«

Als mittelständischer ausländischer Unternehmer hat er in Deutschland nur noch ein Ziel: »Das Leben meiner Familie abzusichern und mir eine ausreichende Altersversorgung zu erarbeiten.«

Ich deute lachend auf seinen Bauchansatz: »Altersvorsorge?«

»Nein – das deutsche Essen.« Er lebe schon zu lange hier. Und er liebe Deutschland. »In allen bayerischen und thüringischen Städten erhielt ich immer sehr viel Gegenliebe von den Deutschen. In Suhl weniger. In dieser Beziehung ist Suhl nicht typisch für Deutschland!

Ich habe überall in Deutschland Freunde gefunden. In Suhl dagegen beschimpfen mich sogar alte Frauen, wenn sie meinen Lieferwagen mit der griechischen Flagge sehen: ›Mach dich nach Hause in dein Drecksland!‹ Als mich neulich junge Leute grundlos angriffen, habe ich mich gewehrt. Und nun muss ich zur ersten Gerichtsverhandlung meines Lebens. Aber Suhl ist nicht Deutschland.«

Ich wechsele das Thema und frage nach der Krise in Griechenland.

Er holt historisch sehr weit aus und behauptet, dass schon der frühere amerikanische Außenminister Kissinger gesagt haben soll: Mit Griechen könne man erst handeln, wenn man sie und ihren Stolz völlig gebrochen hat.

»Das praktiziert die griechische Regierung im Auftrag der Troika jetzt am eigenen Volk. Sie nimmt den Griechen die Arbeit, die Gesundheitsbetreuung, die Wohnung, die Selbstverständlichkeit, Essen kaufen zu können, und damit ihren Stolz. Zwar können wir millionenfach laut dagegen protestieren, werden aber trotzdem ausgeplündert und bestohlen.«

In Deutschland würde das heute alles viel leiser geschehen. »In Neuhaus hat mir der sehr kluge Marktleiter eines Supermarktes die Software für meinen Computer installiert. Ich benutze sie noch heute. Im letzten Winter traf ich den Mann wieder. Er sammelte im tiefsten Schnee die Plastiksäcke mit Müll vor den Häusern ein. Für, ich glaube, 7 Euro in der Stunde. Wie klein kann man die Menschen in Deutschland machen, ohne dass sie aufschreien? Damit der ehemalige Marktleiter und Computerexperte im kommenden Winter nicht wieder die gelben Säcke einsammeln muss, werde ich ihn bei mir einstellen … Apropos einstellen. Eine Zeitarbeitsfirma bot mir Arbeitskräfte an. Sie wollte den Arbeiterinnen einen Stundenlohn von 6 Euro geben. Doch ich sollte der Zeitarbeitsfirma fürs Sklavenausborgen 16 Euro pro Stunde zahlen.«

Der Kapitalismus sei heute zwar technisch fortgeschritten, aber in der Ausbeutung der Arbeiter auf den Stand von vor 100 Jahren zurückgefallen.

»Selbst wenn kapitalistische Staaten sagen, dass sie etwas Gutes tun – wie jetzt die angekündigte Ausbildung südeuropäischer Jugendlicher in reichen europäischen Ländern –, sollte man fragen, was wirklich dahintersteckt.

Nehmen wir eine arme Familie und eine reiche Familie. Eine arme Familie – nennen wir die Familie Staat – hat den Kindern mit viel Mühe Schreiben und Rechnen beigebracht und sie großgezogen. Weil ihr aber die Finanzen für eine weitere Ausbildung fehlen, bietet eine sehr reiche Familie an: Wir werden eure Kinder zu Facharbeitern ausbilden! Und was dann? Dann arbeiten die Ausgebildeten in der reichen Familie. Die gibt der armen Familie nicht einmal das Geld für die vorherige Grundausbildung der Kinder zurück. Die reiche Familie wird durch die Arbeit der Kinder aus der armen Familie immer reicher. Die arme ohne Kinder nun noch ärmer.«

Zwar hinke sein Beispiel ein wenig, eines würde aber stimmen: »Den Kapitalisten interessiert nicht, wie, womit und gegen wen er sich bereichern kann. Hauptsache, er kann sich bereichern.« Das hätte schon Marx – »oder war es vielleicht Lenin?« – gewusst und sinngemäß gesagt: Wenn der Kapitalist den Schatten des Baumes vor seinem Haus nicht verkaufen kann, dann sägt er den Baum ab.

Ich habe die Authentizität dieses Zitats nicht nachprüfen können. Aber die Qualität der würzigen Taramas-Paste.

Als ich gehen will, sagt er: »Ich war oft wieder in Sparto. Es gibt dort inzwischen Strom, und ich kutschiere mit meinem BMW durch das Dorf. Dann fragen die Nachbarn den Onkel: ›War dein Neffe Evangelos bei dir?‹ Und der antwortet jedes Mal beschämt: ›Nein!‹«

Evangelos überlegt, ob er im Alter verzeihen soll, was ihm als Kind angetan worden ist. »Wenn ich das nächste Mal nach Sparto fahre, werde ich vor dem Haus des Onkels halten, hineingehen, alle begrüßen und fragen, ob ich ihnen jetzt in diesen schlechten Zeiten helfen darf.«

Wieder bringt mich ein Flugzeug der britischen Billigfluggesellschaft (die übrigens 1995 von Stelios Haji-Ioannou, dessen Vater die griechische Schiffsreederei Stelios besitzt, gegründet wurde) nach Thessaloniki. Dieses Mal sitze ich nicht in der Notausstiegsreihe, sondern weit hinten zwischen zwei griechischen Frauen. Die jüngere, eine vielleicht 30-jährige, sehr attraktive, die nach jeder Beinbewegung an ihrem kurzen Rock zupft, schweigt nach der Kalimera-Begrüßung vom Start bis zur Landung. Die andere, die trotz ihrer noch sehr dunklen Haare bestimmt über 50 ist, beginnt nach 30 Minuten ihren Rücken zu strecken, versucht krampfhaft, gerade zu sitzen, und bittet schließlich die Stewardess in sehr gutem Deutsch um ein Kissen für ihren Rücken.

Die Stewardess bedauert. »Zusätzliche Kissen haben wir leider nicht an Bord.«

So als müsste sie sich für ihren Wunsch bei mir entschuldigen, sagt die Frau: »Ich bin erst 55, aber schon Invalidenrentnerin. Der Rücken ist kaputt.« Und fügt mit einem Kopfnicken hinzu: »Elena Angelidou.«

Die restliche Flugzeit erzählt sie, allerdings nicht, wie ich das von Deutschen kenne, von Krankheiten im Allgemeinen und ihren Rückenproblemen im Besonderen, sondern von ihrer Familie. »Ich fliege zur Geburtstagsfeier meiner 37-jährigen Tochter nach Thessaloniki. Das ist eine große Freude.« Dort wird sie aber auch die sterblichen Überreste ihrer Mutter, die vor einigen Jahren in Thessaloniki begraben worden ist, in deren Heimatdorf überführen lassen. »Das ist eine große Trauer. Aber für uns Griechen gehören Freude und Trauer zusammen wie Sonne und Regen.«

Außer dieser Tochter hat sie noch einen 28-jährigen Sohn und eine 21-jährige Tochter, die zurzeit schwanger ist. »Alle drei Kinder sind in Berlin geboren. Aber meine Älteste musste, als sie 16 war, unsere Familie in Berlin verlassen und nach Thessaloniki gehen. Sie hat dort die kranke Großmutter bis zu deren Tod gepflegt.«

Elena Angelidou lebt seit 43 Jahren in Deutschland. Damals brauchte man die ausländischen Arbeiter. In der Schule waren die »Gastarbeiterkinder« oft in der Überzahl.

Mit 16 Jahren hat sie einen 22-jährigen griechischen Kürschner geheiratet. »Die Eltern wollten es verbieten, aber ich schrie: ›Entweder ihr lasst mich jetzt heiraten, oder ich springe in die Spree!‹ Und ich konnte nicht schwimmen!«

Heute weiß sie, dass es besser ist, nicht schon mit 16 zu heiraten.

Ihre Zwillingsschwester ging sehr bald zurück nach Griechenland.

»Weshalb hat sie die Mutter nicht gepflegt? Weshalb musste das die 16-jährige Enkeltochter tun?«, frage ich.

Sie antwortet sehr diplomatisch: »Meine Schwester ist ein bisschen härter als ich und meine Tochter.« Dann meint sie: »Ich habe mit 16 geheiratet und meine Tochter ist mit 16 nach Griechenland gegangen, um dort die Großmutter zu pflegen.«

Altersheime sind in Griechenland eine Seltenheit. »Es ist eine gute Tradition, dass die Eltern im Alter von den Kindern gepflegt werden, denn nur wenn eine Familie in Griechenland zusammenhält, kann sie überleben. Erst geben die Eltern den Kindern alles, was sie haben, und dann die Kinder den Eltern.«

Sie schweigt sehr lange und fügt dann hinzu: »Aber ich will später in ein deutsches Altersheim! Meine zwei Kinder in Berlin fühlen und denken schon mehr deutsch als griechisch. In der Fremde geboren und aufgewachsen, verliert man das Eigene.«

Allerdings möchte Elena Angelidou keinen deutschen Pass. »Ich bin stolz, eine Griechin zu sein. Auch jetzt in der Krise!«

Obwohl sie in Deutschland lebt, hat sie Angst vor dieser Krise. »Seitdem wir alle mit Euro bezahlen, reden die Politiker in Europa zwar ständig von der Gemeinsamkeit und dass wir nun Freunde ohne Grenzen sind. Aber entstanden ist nur eine große wirtschaftliche Rivalität, die neuen Hass erzeugt. Es müsste in allen europäischen Ländern einen Aufstand der kleinen Leute gegen diesen ökonomischen Krieg geben.«

Ihre Tochter in Thessaloniki hat Pädagogik studiert, doch zuletzt erhielt sie nur noch einen Zeitvertrag für 8 Monate. Nun ist sie arbeitslos. Zwar besitzt die Familie zum Glück das Haus der Großmutter, in dem jetzt die älteste Tochter wohnt, aber inzwischen hat der Staat die Steuern darauf erhöht. »Und damit wir die Steuer pünktlich entrichten, müssen wir sie zusammen mit der Stromrechnung zahlen. Sonst wird der Strom gesperrt.«

Weil sie als Griechin in Deutschland lebt, verlangt der Staat außerdem die doppelte Steuer. »Also 200 Prozent, das sind rund 600 Euro im Jahr. Ich bin zwar griechische Staatsbürgerin, aber für die Steuer eben eine griechische Deutsche.«

Darüber regt sie sich so sehr auf, dass sie ihre Rückenschmerzen einen Moment lang vergisst.

Eine Viertelstunde vor der Landung, als sie sich wieder stöhnend streckt, nehme ich meine Windjacke, die ich im Handgepäck verstaut habe, knülle sie zusammen und schiebe sie ihr zwischen Lehne und schmerzenden Rücken.

Anthi Wiedenmayer bringt mich vom Flughafen mit dem Auto zu meinem Hotel, was mir umso lieber ist, weil mein Knie schmerzt. Mein Zug war heute früh verspätet in Leipzig angekommen, und als ich zum Anschlusszug nach Berlin-Schönefeld rannte, war ich gestürzt.

Wir fahren durch die Vorstadt mit ihren gepflegten Parks und den villenähnlichen Häusern, durch das Zentrum mit seinen historischen Sehenswürdigkeiten und neuen Einkaufspassagen und kommen schließlich, wie Anthi sagt, in die »schlechte Zone der Stadt«. Sie gehört noch zum Zentrum, aber in den Seitengassen leben vor allem die Armen, die Ärmeren, die Allerärmsten und die Ausländer. Aus den eingefallenen Dächern und glaslosen Fensterlöchern von ehemals repräsentativen Handelshäusern und mehrstöckigen Villen wachsen Sträucher und kleine Bäume. Nutzlos gewordene Schaufensterscheiben sind wie Litfaßsäulen mit Werbeplakaten für Schönheitscreme, mit politischen Flugblättern, Todesanzeigen und Veranstaltungsterminen zugeklebt, und von manchen Erkern sind nur noch die Eisenträger und daran hängende Betonklumpen übriggeblieben.

»Hier muss sich das Hotel befinden.«

Anthi hat vor einem dreistöckigen, von Bäumen gesäumten Eckhaus an der Kreuzung zwischen der Leontos Sofou, die mit kleinen Geschäften zum Schlendern einlädt, und der Valaoritou, einer engen baumlosen Straßenschlucht, gehalten.

Über der breiten gläsernen Eingangstür des Hotels blinkt auch am Tag eine Lichterkette. Vor dem Treppenaufgang sitzt eine junge Frau an einem schmalen Tresen. Auf halber Höhe des untersten Absatzes liegen in einem vergitterten Verschlag Koffer, Seesäcke, Beutel, Rucksäcke, verklebte Kartons, Reisetaschen und zusammengeschnürte Bettdecken. Darunter steht ein Kühlschrank, der von Maria mit dem Jesuskind, die goldgerahmt daneben hängen, bewacht wird.

Das Zimmer kostet normalerweise 25 Euro pro Nacht. Aber weil Katerina über einen ausländischen Anbieter gebucht hat, sind es 30 Euro.

»Mit Frühstück?«

Die Frau schüttelt den Kopf. »Nebenan gibt es eine Bäckerei. Dort bekommen Sie auch einen Kaffee.«

Während der wenigen Minuten, die wir mit ihr sprechen, stolpern nicht mehr ganz nüchterne Männer und dunkelhäutige Mädchen, ohne nach einem Schlüssel zu fragen, die Treppen hinauf oder hinunter.

Nachdem Anthi in eines der offenen Gästezimmer geschaut hat, wiederholt sie nur noch stereotyp: »Hier wirst du nicht bleiben. Ich suche dir was Besseres. Nein, hier kannst du nicht …«

Als ich widerspreche, meint sie, dass in dieser Unterkunft Prostituierte mit ihren Freiern absteigen oder Migranten aus Afrika und Asien, die über Griechenland nach Mitteleuropa fliehen wollen. Sie geht noch einmal die Treppe hinauf und entdeckt Gemeinschaftsduschen und -toiletten und Kühlschränke auf den Gängen. Statt Steckdosen sind Verlängerungsschnüre mit Dreifachsteckern an den Wänden angebracht.

Sie will meine Tasche nehmen und wieder ins Auto stellen. Doch ich protestiere sehr energisch. Ich werde hier und nirgendwo anders schlafen. Schließlich fragt

Blick auf die Straßenschlucht am Hotel »Europa«

sie resigniert, ob ich eine größere Summe Bargeld bei mir habe, und ist erst beruhigt, als ich ihr 1000 Euro gebe, die sie vorsorglich in ihrer Wohnung aufbewahren will. »Hier musst du damit rechnen, dass dir ein Nachbar oder einer, der sich reinschleicht, das Geld klaut.«

Ich frage sie, wie das Hotel heißt.

»Europa.«

Ich denke, dass sie mich auf den Arm nehmen will. Doch als ich an den Treppenhauswänden sehr bunte, sehr große und sehr kindlich gemalte Bilder mit den Wahrzeichen von europäischen Metropolen erblicke, gehe ich noch einmal zum Eingang.

An der Hausecke, die man sowohl von der Straßenschlucht des Verfalls als auch von der freundlicheren Straße aus sieht, ist gut erkennbar ein Schild angebracht: »Europa«.

Je länger ich im »Europa« wohnen werde, umso mehr Ähnlichkeiten werde ich zwischen dem Hotel und dem EU-Europa entdecken. (Außer der Tatsache, dass im Hotel »Europa« ein Grieche der Chef ist!)

Die Bezahlung für den Aufenthalt im Hotel »Europa« wird je nach Dauer geregelt. Mit denen, die länger bleiben, macht man einen Vertrag, sie bezahlen später. Die, die nur für kurze Zeit hineinwollen, kassiert man bei der Ankunft ab. Und wenn einer, der schon drin ist, jemanden, der nicht hineingehört, für eine Nacht oder auch nur stundenweise beherbergen will, muss er ein paar Euro extra zahlen.

Einen Fahrstuhl gibt es im »Europa« nicht. Jeder darf sein Gepäck entweder unten im vergitterten Abstellraum stapeln oder muss es selbst nach oben schleppen. Je höher, umso größer die Last. Tische, an denen man zusammensitzen und diskutieren kann, fehlen im »Europa«. Gemeinsamkeit ist nur beim Schlafen möglich. Wobei die Liebe wegen der zweigeteilten Matratzen, die bei zu viel Bewegung mitsamt den Betten auseinanderrutschen, im »Europa« nicht zu leidenschaftlich sein darf.

Damit alle, die »Europa« gebucht und bezahlt haben, nicht vom Lärm des Volkes auf der Straße und von der Sonne gestört werden, befindet sich vor jedem Balkon eine Lamellentür. Doch die schließt nicht dicht, und

Die schöne Seite des Hotel »Europa«

selbst bei zugezogenem Vorhang ist der nicht enden wollende Lärm von der Straße des Verfalls zu hören.

Auf den Balkon hinauszutreten und sich der Straße zu zeigen, ist Ängstlichen auch wegen der nicht sehr stabil wirkenden Balkone nicht zu empfehlen. Rauchen ist verboten. Aber manche der neu Angekommenen halten sich nicht an Verbote. Und der Chef des »Europa« ermahnt sie vergebens.

Um zu verhindern, dass sich die Nachbarn gegenseitig belauschen, wurde vor die verschlossene Durchgangstür zum Nebenzimmer ein Schrank gestellt. Doch weil der Schrank schmaler als die Tür ist, hört der Nachbar Wort für Wort, was sein Nebenan im »Europa« zu sagen hat.

Bevor Anthi in ihr Auto steigt, gibt sie mir einen schwarzen Motorradsturzhelm. »Tassos, dein Dolmetscher, hat ein Moped. Damit könnt ihr zu den Interviewpartnern in der Stadt und der Umgebung fahren.«

Sie umarmt mich flüchtig, bedauert, dass sie in der Universität sehr viel arbeiten muss, und verspricht, dass wir uns bald wiedersehen. Ich könnte in der Zwischenzeit Peruz in ihrem Kaffeeladen besuchen oder mich mit Katerina treffen. Heute allerdings solle ich mich von der Reise erholen.

Wegen meines schmerzenden Knies hätte ich mir einen Fahrstuhl gewünscht. Mein Zimmer liegt im dritten Stock und hat zwar auch keinen Tisch, aber ich muss nicht gemeinschaftlich pinkeln und duschen, ich bin, weshalb auch immer, mit einer kleinen eigenen Toilette und einer noch kleineren eigenen Dusche bevorzugt worden. Dafür befindet sich das Zimmer nicht, wie ich gehofft hatte, über der baumbestandenen Leontos Sofou. Stattdessen schaue ich, wenn ich die Balkontür öffne, die gleichzeitig das einzige Fenster des Zimmers ist, in die enge Straßenschlucht.

Ich warte vor dem Hotel auf Tassos und nehme an, dass er auf seinem Moped mit rasantem Schwung bis zur Tür rasen, heftig bremsen und mich dann suchen wird (Erkennungszeichen Sturzhelm). Doch keiner der vielen Mopedfahrer hält. Nach 10 Minuten tippt mich von hinten ein junger Mann vorsichtig an. Er hält einen silbergrauen Sturzhelm in der Hand und sagt leise, fast schüchtern: »Ich bin der Tassos.«

Tassos, der Dolmetscher

Dabei strahlt er mich wie ein Kind an, das soeben ein gut verstecktes Geschenk gefunden hat. Seine fröhlich blickenden Augen sind das einzig Kindliche an ihm. Der dunkle, ordentlich gestutzte Vollbart macht ihn nicht nur sehr männlich, sondern bestimmt auch interessant für Frauen.

Anthi hat mir gesagt, dass er Gerichtsdolmetscher ist. Deshalb erwarte ich, dass er ein förmliches Paragraphendeutsch spricht. Aber als ich ihm das Du anbiete und vorschlage, zusammen in ein Kafenio zu gehen, um uns kennenzulernen, antwortet er in etwas förmlichem Schriftdeutsch: »Zusammen Kaffee trinken ist allemal besser, als an den eigenen ungesprochenen Worten zu ersticken. Es ist schon in Ordnung, wenn wir uns duzen. Aber ich werde deine weißen Haare und deine Meinung achten. Du bist zwar älter als ich, aber noch sehr jung. Ein Grieche ist erst alt, wenn man ihn mit den Füßen voran aus seinem Haus trägt.«

Tassos wird 33. Er hat zwei Brüder, der eine studiert Forstwirtschaft, der andere Betriebswirtschaftslehre. »Aber nun gibt ihnen weder der Forst noch der Betrieb eine Arbeit. Weil ihnen Geld für Wohnung und Essen fehlt, mussten sie von Thessaloniki zurück nach Hause zu den Eltern ziehen. Dort wohnen sie jetzt wieder in ihren Kinderzimmern. Im Sommer kellnern sie.«

Es sei kein Einzelfall, dass die erwachsenen Kinder nicht mehr ihr gewohntes selbständiges Leben führen können, sondern erneut auf die Eltern angewiesen sind. »Im Haus der Eltern geben sie einen Teil ihrer Freiheit wieder ab und auch den Stolz, das Leben allein meistern zu können.«

Im Kafenio frage ich, wie viel er in einem Monat verdient.

»Mit Müh und Not komme ich monatlich auf 400 Euro.«

»Als Gerichtsdolmetscher?«

Ich hätte da etwas falsch verstanden. Er ist kein Gerichtsdolmetscher, sondern schreibt seine Doktorarbeit über das Dolmetschen an griechischen Gerichten. »Der Beruf des Gerichtsdolmetschers ist hier im Gegensatz zu Deutschland nicht staatlich geschützt. In den Gerichten liegen Listen der nächsten Verhandlungen aus. Jeder kann sich dort mit seiner Fremdsprache eintragen und, wenn er ausgewählt wird, in der Verhandlung dolmetschen. Die begehrtesten Gerichtssprachen sind die von Migranten, die kein Griechisch können, also Arabisch, Albanisch, Rumänisch, Usbekisch … Meine Deutschkenntnisse werden leider nicht gebraucht. Es gibt hier keine deutschen Migranten.«

»Hast du eine Familie, Frau und Kinder?«

Er antwortet noch leiser als sonst. »Man muss als Grieche, so verlangt es ein ungeschriebenes Gesetz, mindestens drei Bedingungen erfüllen, bevor man heiraten darf. Erstens: als Soldat gedient haben. Zweitens: eine feste Arbeit nachweisen. Und drittens: eine eigene Wohnung besitzen.«

Er habe nicht heiraten können, denn er erfüllt bisher nur die erste Bedingung.

Wir trinken einen zweiten Kaffee und sprechen über die Termine, bei denen er für mich dolmetschen wird. Dann senkt er den Kopf und teilt mir mit, dass er mich nicht in das Parteibüro der faschistischen »Goldenen Morgenröte« begleiten wird.

»Ich habe Angst.«

Ich frage, ob er glaubt, dass die »Morgenröte« auch durch die von der Troika verordneten sozialen Einsparungen, die viele Existenzen zerstören, so schnell erstarkt ist.

Er nickt.

»Und wodurch entstand die Krise in eurem Land?«

»Die Krise ist hier wie in anderen Ländern das Ergebnis einer internationalen Verschwörung, mit der die USA den Euro vernichten will.« Das sei nicht schwer, denn es gebe keine Solidarität zwischen den Nord- und den Südeuropäern. »Im Gegenteil, jeder behauptet vom anderen, dass er der Schuldige ist. Außerdem hat der griechische Staat immer mehr ausgegeben als eingenommen. Aus der Kombination dieser beiden Faktoren ist die Krise entstanden.«

Tassos holt sein blaues Moped und bezweifelt, dass wir damit in die 30 Kilometer entfernte, von den Arbeitern übernommene Fabrik fahren können.

»Ich bin noch nie aus der Stadt hinaus und nur einmal zu zweit auf dem Moped gefahren: vielleicht 200 Meter mit meiner Freundin.«

»Wir probieren es jetzt«, sage ich mutig.

»Ja, aber nicht gleich auf der Magistrale.«

Wir fahren die Straßenschlucht entlang, und er gibt nach einem zögerlichen Schwanken, mit beiden Beinen auf der Straße trippelnd, so viel Gas, dass wir die Balance halten können. Erleichterte Umarmung beim Abschied für heute.

Doch bevor ich im Hotel verschwinde, kommt Tassos noch einmal zurück. Er setzt den Helm langsam ab wie die Bergleute zum Gebet und sagt noch langsamer: »Ich habe ein wenig gelogen. Natürlich könnte ich in Griechenland auch ohne feste Arbeit und ohne eine eigene Wohnung heiraten. Aber ich liebe meine Freiheit über alles.«

Er hätte das ungeschriebene Gesetz als Ausrede für mich erfunden. »Ich wollte dir, einem Fremden, nicht eingestehen, weshalb ich noch keine Familie habe. Du hast es geglaubt und hättest vielleicht geschrieben: ›Die Griechen dürfen nicht heiraten bevor …‹ Entschuldige bitte!«

Wie um etwas gutzumachen, informiert er mich noch über meine Unterkunft. Als Anthi ihn anrief, hat er sofort gegoogelt. »In den Bewertungen aller Hotels von Thessaloniki kommt das ›Europa‹ auf den allerletzten Platz.«

Die junge Frau an der Rezeption würde ein sehr schlechtes Griechisch sprechen. Wahrscheinlich sei sie eine Ausländerin.

Ich solle, wiederholte er Anthis Rat, mich heute erst einmal erholen.

Von wegen mich erholen. Kurz vor 22 Uhr flutet ein Tsunami infernalischer Discomusik die Straßenschlucht. Ich schließe Tür und Vorhang, doch die dumpfen Bässe, von denen ich immer Herzschmerzen bekomme, kriechen durch alle Ritzen und Wände.

Also ziehe ich mich an und gehe hinunter, um zu erkunden, wo sich das Epizentrum des Infernos befindet. Ich weiß, dass es dadurch kein Phon leiser werden wird, aber Lärm ist für mich leichter zu ertragen, wenn ich den Ort seiner Entstehung kenne.

Auf der Straße, die schon am Tag sehr belebt ist, drängelt sich das Volk inzwischen wie bei einem nächtlichen Straßenfest. Im Kafenio sind alle Stühle besetzt, und wer keinen Platz bekommen hat, steht, schwatzt, trinkt und raucht neben den Tischen. Und knatternde Mopeds kurven um die jungen Leute, die in Richtung Disco laufen.

Die Disco finde ich am Ende der Straße: eine schwarz ausgekleidete große offene Bar, neben der eine Tür nach unten führt. Die Regler der Verstärker sind wahrscheinlich bis zum Anschlag aufgedreht. Wenn Schallwellen baufällige Häuser einstürzen lassen könnten, wäre die Straßenschlucht schon ein Trümmerhaufen. Ich begreife nicht, dass die jungen Leute, die neben den Lautsprechern sitzen, noch miteinander zu reden versuchen. Doch vielleicht können sie alle Lippenlesen.

Gegenüber geht ein sehr kleiner, sich auf seinen Stock stützender alter Mann bis zu den an der Straßenecke stehenden Müllcontainern. Er schaut sich suchend um, findet am Straßenrand eine Holzkiste, platziert sie am Fuße des Containers, steigt hinauf und kann nun hineinsehen. Mit seinem Stock rührt er im Container wie ein Koch im Topf. Brotreste und ungeöffnete Dosen wirft er in einen Leinensack.

Aus dem Discoschuppen kommen zwei junge Männer und schreien den Alten an. Als er nicht reagiert, nehmen sie ihm den Stock weg. Schreien ihn wieder an. Nun schüttelt er mit dem Kopf. Ein Mädchen in einem kurzen glitzernden Kleid stellt sich dazwischen. Sie stützt den alten Mann. Einer der Jungen geht in die Disco und kommt mit einem überbackenen Fladen und einem Glas Wasser zurück. Die drei setzen sich neben den Mann auf den Bürgersteig. Er bricht den Fladen durch und steckt eine Hälfte in den Sack. Die andere isst er so bedächtig, wie er das Wasser Schluck für Schluck trinkt. Als er aufgegessen und ausgetrunken hat, reden sie, das heißt, die Jungen schreien, und der Alte formt die Hände, wenn er antwortet, zu einem Trichter. Ich zögere, sie anzusprechen. Schließlich verständigen wir

Alltag in Thessaloniki

uns nach dem Prinzip der Gemischtwarenläden: ein wenig vom Englischen, ein wenig vom Griechischen, ein wenig vom Deutschen, viel Zeichensprache, und der alte Mann gibt für mich noch ein paar Brocken Niederländisch dazu.

Das Mädchen studiert Ingenieurwesen für Textilverarbeitung, ein Junge Finanzmanagement, und der zweite hat nach einer Malerlehre keinen Job gefunden. Er ist der fröhlichste von ihnen und behauptet, dass man sich in der Disco auch ohne teure Drinks amüsieren kann. Der künftige Finanzmanager holt 5 Becher roten Wein. Der »alte« Mann heißt Christos Angelopoulos und ist erst 58 Jahre alt. Ich möchte mehr über ihn wissen, und der Finanzer winkt Freunde heran, die besser Deutsch sprechen als er. Während der Alte seine Lebensstationen aufzählt, rücken wir dicht zusammen.

Christos Angelopoulos hat keinen Beruf erlernt. Als er 16 war, half er dem Onkel in dessen Tischlerei. Danach arbeitete er in einer Kartonagenfabrik. Später ging er nach Holland und erntete dort Erdbeeren, Gurken, Tomaten und Salat. Wieder zurück, heiratete er eine Griechin. Sie starb an einer Blutvergiftung, bevor ihr Sohn 3 Jahre alt war. Christos Angelopoulos erhielt eine Stelle als Hausmeister in einem Kindergarten. Dort konnte er seinen Sohn am Tag unterbringen, abends versorgte die Großmutter das Kind. Nachdem der Sohn eingeschult worden war, bot der Staat dem Vater einen Hausmeisterposten in einer Schule an, wo er 28 Jahre arbeitete. »Als Staatsangestellter im öffentlichen Dienst«, schreit mir der Maler zu. Vor zwei Jahren wurde der Hausmeister bei der ersten Kündigungswelle, die dem Spardiktat folgte, entlassen.

»Zwar fängt der Fisch immer am Kopf an zu stinken«, klärt mich der arbeitslose Maler auf, »aber in Griechenland schneidet man nicht den stinkenden Kopf, sondern das noch brauchbare Schwanzstück ab.« Es hatte auch nichts genutzt, dass die Eltern der Kinder gegen die Entlassung des Hausmeisters protestierten.

Sein Sohn, der in Amerika Gelegenheitsarbeiter in Supermärkten, Lagerhäusern und Versandhandelszentren war, schickte dem Vater ein Jahr lang jeden Monat 100 Dollar. Inzwischen hat der Sohn selbst schon lange keinen Job mehr und will nach Griechenland zurück, um für den Vater zu sorgen. Aber er konnte noch nicht genügend Geld für ein Rückflugticket zusammensparen.

Seitdem sucht der Hausmeister Christos Angelopoulos in den Mülltonnen nach essbaren Resten.

Die jungen Leute holen Brot und Käse aus der Disco. Der Mann wickelt alles in Zeitungspapier, steckt es in den Sack und geht, auf seinen Stock gestützt, in eine der unbeleuchteten Seitengassen.

Mich fragen die drei, ob ich als Deutscher die Bundeskanzlerin Frau Merkel liebe. Und als ich mit gutem Gewissen »Nein« gesagt habe, laden sie mich zur Disco ein.

Ich rede mich mit meinem Alter und meiner Aversion gegen schmerzerregend laute Discomusik heraus.

Dem Studenten will ich 5 Euro für den Wein geben. Er reicht mir den Schein beleidigt zurück. Aber eine deutsche Knackwurst, die ich im Rucksack mit mir herumschleppe, nehmen sie und teilen sie in drei gleich große Stücke.

Die Tür zum »Europa« steht weit offen. Eingang, Treppe und provisorische Rezeption sind hell erleuchtet. Kostas, der Chef, steht vor den bis zur Decke reichenden bunten Wandgemälden. Unten Brüssel, Wien und Rom. Darüber Barcelona, Istanbul und Moskau. Kostas ragt bis in den Himmel von Wien und stößt mit dem Kopf fast an die Palmen vor der Moschee von Istanbul. Ich schaffe es dagegen nur bis zur oberen Kante des Kolosseums von Rom. Kostas hat Schultern wie ein Ringer und Hände wie ein Schmied. Sein kantiger Kopf mit den

Kostas, der Patron, mit Landolf Scherzer

kurz geschorenen stoppligen Haaren und der getönten Brille, die er auch nachts nicht absetzt, könnte zu einem amerikanischen Elitesoldaten oder einem italienischen Mafiaboss passen. Lediglich seine Augen widerlegen diesen ersten Eindruck. Auch hinter dem dunklen Glas erkenne ich, wie sie strahlen und staunen, wenn er redet und lacht oder den Mund zu einem breiten Grinsen verzieht.

Er freut sich, dass ich eine Woche lang bei ihm bleiben werde, und holt aus dem Getränkekühlschrank neben dem großen Bild von Maria mit dem Jesuskind eine Flasche Rotwein.

Wir trinken auf Kostas und auf »Europa«.

Das Hotel mit 32 Zimmern und 65 Betten sei vor über

100 Jahren gebaut worden und hätte damals den Namen des reichen Wohltäters Averof, der auch Schulen und Krankenhäuser in Thessaloniki finanzierte, erhalten. »Es war eines der vornehmsten Hotels der Stadt. Sogar der serbische König übernachtete mit seinem Hofstaat hier. Es hat aber auch sehr schlechte Zeiten erlebt«, sagt Kostas und zeigt auf abgewetzte Stellen an den hellen Marmorstufen. »Selbst der harte griechische Marmor wurde durch die eisenbeschlagenen Stiefel der SS, die hier einquartiert war, abgenutzt.«

Als die bundesdeutsche Wirtschaft ausländische Arbeitskräfte brauchte, wurde das mittlerweile heruntergekommene Hotel eine begehrte Unterkunft für Tausende von Griechen, die aus den umliegenden Orten nach Thessaloniki fuhren, um von dort aus nach Deutschland weiterzureisen.

»Der damalige Besitzer fragte mich neulich, wie viel Gäste jetzt in einem Zimmer schlafen. Zwei, sagte ich. Da entgegnete er stolz: ›Du armer Kostas, ich habe in jedem Zimmer 10 Leute untergebracht. Manche übernachteten sogar auf dem Balkon.‹«

Vor 5 Jahren hat Kostas das Hotel übernommen. »Es war praktisch nicht mehr bewohnbar. Der Putz fiel von den Wänden, das Mobiliar brach auseinander, die Stromleitungen waren herausgerissen. Als ich den Vertrag unterschrieben hatte, bin ich 3 Monate nicht in das Haus gegangen. Ich bekam plötzlich Angst, weil es drinnen unbeschreiblich schrecklich aussah. Meine Eltern leben mit meiner Schwester in Deutschland. Sie sind inzwischen so deutsch, dass sie sogar Joghurtbecher abwaschen, bevor sie sie in die Tonne werfen. Als der Vater das Hotel sah, sagte er zu mir: ›Kostas, ich geb dir das Geld! Ich bezahle es! Aber storniere sofort den Vertrag. Sofort!‹ Ich habe das Hotel dann ein Jahr lang renoviert. Und danach den Namen geändert. Es ist das erste und einzige ›Europa‹ in Thessaloniki. Die Osteuropäer und die Migranten, die hierherkommen, sollen sofort begreifen: Wir sind in Europa! In Griechenland! In der EU!«

Seine Eltern haben Kostas mit 7 Jahren nach Deutschland geholt. Zuvor hatte er bei den Großeltern in dem Dorf Petrota Evrou gelebt. »Ich werde nie die Gerüche und die Wärme in ihrer Küche vergessen. Wir hatten kein Wasser und auch keinen Strom im Haus. Aber jeden Sonntag holte die Großmutter, bevor sie zur Kirche ging, Wasser von der Quelle, schüttete es in eine Schüssel und wusch sich die Haare. Sie wusch sich ihre schönen langen schwarzen Haare in der Schüssel und sang dabei. Sie hat nie teure Salami gegessen und auch keine Stöckelschuhe getragen. Trotzdem war meine Großmutter glücklich. Sie sang, wenn sie sich am Sonntag ihre Haare mit Quellwasser wusch.

Der Großvater, Kostas Kostalakis, war ein Lebenskünstler. Der besaß zwar einen Acker, aber dort hat ihn niemand aus dem Dorf je gesehen. Stattdessen versuchte er sich erst als Bürgermeister und danach als Kirchenvorsteher.

Im Dorf rief man ihn nur ›Alepou‹ – den Fuchs. Nach 1924 hängten die Behörden allen griechischen Namen eine neue Endung an, um zu kennzeichnen, wo jemand lebte: -akis für Kreta, -oudis für Thrakien und -idis für die 1 Million zuvor aus der Türkei vertriebenen Griechen. Bei der Volkszählung war der Großvater nicht zu Hause. Ach, das ist der Alepou, sagten die Nachbarn den Beamten, die ihn suchten. Und so machten sie ihn amtlich zu Kostas Alepoudis.«

Ein junger Mann in blauem T-Shirt unterbricht Kostas. Er schreit ihn an. Immer wieder höre ich: »Crisis, crisis, crisis.« Kostas erklärt mir, dass der junge Mann Schmerzen, aber kein Geld für Medizin hat. Heute Abend war er in der Apotheke und hat sich zwei einzelne Schmerztabletten für 30 Cent gekauft. Neben ihm verlangte eine Frau Hautcreme für ihren Hund. »Verstehst du, crisis, crisis, crisis, aber reiche Frauen kaufen Creme für ihren Hund.«

Als der junge Mann auf sein Zimmer gegangen ist, erzählt Kostas weiter.

»Der Großvater beschimpfte mich – obwohl mein Vater ihm regelmäßig Geld aus Deutschland schickte – als unnützen Fresser und Bastard.

Eines Tages, mein Großvater sitzt mit dem Großvater eines Spielfreundes im Kafenio, sagt mein Freund: ›Ich habe eine Drachme. Wenn du deinen Opa um eine Drachme bittest, könnten wir uns zusammen ein Stück Schokolade kaufen. Geh zu ihm, er wird sich vor den anderen schämen, wenn er dir nichts gibt!‹ Ich nehme also allen Mut zusammen und bitte den Großvater um eine Drachme. Er greift wirklich zum Geldbeutel und schmeißt mir dann eine halbe Drachme hin. Wie einem Hund. Inzwischen kann ich ihm all das verzeihen, ich kann ihn sogar verstehen. Bei der Geburt war seine Mutter gestorben. Als er 4 Jahre alt war, starb auch sein Vater. So musste er als Kind hart werden. Aber die Großmutter hat er nie besiegt. Sie war eine stolze Frau. Sie konnte zwar nicht lesen und nicht schreiben, doch ich habe immer versucht, nach ihrer Moral zu leben: Man soll nicht über Leichen gehen, um nach oben zu gelangen, und man darf nicht korrupt werden. Manchmal hängen meine Mundwinkel sehr tief nach unten, weil vieles nicht klappt. Aber ich bin trotzdem zufrieden. Denn irgendwann kann ich die Mundwinkel wieder hochheben und sagen: Kostas, es geht weiter.«

Er lacht. Irgendwann bemerke ich, dass er, während wir reden, seine Finger ineinander verhakt und die Handflächen nach innen drückt, bis die Finger sehr laut knacken.

»Dann kam ich zu meiner Mutter nach Stuttgart. Obwohl ich sie kaum kannte, verlangte sie: ›Sag Mutter zu mir!‹ Das konnte ich nicht. Meine ›Mutter‹ war meine Großmutter. Die Stuttgarter Mutter versuchte mich nach deutscher Methode zu erziehen. Sie sagte: ›Kostas, jetzt gehst du eine halbe Stunde draußen spielen! Dann kommst du wieder herein, aber pünktlich!‹ Ich war in Freiheit auf dem Dorf aufgewachsen und verstand die Welt nicht mehr.«

Kostas bemerkt, dass ich müde bin.

»Nimm den Rest der Flasche mit hoch. Wir haben eine Woche Zeit zum Reden. Ich sitze nachts immer hier unten.«

Der Schlaftrunk wirkt nicht bis zum Morgen. Ich verrammele die Balkontür mit der Matratze des zweiten Bettes. Gegen halb 5 endet der Lärm der Nacht. Die Stadt gönnt sich eine Atempause. In dieser Zeit kann man dem Gurren von Tauben, dem Kreischen der Möwen und dem Zwitschern von Vögeln lauschen. Spätestens nach einer Stunde beendet das Brummen der Autos, das Scheppern der Müllwagen und das Knattern der Mopeds das Morgenkonzert.

Beim Bäcker kaufe ich mir ein Weißbrot und einen Becher Joghurt. Kaffee bekomme ich bestimmt im Geschäft von Peruz. Zwei Häuser, bevor die Egnatia in den weitläufigen Dimokratias-Platz mündet, stehen Säcke mit Kaffeebohnen vor einem kleinen Laden. Ein Mann und eine Frau füllen gemahlenen Kaffee in Papiertütchen. Ich nicke der Frau zu, nenne meinen Namen und frage: »Peruz?«

Sie schüttelt den Kopf und macht mir mit Zeichen deutlich: 20 Schritte um die Ecke.

Der Mann geht vor den Laden und beschreibt mir den Weg zur Konkurrenz. Ich zähle die Schritte nicht, aber kaum bin ich um die Ecke gebogen, duftet es schon aus einer offenen Ladentür nach Kaffee. Als ich wieder nach Peruz frage, klopft der Verkäufer an die von mir aus gesehen linke Hauswand. Dahinter, also Wand an Wand, finde ich endlich den ältesten Kaffeeladen von Thessaloniki. Peruz zieht die Rollläden in die Höhe. Es ist jetzt Punkt 9 Uhr.

Sie trägt eine hochgekrempelte Jeans, dazu ein hellblaues Top. Sehr dichte braune Haare bedecken die nackten Schultern. Der Laden ist kaum 10 Quadratmeter groß. Wie in den beiden anderen Kaffeegeschäften hat auch Peruz 2 Säcke mit Bohnen »Café do Brasil« auf Ziegelsteine gestützt neben die Eingangstür gestellt. Im Laden befinden sich weitere Säcke mit dunklen Bohnen aus Kolumbien, ein Kilo für 14 Euro, und mit helleren »Rio minas« für 8,50 Euro.

Das Schaufenster, es ist genauso breit wie die Eingangstür, muss Peruz nicht dekorieren. Die Dekoration ist der Laden dahinter. Dort stehen die Jutesäcke und eine eimergroße Blechdose mit Kaffeebohnen und Schäufelchen. Gegenüber ein Schränkchen mit einem schubladenähnlichen Kasten. Darauf thront eine 60 Jahre alte Kaffeemühle. Der blaue Einfülltrichter ist so groß wie der dickrippige Elektromotor, und der runde gusseiserne Mahlkörper ähnelt einer aus dem Zweiten Weltkrieg stammenden Landmine. Den gemahlenen Kaffee schüttet Peruz aus der Schublade in die hölzerne Kaffeelade auf dem Verkaufstisch, ohne mehr als zwei Schritte machen zu müssen. Daneben kann der Kunde am Zeiger der Tellerwaage das Gewicht kontrollieren. Und mit nur einem Schritt – länger ist der Ladentisch nicht – tippt Peruz den Preis in eine elektronische Registrierkasse. Obwohl sie schlank ist, kann sie sich nur mit Mühe zwischen dem Ladentisch und den Wandregalen, die dürftig mit Kaffeedosen, Zucker- und Kakaobüchsen gefüllt sind, hindurchzwängen. Die einzige freie Ecke neben Tisch und Kaffeemühle blockiert ein truhenähnlicher Kasten. Mehr als vier Kunden könnten sich nicht gleichzeitig im Geschäft aufhalten.

Die Kaffeemühle

Noch bevor ich Peruz fragen kann, wie hier drei kleine Kaffeeläden, die nur 20 Meter voneinander entfernt sind, überleben, erklärt sie mir die Unterschiede der Kaffeebohnen.

Die dunkle, fast schwarze Sorte eignet sich für Espresso. »Griechischer Kaffee aus braunen Bohnen ist dagegen blond.« Und je größer die Bohnen, umso aromatischer sei der Kaffee. Der Kaffeehändler muss die großen und kleinen Bohnen so gut mischen, dass ein besonderer Geschmack entsteht. Diesen besonderen Geschmack, versichert Peruz, hat ihr Kaffee.

»Aber er ist leider ohne ein Gesicht«, klagt sie.

Um das Gesicht zu kennen, müsste sie wissen, wer den Kaffee gepflanzt hat. Ob die Plantagenarbeiter in

Brasilien und Kolumbien nur von Maisbrei und Wasser leben. Ob sie in Wellblechbaracken hausen und wie viel ihnen die Konzerne für diese Arbeit bezahlen.

»Solange ich das nicht weiß, hat der Kaffee, den ich verkaufe, für mich kein Gesicht.«

Sie kann nicht zwischen Kaffee aus Produktionsgenossenschaften mit fairem Handel und dem der Großkonzerne wählen. »Es gibt in Thessaloniki nur einen Großhändler, und ich muss den Kaffee nehmen, den er hat.«

Im Fernsehen hat sie erfahren, dass ein griechischer Kaffeekonzern den äthiopischen Bauern, die den Kaffee noch mit der Hand anbauen und pflücken, ein bis zwei Euro für das Kilo zahlt und es in Griechenland für 13 Euro verkauft.

»Aber bald werden wir hier auch für afrikanische Hungerlöhne arbeiten müssen. Manche gehen im Monat schon jetzt mit 150 Euro nach Hause«, sagt Peruz. Sie schraubt ihre Thermoskanne auf und fragt, ob ich einen Kaffee trinken möchte. Ich nicke und bitte um einen griechischen Kaffee. Da verschließt sie die Kanne, nimmt Kleingeld aus der Kasse und geht nach nebenan in ein Kafenio.

»Ich habe meinen Kaffee zu Hause in der Maschine gebrüht.«

Natürlich würde sie auch lieber hier im Laden einen frisch gekochten griechischen Kaffee trinken. »Aber erstens, wo sollte ich in dieser Enge noch eine Herdplatte aufstellen. Wenn ich die unnütze Truhe rausschmeißen könnte …« Sie meint den Kasten zwischen

Kaffeemühle und Ladentisch. »Und zweitens habe ich keinen Wasseranschluss im Geschäft. Kein Wasser, aber …« Lachend füllt sie mir eine Tüte mit dem »blonden Kaffee« und steckt sie in meinen Rucksack, den sie, um Platz für die Kunden zu schaffen, in eines der halbleeren Regale gestellt hat. Danach diktiert sie mir das »Kenner-Rezept« für original griechischen Kaffee, wie ihn schon ihr Großvater, der den Laden 1938 eröffnete, zubereitet hat:

»Eine kleine Kaffeetasse, kleiner als die Espressotasse, aber wenn nicht vorhanden, die Espressotasse zu drei Vierteln mit Wasser füllen. Dann das Wasser in einen Kaffeekocher umgießen und auf den Herd stellen. Wenn man Zucker zum Kaffee nimmt, dann erst den Zucker zum Wasser geben. Wie viel hängt davon ab, ob man den Kaffee süß oder mittelsüß oder extrasüß trinkt. Für mittelsüß braucht man einen Teelöffel Zucker, für süß eineinhalb Teelöffel, für extrasüß zwei Teelöffel. Den Zucker muss man langsam rühren, bis er aufgelöst ist. Zum Schluss gibt man den Kaffee dazu, einen vollen Teelöffel meiner Meinung nach, sonst schmeckt der Kaffee zu schwach. Dann abwarten, bis der Kaffee schäumt und hochkommt, es dauert nicht länger als ein bis zwei Minuten, dann gleich in die Tasse umgießen. Bitte nicht sofort trinken, um sich nicht die Zunge und die Lippen zu verbrennen.«

Ich frage sie nach dem Unterschied zwischen griechischem und türkischem Kaffee. Eigentlich gäbe es keinen, meint sie. Die Griechen hätten ihren Kaffee bis zur Zypernkrise immer als turkikos – türkischen Kaffee –

getrunken. Aber nachdem die griechische Militärjunta in Zypern den rechtmäßig gewählten Präsidenten stürzte und türkische Truppen daraufhin Nordzypern besetzten und sich Griechen und Türken dort bekriegten, wurde der türkische Kaffee in Griechenland nur noch als ellinikos – griechischer Kaffee – im Stielkännchen über offener Flamme gekocht und mit neuem Nationalstolz getrunken.

Ein Mann in Lederjacke kauft 2 Kilo vom Espresso. Er holt ein Notizbuch aus seiner Hosentasche, schreibt etwas hinein und geht grüßend hinaus.

»Er kauft auf Pump?«

»Nein, er zahlt immer am Monatsende, er ist der Chef einer Motorradwerkstatt.«

Eine alte Frau legt einen Euro auf den Tisch. Zwar kostet der gemahlene brasilianische Kaffee 11 Euro pro Kilo, aber Peruz wiegt für die Frau 100 Gramm ab.

»Manche Kunden leisten sich nur noch 50 Gramm.«

Auf dem Tütchen steht noch der Name des Großvaters: Kasparian. Auch Peruz heißt Kasparian. »Ich bin armenischer Abstammung, und alle ehemals armenischen Namen enden auf -ian.«

Griechische Frauen behalten nach der Hochzeit ihren Familiennamen. Nur wenn die Frau einen sehr einflussreichen Mann, beispielsweise einen Professor oder Politiker, geheiratet hat, schmücken sich einige mit seinem Namen.

Ihr Mann Christo Dafnitidis hat Englisch studiert. Sie lernte Deutsch. Mit ihren Sprachkenntnissen wurden sie in einer großen Textilagentur angestellt. 10 Jahre arbeiteten sie, nur durch Schreibtische voneinander getrennt, im selben Büro. »Wir kannten uns und kannten uns auch nicht. Aber dann trafen wir uns zufällig bei einer Faschingsfeier. Endlich erkannten wir uns. Drei Jahre später heirateten wir.«

2005 wurden ihre Zwillinge Stefan und Alexander geboren.

Eine sehr schöne schwarzhaarige und braungebrannte Frau, die nicht viel älter ist als Peruz, kommt in das Geschäft. Grüßt. Und wartet. Selbst als Peruz ihr gesagt hat, dass ich nichts kaufen möchte, wartet sie weiter wortlos. Und erst nachdem Peruz ihr versichert, dass ich Ausländer bin, der kein Griechisch versteht, spricht sie leise und schnell mit ihr. Peruz füllt ihr 200 Gramm Kaffee in die Tüte, und die Frau geht, ohne zu bezahlen.

»Das war Maria«, sagt Peruz. »Sie hat als Näherin in einer Kleiderboutique gearbeitet. Maria änderte Röcke und Hosen, wenn sie zu lang oder zu weit waren. Nach ein, spätestens zwei Stunden passte alles wie angegossen. Meist waren die Kleider zu eng geworden, denn noch vor 8 Jahren glaubten wir Griechen, dass unser Wohlstand immer andauern wird, und aßen oft maßlos. Aber es war ein relativer, ein falscher Wohlstand.«

Vor 5 Jahren wurde Maria geschieden und vor 2 Jahren entlassen. Seitdem lebt sie von dem wenigen Geld, das ihre Mutter entbehren kann.

»Dabei könnte sie jetzt viele Kleider ändern. Nein, nicht enger machen«, sagt Peruz lachend. »Doch in den Konfektionsgeschäften hängen zurzeit meist nur zwei oder drei Standardgrößen. Braucht eine Kundin eine andere Größe, muss sie der Händler erst bestellen.«

Peruz hat es bisher immer geschafft, den Kaffee im Voraus zu bezahlen. »Jeden Freitag kommt der Großhändler. Er gibt mir nichts auf Pump.«

Im vergangenen Jahr hatte der Händler die Kaffeepreise erhöht. »Doch inzwischen musste er sie wieder senken, denn die Leute haben immer weniger Geld, um sich teuren Kaffee zu leisten. Dabei ist der Kaffee das Lebenselixier der Griechen. Auf Kaffee verzichten sie erst, wenn sie sich kein Brot mehr kaufen können. Kürzt man ihnen den Lohn, gehen die Griechen auf die Straße und machen eine Demonstration. Doch wenn sie keinen Kaffee mehr trinken können, gehen sie auf die Straße und machen eine Revolution.«

Peruz hat die Schulden von Maria nicht aufgeschrieben. »Das merke ich mir. Die hier kaufen, kaufen schon immer hier.«

Manche Kunden würden in der letzten Zeit nicht mehr kommen. »Sie schämen sich, Kaffee auf Pump kaufen zu müssen. Manche sind vielleicht auch nicht mehr in der Stadt. Sie sind als Arbeitslose zu ihren Verwandten aufs Dorf gezogen. Eine Frau, die bei der Telefongesellschaft arbeitete, holte sich früher zweimal in der Woche ihren Kaffee. Im letzten Jahr sah ich sie nur selten. In diesem Jahr kam sie überhaupt noch nicht. Vielleicht ist sie gestorben. Manchmal denke ich: besser gestorben, als ohne Stolz wie ein Bettler leben müssen.«

Früher habe sie über 50 Kilo Kaffee am Tag verkauft.

Jetzt seien es oft nur 10, höchstens aber 40 Kilo. Doch außer der Miete, die für die knapp 10 Quadratmeter in der Krise von 1300 Euro auf 1000 Euro gesenkt wurde, muss sie jeden Monat noch 450 Euro Versicherung und rund 200 Euro Mehrwertsteuer bezahlen. »Nicht mitgerechnet die kleinen und größeren Beiträge für die Bürokraten. Diese Truhe zum Beispiel, an der ich mich ständig stoße …«

Sie wechselt das Thema. »2004 begann ich hier im Laden bei meiner Schwester – die das Geschäft von meinem Vater übernommen hatte – zu arbeiten. Damals kamen sehr viel mehr Kunden als heute.« Als ihre Schwester aufhörte, führte Peruz das Geschäft weiter. Doch obwohl sie dort schon 4 Jahre gearbeitet hatte, musste sie den Laden auf Anweisung der Behörde erst einmal für zwei Wochen schließen. »Ich hatte alle Genehmigungen und Urkunden und den ganzen Schriftkram vorbereitet, trotzdem brauchten die Beamten zwei Wochen, um den Namen auf dem Geschäftszertifikat zu ändern.«

Das Zertifikat hängt über den Kaffeesäcken.

»Jetzt zeige ich dir etwas Besonderes!«, sagt sie und beginnt, ihre Haarmähne lachend und wütend zugleich hin und her zu schütteln wie eine Löwin. Dann öffnet sie wie ein Zauberer im Zirkus die truhenähnliche Kiste zwischen der alten Kaffeemühle und dem Ladentisch. Drinnen hängt, ordentlich zusammengerollt, ein Wasserschlauch.

»Ich musste ihn nach einer unumstößlichen Anordnung der Verwaltung kaufen und in diesem Kasten, der mir den Laden verstellt, anbringen. Einen Wasserschlauch! In einem Laden ohne Wasseranschluss! Und obwohl ich die Verantwortlichen in dem winzigen Raum umherführte und auch sie keine Wasserleitung finden konnten, vermochte ich sie nicht von diesem Irrsinn abzubringen. Auch das ist Griechenland!«

Der Kaffeehändler von nebenan schaut zur Tür herein. Ein Kunde hat bei ihm eine bestimmte Sorte Robusto-Kaffee verlangt. Da er sie nicht führt, will er den Kunden zu ihr schicken.

An der Vorderseite ihres Ladentisches hängen bunte Kinderzeichnungen, auf denen Burgen, Schlösser und Fabelwesen zu sehen sind. »Unsere Zwillinge zeichnen und lesen noch sehr viel. Das Internet habe ich ihnen verboten. Schon beim Frühstück sitzen die beiden 8-Jährigen nun wie alte Männer am Tisch. Mit der einen Hand stützen sie ihren Kopf, mit der anderen halten sie das Buch. Zurzeit lesen sie Geschichten über die Kriege von Alexander dem Großen. Irgendwann werde ich ihnen die Geschichte von Zeus, der als Stier die schöne Europa geraubt hat, zu lesen geben. Sie sollen jetzt schon wissen, dass es ohne uns Griechen kein Europa gegeben hätte.«

Peruz fragt, ob ich Zeit habe, um auf ihren Mann zu warten. »25 Jahre hat er in der Textilagentur gearbeitet und in vielen Ländern Verträge abgeschlossen. Seit er vor zwei Jahren entlassen wurde, gehört er zu den 30 Prozent Griechen, die keine Arbeit mehr haben. Sein Selbstbewusstsein nimmt immer mehr ab, je länger er als Mann untätig zu Hause sitzt.« Deshalb hat sie ihn gebeten, im Laden zu helfen. »Hier kann er Kaffee abfüllen, mit den Leuten reden und die schweren Kaffeesäcke abends hereintragen.«

Auf den ersten Blick sieht Christo mit seinen kurzgeschorenen Haaren, der hohen Stirn und der großen Nase lustig aus.

Er begrüßt mich auf Englisch und schüttet sich aus seiner Thermoskanne Kaffee in einen Becher. Es ist kein griechisch blonder, sondern Nescafé. Und koffeinfrei.

»Die beiden Jungen zu Hause, Peruz mit ihrem Laden, der kaum noch Geld abwirft, die Sorge um Griechenland und dazu starker Kaffee, zusammen ist das zu viel für mein schwaches Herz.«

Ohne dass Peruz ihn bitten muss, beginnt er jeweils 250 Gramm Kaffee abzuwiegen und füllt ihn in Tüten. Dann ordnet er die Dosen im Regal.

Peruz erklärt mir lachend: »Es ist ein gerechter Ausgleich: Er arbeitet für mich im Geschäft. Doch ich muss ihn nicht bezahlen, denn ich koche für ihn zu Hause, und das muss er auch nicht bezahlen.«

»Wie viel würde er als Hilfskraft in einem Geschäft verdienen?«

Sie weiß es nicht. Vor seiner Entlassung hat er nach 25 Jahren Arbeit in der Firma 1100 Euro verdient.

»Die Krise ist garantiert nicht entstanden, weil die kleinen Leute in Griechenland zu hohe Löhne erhalten haben«, sagt Christo. Er meint, dass die Politiker, die Finanzer und die Monopole diese Krise, wenn es sie nicht gäbe, hätten erfinden müssen. »Denn nur sie verdienen an ihr. Die Politiker bekommen in Zeiten der

Krise immer mehr Möglichkeiten, die sozialen Errungenschaften abzubauen. Ihre Macht hatten sie sich zuvor auch dadurch erkauft, dass sie versprachen: ›Wenn du mich wählst, verschaffe ich dir einen Posten als Beamter.‹ Und wenn man erst einmal Staatsangestellter war, erhielt man zusätzliche Scheinchen von denjenigen, die etwas bauen, etwas eröffnen oder etwas schließen wollten.« Das seien einige der inneren Gründe für die Krise.

»Und die äußeren?«

»Der durch die Globalisierung ausgelöste Finanzkrieg der internationalen Monopole. Denn diese Monopole interessieren die Menschen und die Länder nur, wenn sie an ihnen verdienen können. Griechenland haben sie inzwischen durch ihre Finanzpolitik so geschwächt, dass die Troika mit uns anstellen kann, was sie will. In zwei Jahren sind wahrscheinlich die letzten Geldreserven der kleinen Leute aufgebraucht. Dann beginnt die richtige Katastrophe.«

»Und wie werden die so dicht nebeneinander liegenden 3 Kaffeeläden dann weiter existieren können?«, frage ich.

Darüber würden sie nicht nachdenken. »Wir kaufen den Kaffee zum selben Preis vom Großhändler und werben nicht mit Billigangeboten. Noch gibt es keinen Konkurrenzkampf zwischen uns. Die Käufer entscheiden nach Geschmack und Qualität des Kaffees, der von uns gemischt und gemahlen wird«, sagt Peruz. Und Christo ergänzt: »Wir opfern unsere Prinzipien nicht der Krise. Deshalb kämpfen wir auch nicht mit Nied-

Peruz mit Christo in ihrem Kaffeeladen

rigpreisen gegeneinander. Sonst würden auch wir kleinen Griechen noch das Letzte, unseren Stolz und unsere Solidarität, verlieren.«

Als ich die beiden hinter ihrem Ladentisch fotografiere, legt Christo den Arm um Peruz und sagt lächelnd: »Wir sind ein Dream-Team.«

Im Hotel will ich den Kaffee in der Schublade des vor die Nachbartür gerückten Schrankes aufbewahren. Doch diese hat sich – wie ich innen lesen kann – »Samuel« mit einer halbvollen Dose Pomade und einem sehr stark riechenden Deodorant reserviert. Also stecke ich den griechischen Kaffee neben meine Thüringer Würste in den Rucksack.

Katerina ruft an. »Ich habe für dich in einer Stunde ein Treffen mit der Psychiaterin Margarethe vereinbart!«

Bevor ich entgegnen kann, dass ich trotz der griechischen Probleme noch nicht reif für die Couch bin, erklärt sie mir, dass Margarethe Patienten, die weder einen Arzt noch die Medikamente bezahlen können, kostenlos im sozialen Ärztezentrum behandelt. Ihr Mann Titus sei ein Deutscher, der nach dem Krieg als Kind mit den Eltern aus Königsberg flüchten musste und als junger Mann ohne die Eltern aus Deutschland nach Frankreich ging. »Er arbeitete dort als Psychiater, lebt seit einigen Jahren in Griechenland mit Margarethe und spricht nur Englisch mit ihr«, sagt Katerina.

Sie wird im Café »manifesto« auf mich warten. Es sei leicht zu finden.

»Die Egnatia immer geradeaus. Am Triumphbogen von Kaiser Galerius gehst du nach links. Der Triumphbogen wurde übrigens 306 nach dem siegreichen Feldzug des Kaisers gegen die Perser errichtet. Dann läufst du 300 Meter bis zur Rotonda, die man noch zu Lebzeiten des Kaisers Galerius als Mausoleum gebaut hatte. Doch nach dessen Tod verbot der neue Kaiser Licinius die Beisetzung von Galerius in Thessaloniki. Also erweiterte man das Mausoleum um eine Apsis und weihte es als christliche Kirche des heiligen Georgius. In der osmanischen Zeit errichteten die Türken daneben ein Minarett, und aus der christlichen Kirche wurde eine islamische Moschee.«

Der umzäunte Triumphbogen

Hinter der dicken Rotonda würde ich in einer Seitengasse das »manifesto« finden.

»Vom Hotel musst du nur 15 Minuten laufen.«

Weil Katerina meist Auto fährt, vermute ich, dass es mindestens 30 Minuten Fußweg sein werden. Um pünktlich zu sein, plane ich vorsorglich eine dreiviertel Stunde Zeit ein.

Das war nicht gut, denn nun laufe ich nicht schnurstracks die Egnatia entlang, sondern schlendere durch Seitengassen und fotografiere die Überreste von ehemals prächtigen Häusern. Als ich näher an ein eingefallenes Haus herangehe, um einen Strauch, der aus dem schadhaften Dach wächst, aufnehmen zu können, droht ein noch weit entfernter Mann mit der Faust. Vor dem nächsten Bild des Verfalls, einem Gebäude, dessen Fensteraugen zugemauert sind und dessen kunstvoll geschmiedete Balkongitter an der Wand baumeln, schreit der näher kommende Mann: »Malaka! Malaka!« Und als ich ein Haus, dessen Türen eingeschlagen und dessen Wände mit schwarzen Graffiti beschmiert sind, fotografiere, rempelt mich der vielleicht 50-jährige Mann an und will mir den Apparat aus der Hand reißen. Ich flüchte. Er rennt brüllend hinterher, bis ich zwischen den Buden eines nahen Wochenmarktes im Gewühl der Menschen verschwinde. Aus der Entfernung sehe ich, wie er mit einem Schuhverkäufer streitet und, nachdem er mit dem Fuß gegen dessen ausgelegte Ware getreten hat, von den Nachbarn des Verkäufers verprügelt wird.

Beim Schnapshändler trinke ich erleichtert aufatmend Ouzo aus einer kleinen Souvenirflasche. Dann laufe ich zurück zur Egnatia und erblicke nach wenigen Metern den Triumphbogen, an dessen Pfeilern der siegreiche Kaiser mit seinen Soldaten in Stein gemeißelt ist. Wegen der eisernen Schutzgitter, die verhindern, dass man seiner Majestät nahekommt, kann ich die Figuren aus der Entfernung nicht in Herrscher und Beherrschte einordnen. Ich umrunde zweimal die einem dreistöckigen Gasometer ähnelnde Rotonda. Ringsherum finde ich mindestens ein Dutzend Kafenios und Restaurants, aber erst nach langem Suchen entdecke ich die Gasse, in der sich das »manifesto« befindet. Der symbolträchtige Name leuchtet auf rotem Untergrund in heller lateinischer Schreibschrift über dem Eingang.

Demonstrierende Lehrer

Ich komme 5 Minuten zu spät. Katerina sitzt draußen an einem der runden Tische und raucht. Ich frage, ob sich »manifesto« auf das gleichnamige kommunistische Programm von Marx und Engels bezieht.

»Ja, hier treffen sich die griechischen Linken, die Aristeri.«

Aristeri wären oft Wissenschaftler, Architekten, Lehrer, Kunstschaffende, Ingenieure und Mediziner. »Es sind die Kinder von griechischen Partisanen und Kommunisten, die nach dem Bürgerkrieg in Lagern interniert und von den Regierenden viele Jahre lang zwangsweise von Bildung, Ämtern und gesellschaftlicher Betätigung ›befreit‹ worden sind. Und die ihre Ideen an ihre Kinder weitergaben.«

Kostas, einer der linken Studenten, die 1973 gegen die Militärdiktatur in Griechenland opponierten, ist heute Teilhaber vom »manifesto«. »Ausländische Touristen wissen das natürlich nicht. Amerikanische und englische Antikommunisten, Berlusconi-Anhänger und deutsche Konservative sitzen heutzutage gemütlich kaffeetrinkend im linken ›manifesto‹.«

Auf dem Weg zu der Psychiaterin kommen wir auf der Egnatia an einer Gruppe Männer vorbei, die rote Fahnen schwenken. Einer von ihnen versucht den Lärm der Autos und Busse mit einem Megaphon zu übertönen.

»Er informiert über den bevorstehenden Streik der Lehrer«, übersetzt Katerina. »Die Lehrer sollen länger unterrichten, damit die Regierung einige Tausend von ihnen einsparen kann. Außerdem müssen sie sich künftig jederzeit an jeden beliebigen Ort in Griechenland versetzen lassen.«

Um den Streik zu verhindern, hat die Regierung inzwischen jedem Lehrer schriftlich angedroht, dass er dienstverpflichtet, also wegen Gefährdung der gesellschaftlichen Ordnung zum Unterricht gezwungen werden kann.

An einem Hochhaus hängen junge Leute ein beschriftetes Banner auf.

»Sie protestieren dagegen, dass der Staat zur Schuldentilgung auch noch das Wasser an Monopole verkauft.«

An den Ruinen von Palast und Hippodrom des Kaisers Galerius hängen keine Protestplakate. »Die will niemand kaufen. Die bringen kein Geld, die kosten nur«, sagt Katerina.

Der Buchhändler als Wirt

Ich hoffe, dass wir die von Touristen wie Einheimischen gleichermaßen bevölkerte Einkaufs- und Vergnügungsmeile bis zum Meer hinunterlaufen. Doch Katerina biegt schon vorher in eine Gasse ein, in der sich nur Restaurants und Cafés befinden. Dazwischen fällt ein Schaufenster mit Büchern auf. Am Eingang sitzt ein grauhaariger Mann an einem Pult und liest. An den Wänden hängen Portraits von Schriftstellern. In den Regalen liegen Bücherstapel und Weinfässer nebeneinander. Aus der Küche duftet es. Am Tresen stehen Ouzo, Whisky, Cognac und Tsipouroflaschen.

Katerina erzählt, dass der lesende Mann am Eingang

früher Buchhändler war. »Als er immer weniger verkaufte, hat er den Laden zu einem Restaurant umgebaut. Doch in seinem Herzen ist er den Büchern treu geblieben.«

»Hat er den Laden wegen der Krise schließen müssen?«

»Nein, das war schon vor ungefähr 10 Jahren.« Aber inzwischen würden die Ketten, die der Krise noch widerstehen können, die kleinen Buchläden in der Stadt gnadenlos kaputtmachen.

»Wir boykottieren diese Ketten und kaufen unsere Bücher in einem kleinen Laden. Dort hängt im Schaufenster ein Schild: ›Wir wissen zwar nichts vom Management, aber wir wissen sehr viel über Bücher!‹«

Die Psychiaterin Margarethe und ihr Mann Titus warten schon im Restaurant auf uns. Das Auffälligste an Margarethe sind die silbergrauen gescheitelten, bis auf die Schulter reichenden Haare. Das Auffälligste an ihm sind sehr dunkle Brauen und eine hohe Stirn. Unter der Jacke trägt der vielleicht 60-Jährige einen langen, wegen der winzigen roten Blumen auf goldfarbenem Grund orientalisch anmutenden Schal.

Beide begrüßen uns auf Deutsch. Ansonsten sprechen sie nur englisch miteinander. Titus ist froh, dass er zwischen Margarethe und mir als Dolmetscher fungieren kann. Darauf trinken wir einen Tsipouro.

Ich frage ihn, wie er, ein aus Deutschland stammender französischer Psychiater, und sie, eine griechische Psychiaterin, sich kennengelernt haben.

Titus und Margarethe

Er lacht verschmitzt und behauptet: »Psychiater finden ihre Partner nie im normalen Alltagsleben, sondern bestenfalls auf einem Ärztekongress oder schlimmstenfalls als vor der Couch Sitzender. Wir gehörten Gott sei Dank zur Kategorie ›bestenfalls‹.«

Zum ersten Mal sahen sie sich bei einem Kongress mit dem Thema »Psychoanalytiker im Exil« in Barcelona. Es folgte eine 7-jährige psychoanalytische Kennenlernzeit! Er arbeitete in Marseille, sie in Thessaloniki. Manchmal trafen sie sich bei ihm, manchmal bei ihr und manchmal auf neutralem Boden in Prag, Wien oder anderen europäischen Metropolen. Vor reichlich 3 Jahren gab er seine Praxis in Frankreich auf und kam als Pensionär zu ihr nach Griechenland. Zur Hochzeit im altehrwürdigen ehemaligen Hamam von Thessaloniki erschienen 270 Gäste.

»Mir geht es sehr gut«, sagt er. »Ich bekomme monatlich 2000 Euro Rente aus Frankreich. Und ich habe dadurch sehr viele Freiheiten in Griechenland.«

Ihn betrübt, dass sie sich nicht in ihren Muttersprachen verständigen können. »Für alles Vertraute benutzen wir miteinander eine fremde Sprache.«

»Und das ›Ja‹ zur Hochzeit?«

»Griechisch.«

»Und wenn Sie Margarethe sagen: Ich liebe dich?«

»Dann natürlich auf Griechisch.«

Meine Frage, was »Ich liebe dich« auf Griechisch heißt, überhört er, denn die Kellnerin serviert inzwischen Ei und gelbe linsenähnliche Bohnen. Außerdem mit Tomaten, Zwiebeln und Kräutern gebratene Frikadellen und Würste, in denen auch Porree und Orangen verarbeitet sind. Dazu Tsipouro in kleinen Fläschchen und noch einmal Tsipouro in kleinen Fläschchen. Als auch die leer sind, bemerkt Titus zur Kellnerin: »Sie bringen uns wahrscheinlich nur Flaschen mit Löchern.«

An der Wand gegenüber hängt ein Poster, mit merkwürdigen Figuren, die kämpfend zwischen einer Hütte und einem Palast herumlaufen.

»Ihr Anführer ist der griechische Volksheld Karagiozis«, erklärt Katerina. »Er ist die wichtigste Figur des griechischen Schattentheaters und wird unterschiedlich dargestellt, zumeist mit Buckel, Knollennase, einem kurzen rechten und einem langen linken Arm, mit Stoppelbart, struppigen Haaren und geflickter Hose.«

Trotz seiner Hässlichkeit wäre er der populärste Grieche.

»Wahrscheinlich ist Karagiozis die angemessenste und authentischste Verkörperung des Griechen überhaupt. Er verdreht die Realität, wenn sie ihm nicht passt, und schert sich um keine gesellschaftlichen Zwänge. Ein redegewandter Überlebenskünstler, der immer nur ans Essen denkt, weil er niemals satt wird. Ein armer Schlucker, der höchstens durch eine Gaunerei für kurze Zeit zu Reichtum kommt. Mit Frau und drei Kindern lebt er in einer Hütte und kämpft gegen den türkischen Pascha, der gegenüber im Palast residiert. Durch Bauernschläue bringt er es manchmal zum Rechtsanwalt, Politiker, Diplomaten oder sogar zum Sultan. Bevor er den Sultan spielt, fragt er vorsichtshalber, was und wie viel der Sultan zu essen bekommt. So einer ist das«, ergänzt Margarethe. Karagiozis würde das solidarische Herz der Griechen besitzen. Und ihren Mut und ihre Freiheitsliebe.

»Im Kampf gegen die Türken war er auf der Schattenleinwand der griechische Freiheitsheld. Heute ist er der Anführer von Demonstrationen gegen die Troika. In all seinen Kämpfen hat Karagiozis immer gesiegt, entweder mit Worten oder mit Fäusten! Sowohl im Befreiungskampf gegen die Faschisten als auch bei der Eroberung von Frauen, bei Prügeleien in der Kneipe, im politischen Streit oder bei der Vertreibung von Räubern.«

Katerina und Margarethe übertreffen sich gegenseitig bei der Aufzählung seiner Heldentaten. Als sie innehalten, erzähle ich von dem Mann, der mir »Malaka!« schreiend Schläge androhte und von Schuhverkäufern verprügelt wurde.

Margarethe, die Psychiaterin, will mir das Schimpfwort nicht übersetzen.

Titus sagt grinsend: »Er hat ›Wichser!‹ geschrien. Das ist doch keine extreme Beleidigung.« Schlimmer wäre mittlerweile die Aggressivität von Arbeitslosen, die, ohne staatliche Unterstützung zu erhalten, mittellos sind und ihre Tage totschlagen müssen.

Im ersten Stadium der Verzweiflung würden sie noch mit Gleichgesinnten gegen die korrupte Regierung, gegen die Banken und die Troika demonstrieren. »Im zweiten Stadium, kurz bevor sie in Mülltonnen nach Brot suchen, beginnen sie ihre Wut und vor allem ihre Ohnmacht durch Schlägereien und mit Schnaps zu kompensieren. Das kenne ich auch aus meiner Praxis in Frankreich«, sagt Titus

Ich frage ihn, weshalb er als junger Mann die deutsche Staatsbürgerschaft abgegeben hat.

»Weil ich die Heuchelei der Alten nicht mehr ertragen konnte, die angeblich alle an den Konzentrationslagern, den Kriegsverbrechen, dem Völkermord und dem Tod von Millionen Menschen unschuldig waren. Zum Kotzen war das.«

Titus hat ein Buch über den Faschismus in Deutschland geschrieben. Es ist leider nur in französischer Sprache erschienen.

Die kleinen Tsipouro-Flaschen haben immer noch Löcher. Nach dem deutschen »Zum Wohl« und dem griechischen »Jamas« erklärt mir Titus die Unterschiede zwischen Deutschen und Griechen. »Dem Deutschen hat man die Höflichkeit anerzogen. Dem Griechen ist sie angeboren. In Deutschland entschuldigen sich die Eltern, wenn die Kinder verwöhnt werden. Hier ist es normal, die Kinder zu verwöhnen, denn sie sind das Unterpfand für die Zukunft der Familie. Und schließlich folgen die Deutschen immer dem Ordnungsprinzip. Die Griechen dagegen favorisieren das Lustprinzip. Beispielsweise bleibt im Restaurant die Küche auch spät nachts noch offen, und wenn du um 4 Uhr Lust auf etwas zu essen hast, kocht man um 4 Uhr für dich.«

Seine Vergleiche beendet er mit dem Eingeständnis, dass er zeitweise noch ziemlich deutsch ist. Mit Margarethe hat er am Meer ein kleines Wochenendhaus. »Und wenn wir dort ankommen, sammle ich zuerst den Müll am Strand auf. Jedes Mal mache ich das. Den Müll haben nicht die Griechen hingeworfen. Er wurde angeschwemmt. Ich lese ihn brav nach dem deutschen Ordnungsprinzip auf.«

Ich möchte gern das soziale Ärztezentrum besuchen.

Margarethe kann nicht garantieren, dass die Ärzte Zeit haben, sich mit mir zu unterhalten, denn an manchen Tagen stehen die Patienten bis auf den Gang.

»Werden alle Patienten kostenlos behandelt, oder müssen sie erst nachweisen, dass ihnen die gesetzliche Krankenversicherung gekündigt worden ist?«

»Wir kontrollieren nicht. Und man sieht vielen Patienten ihre Not noch nicht an. Oft sind ordentlich gekleidete Frauen aus dem Mittelstand darunter. Ein angesehener Unternehmer aus Thessaloniki wollte sich aufhängen, weil die Firma pleiteging und er verschuldet war. Doch Unternehmer sind in praktischen Dingen oft unbegabt. Entweder er war zu schwer, oder das Seil war zu dünn. Der Strick riss, er überlebte und kam später, weil er keine Krankenversicherung mehr hatte, hierher. In vielen Sitzungen versuchte ich ihm wieder Mut zum Leben zu vermitteln. Und dann hat er mir einmal aus der Patsche geholfen.«

Sie stockt in ihrer Rede, bevor sie mir erklärt, dass in dem sozialen Ärztezentrum auch Medikamente kostenlos abgegeben werden. »Weil die Medikamente in einem zentralen Lager aufbewahrt werden, sagte ich einem Patienten, der ein Antidepressivum brauchte, er möge im Behandlungszimmer warten. Erst bei Dienstschluss merkte ich, dass mein Portemonnaie aus der Handtasche geklaut war. Ich suchte verzweifelt und wollte und wollte den Diebstahl nicht wahrhaben. Sogar mein psychologisch geschulter Verstand weigerte sich zu begreifen, dass ich den Mann kostenlos behandele und er mir dafür mein Geld klaut.

Der ›abgerissene Unternehmer‹ schenkte mir ein Billett, sonst hätte ich nicht einmal mit dem Bus nach Hause fahren können …

Wo sind wir nur hingekommen, wir Griechen!«

Schuld an diesem Zustand wären sie selbst, beantwortet sie sich ihre Frage.

»Wir haben es zugelassen, dass diese machtgeilen Scheißkerle in der Regierung das Land kaputtgemacht haben. Wir wussten doch schon, bevor er zu lebenslan-

Im Restaurant des Buchhändlers

ger Haft verurteilt wurde, dass unser Bürgermeister ein korruptes Schwein war. Und wir unternahmen nichts dagegen. Niemand. Selbst die Linken nicht. Uns ging es gut. Die Banken boten Kredite ohne Bürgschaft an, einen Urlaubskredit, einen Weihnachtskredit, einen Frühjahrskredit, einen Schuhkaufkredit, einen Kinderkredit oder einen Gartenkredit. Sie warfen einem die Kredite hinterher. Und wir dachten, dass das normal ist.«

Zum Nachtisch bringt die Kellnerin Eis mit frischen Erdbeeren.

Katerina mäkelt: »Hoffentlich sind es keine Erdbeeren aus Manolada. Die würden wir mit dem Eis zurückgehen lassen!«

Titus erklärt mir, dass auf den Erdbeerplantagen in Manolada die griechischen Aufseher die Billigarbeiter aus Bangladesch misshandelt haben, damit sie schneller pflücken.

»Die Leute, die jeden Cent dreimal umdrehen müssen, kaufen trotzdem die billigen Früchte aus Manolada. Nicht jeder Grieche kann sich in der Krise Solidarität und Moral leisten«, sagt Margarethe.

Die Kellnerin versichert, dass die Erdbeeren aus Thessaloniki stammen. Sie schmecken sehr süß.

Ich notiere mir noch den Titel des Buches, das Titus geschrieben hat, »Tatort Deutschland. Die unheimliche Heimat Deutschland«, heißt es sinngemäß, und will mir von ihm aufschreiben lassen, was »Ich liebe dich« auf Griechisch heißt. Aber weil seine Frau vielleicht lächelnd fragen könnte, wozu ich außer … bitte … danke … guten Tag … auf Wiedersehen … Was kostet es? … auch »Ich liebe dich« brauche, klappe ich mein Notizbuch zu, umarme die beiden und kündige meinen Besuch im Ärztezentrum für morgen an.

Der ehemalige Buchhändler sitzt noch immer am Eingang und liest.

Statt mit dem Bus zum Hotel zu fahren, laufe ich die Egnatia entlang, das heißt, ich drängele mich auf dem Bürgersteig durch bummelnde oder vor Kafenios miteinander schwatzende Griechen. Müllfahrer zerren die Abfalltonnen vom Bürgersteig zur Straße. Sie arbeiten auch nachts. Genau wie die Lotterielosverkäufer, die Kioskbesitzer, die Bettler, die Angestellten der Imbissläden, die Schuh- und Uhrenhändler und die meist dunkelhäutigen Mädchen, die ihre Dessous wegen der Kälte unter ihrem Mantel verbergen. Nur auf der Stufe der geschlossenen Bäckerei neben dem »Europa« sitzt eine Mulattin in einem Rock, der kaum bis zu den Schenkeln reicht. Ein grobmaschig gehäkeltes Oberteil vervollständigt ihre Kleidung.

Kostas steht an der offenen Tür und lacht so freudig, als er mich sieht, als ob er auf mich gewartet hat.

»Heute trinken wir einen deutschen Wein«, sage ich und humple hinauf zu meinem Zimmer. Kostas holt Gläser und Nüsse aus einem unter der Treppe verborgenen niedrigen Raum. »Unsere Küche.«

Nach dem ersten Schluck frage ich ihn, was »Ich liebe dich« auf Griechisch heißt. Er staunt und entgegnet, wie immer lachend: »Das brauchst du hier nicht. Du musst die afrikanischen Prostituierten auf der Straße nur fragen: Was kostet es?« Vor der Krise waren es 60 Euro, jetzt sind es 20.

Beim zweiten Schluck sagt er: »Na dann noch einmal auf dein Wohl und auf gutes Gelingen deiner Pläne in Thessaloniki.« Er spricht akzentfrei Deutsch, obwohl er in Deutschland eine griechische Schule besucht hat, in der Deutsch nur vier Stunden wöchentlich als Fremdsprache unterrichtet wurde. »Ein jugoslawischer Klassenkamerad riet mir: ›Du musst der Lehrerin überhaupt nicht antworten. Du musst immer nur sagen: Ich nichts verstehen! Ich Griechenland!‹ Das war nicht sehr klug, aber ich wollte als Grieche nicht folgsamer als dieser kleine freche Jugoslawe sein. Der kam regelmäßig eine Stunde zu spät zum Unterricht. Also erschien ich erst nach anderthalb Stunden. Die Lehrerin schimpfte: ›Kostas, du kannst nicht immer den Unterricht stören. Wenn du schon zu spät kommst, dann wenigstens zur Pause!‹ Also bin ich immer zur zweiten Pause gekommen. Das funktionierte sehr lange.«

»Aber irgendwann hast du ›wilder Grieche‹ doch noch Deutsch gelernt und bist wahrscheinlich auch pünktlich gewesen?«

»Mit der Pünktlichkeit haperte es. Doch weil ich trotz meiner Abneigung gegen Schreiben und Lesen ein guter Schüler war, erhielt ich sogar eine Praktikumsstelle bei Daimler-Benz. Sie waren mit meiner Arbeit sehr zufrieden, und ich hätte wohl für immer dort bleiben können.«

»Und weshalb bist du nicht geblieben?«

»Ich dachte mir: Kostas, dann ist dein Leben zu Ende, dann wirst du bis zur Rente bei Daimler arbeiten. Doch ich wollte noch viel Neues beginnen. Also habe ich zum Beispiel in einem deutschen Stützpunkt der US-Armee gearbeitet. Ich war überall fleißig und gut gelitten.«

Die Mulattin mit dem kurzen Rock friert inzwischen. Ein englisch sprechender junger Mann, den ich schon gestern im Hotel gesehen habe, geht mit ihr die Treppe hinauf und gewährt ihr Asyl.

Kostas hat es registriert, unterbricht aber seine Rede nicht. Lacht und lacht und knackt mit den Fingern.

»Einmal sollte ich in einer Stadt bei Frankfurt den Bau einer kommunalen Wasserleitung organisieren.

Der Bürgermeister hatte schon den Vertrag ausgearbeitet. Darin stand: 60 Prozent Arbeit im Büro. 40 Prozent Arbeit auf der Baustelle. Ich sagte ihm: 80 Prozent Büro und 20 Prozent draußen. Er schrieb den Vertrag neu. Da stand nun: 70 Prozent Büro und 30 Prozent draußen. Da sagte ich ihm sehr höflich, aber bestimmt: ›Ich bin doch kein Basartürke! Mit einem Griechen feilscht man nicht!‹ Und habe nicht unterschrieben. Bevor ich hinausging, schrie der Bürgermeister: ›Wer sind Sie denn? Sie sind ein Ausländer, ein Nichts!‹«

Ein sehr alter graubärtiger Mann, der so gebückt hereinschlurft, dass man ihm einen Stock in die Hand geben möchte, bringt Kostas eine Zeitung und legt einen Apfel dazu. Kostas holt ihm aus dem gläsernen Getränkeschrank eine Flasche Mineralwasser. Ich vermute, dass der alte Mann Zeitungshändler ist. Aber statt wieder hinauszugehen, quält er sich die Treppe hinauf.

»Wohnt er hier?«

»Ja, ein Obdachloser«, sagt Kostas nur und macht mir zugleich mit einer energischen Handbewegung deutlich, dass er nicht weiter darüber sprechen möchte.

»Einmal habe ich bei der Arbeit gepokert. Ich habe zu meinem Chef gesagt: ›Ich arbeite gut, ich möchte eine Lohnerhöhung.‹ Und der Chef sagte: ›Ist gut, Kostas, 50 Pfennig mehr.‹ Da bin ich öfter zu ihm gegangen. Ich musste nur noch die Tür aufmachen, der Chef sah mich und sagte: ›Geh wieder, du bekommst noch 50 Pfennig dazu.‹ Als ich das meiner Mutter erzählte, schimpfte sie: ›Kostas, man müsste ein großes Stück Holz nehmen und dich damit wie einen Hund verprügeln.‹«

In Deutschland sollte er auch umgeschult werden. »Die Angestellten des Arbeitsamts fragten, was ich werden möchte. Ich sagte: ›Bitte schult mich zu einem Künstler um.‹ Meine Mutter fragte: ›Ein Künstler? Was für ein Künstler könntest du werden?‹ Ich sagte: ›Nun, dann kann ich malen und Steine behauen und z. B. Grabsteine machen.‹ – ›Wir wollen keine Grabsteine!‹, schimpfte sie. ›Du wirst kein Künstler!‹ Da schlug ich vor, Computertechniker zu werden.«

»Bist du es geworden?«

»Nein, meine Zensuren waren zu schlecht.«

Später bewarb er sich für eine Umschulung zum Industriekaufmann. »Ich wurde vorgeladen, kam aber wie so oft zu spät. Die anderen Bewerber schrieben schon sehr eifrig. Alle mussten die Frage beantworten: ›Weshalb möchte ich Industriekaufmann werden?‹ Ich habe nur einen Satz geschrieben: ›Ich möchte ein Industriekaufmann werden, weil mir diese Tätigkeit sehr gefällt.‹

Die Prüfer haben diesen Satz akzeptiert. Drei Jahre lang erhielt ich eine Umschulung. Wahrscheinlich hat der Lehrgang pro Teilnehmer Zehntausende Deutsche Mark gekostet. Ich musste unterschreiben, dass ich nach bestandener Ausbildung mindestens 5 Jahre in Deutschland bleibe. Damit war ich natürlich einverstanden.«

Erst 2003, da war er 36, ist er mit seiner griechischen Frau nach Griechenland zurückgegangen.

»Du bist verheiratet?«

»Ich war verheiratet.«

Doch das sei eine andere Geschichte.

Nach zwei Stunden ist die Flasche leer. Und die Mulattin mit dem sehr kurzen Rock friert wieder vor der Bäckerei. Und ich gehe ins Bett und stopfe mir gegen den Lärm der Straßenschlucht feuchtes Toilettenpapier in die Ohren.

Wie in der Nacht zuvor ebbt die Lärmflut erst mit der Morgendämmerung ab. In dieser Zeit klingt das Krächzen der Möwen – ich war immer noch nicht am Hafen – und das vereinzelte Knattern von Mopeds wie eine einschläfernde Musik. Doch nur für zwei, drei Stunden, bis der Bäcker öffnet, die Müllfahrer die Tonnen entleeren und die Griechen, die noch Arbeit haben, mit Bussen und alten Autos in die umliegenden Fabriken oder Büros fahren.

Tassos hat zwar den Sturzhelm in der Hand und das Moped neben dem »Europa« geparkt, trotzdem fragt er kleinlaut, ob wir zu Fuß gehen wollen. Das soziale Ärztezentrum sei nur 15 Minuten entfernt. Als ich nicke, ist er sichtlich erleichtert.

Wir gehen nicht nach links zum Zentrum mit Rotonda, Triumphbogen und Touristenmeile, sondern nach rechts in die ärmeren Viertel. »In der Nähe«, sagt Tassos, »befand sich früher der Güterbahnhof, von dem die rund 50000 Juden aus Thessaloniki, in Viehwagen gepfercht, nach Auschwitz, Ravensbrück und in andere Konzentrationslager gebracht worden sind.«

Auf dem Bürgersteig liegen Schutthaufen, und vor den Läden von Asiaten und Afrikanern hängen Billigklamotten, die dennoch mindestens so teuer wie in Deutschland sind. Alte Frauen sitzen auf Plastestühlen, beobachten

Marokkanische Straßenverkäufer

die Vorübergehenden oder lesen Zeitungen, die sie am Straßenrand aufgesammelt haben. In einem baufälligen mehrstöckigen Haus werkeln Griechen gemeinsam mit jungen dunkelhäutigen Leuten. »Sie renovieren Gebäude, um die sich kein Besitzer mehr kümmert, und wohnen anschließend zusammen darin«, erklärt Tassos.

Weil Margarethe uns zwar die Äsopstraße, aber nicht die Hausnummer des sozialen Ärztezentrums aufgeschrieben hat, fragen wir einen Mann, der vor uns, auf Holzkrücken gestützt, humpelt. Als er bemerkt, dass auch ich hinke, bietet er mir zwei aus seinem Rucksack ragende Stöcke an.

»Nein«, antworte ich, »so schlimm ist es noch nicht.«

Das hätte ich damals nicht sagen sollen.

Die restlichen 300 Meter laufen wir langsam neben dem Mann, der im Gegensatz zu den meisten Griechen bartlos und nicht schwarzhaarig, sondern rotblond ist. Die Krücken sind aus dem Holz seiner Olivenbäume geschnitten. Den Knauf hat er mit den Initialen C. W. verziert.

Vor einem Monat ist Christos Wassilou beim Anbau eines Zimmers vom Dach seines kleinen Hauses gestürzt und brach sich das Bein. Damals besaß die Familie noch Gespartes, um eine Operation zu bezahlen. Aber nun haben sie nichts mehr, und er muss sich Medikamente im sozialen Ärztezentrum holen.

Christos Wassilou hat 15 Jahre bei einem der reichsten Reeder in Piräus als Schweißer gearbeitet. »Er besaß nicht nur Öltanker und Molkereien, sondern auch die für mich schönste griechische Jacht. Der Fußboden war aus Mahagoni mit Intarsien.«

Ich erzähle ihm, dass griechische Reeder, die keine Steuern zahlen, im deutschen Fernsehen als Mitschuldige für die griechische Finanzkrise bezeichnet werden.

In allen Ländern hat es schon immer sehr Reiche und sehr Arme gegeben, erwidert er. Aber wer schuld ist am griechischen Elend, könnte er nicht beurteilen. Er sei nur Schweißer und schon vor 3 Jahren entlassen worden.

Doch sein Sohn hätte in Athen studiert und arbeite seit zwei Jahren als Computerfachmann in Bayern. »In seinem Jahresurlaub, in dem wir hier das verdammte

Zimmer anbauen wollten, damit er ein Zuhause hat, wenn er in Deutschland arbeitslos wird, hat er auch von den reichen Deutschen erzählt.« In Deutschland würden zwar nicht so viele reiche Reeder wie in Griechenland leben, denen millionenteure Jachten gehören, dafür aber Unternehmer, die noch teurere Privatflugzeuge besitzen. Und die Jachten der Deutschen würden auch nicht in Hamburg, sondern in den wärmeren griechischen, türkischen und italienischen Häfen vor Anker liegen. Diese reichen Deutschen würden genau wie reiche Griechen manchmal keine Steuern zahlen oder ihr Geld illegal in andere Länder schaffen lassen. »Wo ist da der Unterschied?«

Ich entgegne, dass in Deutschland auch die Arbeitslosen und Armen noch krankenversichert sind.

Er nickt und sagt leise: »Akoma – Noch.«

Am Eingang des mehrstöckigen Gebäudes, das der Gewerkschaft gehört und in dem einige Räume dem sozialen Ärztezentrum mietfrei überlassen worden sind, hängt eine gelbe Tafel mit einem wie von Kinderhand gemalten Haus: ein dreieckiges rotes Dach, ein Schornstein, der raucht, zwei winzige Fenster, eine nicht viel größere Tür dazu und, fast die gesamte Wandfront einnehmend, ein gelber Kreis mit dem roten Kreuz. Darunter steht: »Gesellschaft der kostenlosen Arzthilfe«.

Wir folgen Christos Wassilou bis zum zweiten Stock. Im Gang sitzen noch keine Patienten. Die Tür zur Praxis ist weit geöffnet. An einem Tisch stapelt ein ungefähr 60-jähriger Mann, der über den Jeans ein weißes T-Shirt trägt, Karteikarten in Kartons. Daneben kniet

Am Eingang des sozialen Ärztezentrums

eine alte Frau und wischt sich, während ein ärmlich gekleideter hagerer Mann sie aufzurichten versucht, Tränen aus dem Gesicht. Für zwei Männer, die mit aufgehuckten Säcken hereinkommen, wird ein Nebenzimmer geöffnet, in dessen bis zur Decke reichenden Regalen wohl Tausende Schachteln und Fläschchen liegen. Die Männer schütten die Säcke aus und sortieren die mitgebrachten Medikamente ein.

Gegenüber von roten und blauen Stühlen, auf denen die Patienten sitzen, stehen ohne Blickschutz zwei Zahnarztsessel mitsamt den zugehörigen Bohrern, Zangen und Spritzen. Ein Mann und eine Frau werden gleichzeitig behandelt, und während die beiden Zahnärzte Kariesstellen aufbohren, Zähne ziehen und Wurzeln herausoperieren, könnten die Wartenden Wetten abschließen, wer zuerst jammert: die Frau oder der Mann.

Doch hier warten alle wortlos. Und niemand jammert laut.

Ich erkläre dem Mann am Tisch, dass die Psychiaterin Margarethe mich für ein Gespräch über das soziale Ärztezentrum angemeldet hat.

Er erwidert höflich lächelnd: »Ich hatte wegen Ihres Hinkebeins vermutet, dass Sie als mittelloser Rentner zur Behandlung kommen.«

Wenn ich sein Angebot heute bedenke, hätte ich es damals annehmen sollen. Doch stattdessen frage ich ihn, weshalb die alte Frau weint.

»Sie ist noch versichert. Aber weil ihr die Reinigungsfirma seit 4 Monaten den Lohn schuldet, fehlt ihr das Geld, um die 25 Prozent des Medikamentenpreises zu zahlen, den die Versicherten selbst aufbringen müssen. Doch sie braucht wegen einer Wirbelsäulenverletzung täglich sehr starke Schmerzmittel.«

Er legt der Frau die Hand auf die Schulter und tröstet: »Morgen wird man eine Lösung finden, damit auch Sie kostenlose Medikamente erhalten.«

Sie hätte nicht zugeben müssen, dass sie noch versichert ist. Manche Versicherten würden hierherkommen, um sofort behandelt zu werden und Medikamente ohne Zuzahlung mitnehmen zu können.

»Aber diese Trickser werden weniger. Erstens, weil in

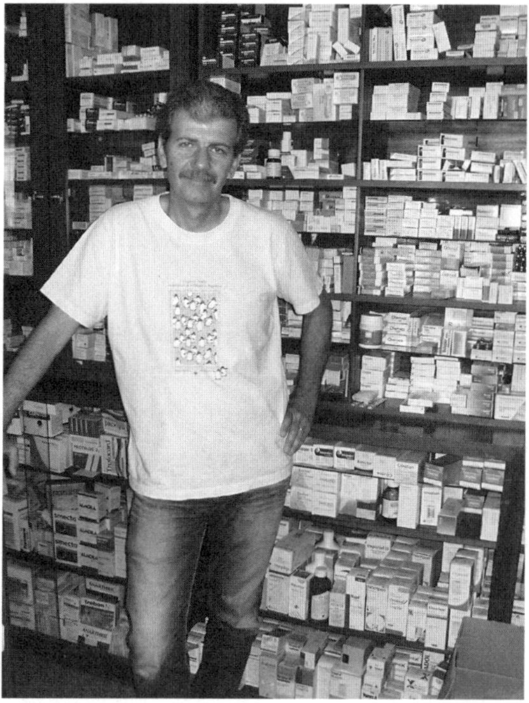

Der ehemalige Banker

Thessaloniki schon jeder Dritte keinen staatlichen Versicherungsschutz mehr hat. Und zweitens, weil man Armut nicht herbeilügen kann. Ich sehe es den Augen an.«

»Sind Sie Psychologe?«

»Nein, ein Banker«, sagt er und stellt sich vor: »Sokrates Kaloudis.«

»Deshalb tragen Sie auch keinen weißen Arztkittel?«

Bevor er antworten kann, schüttet eine sehr magere blonde Frau einen Beutel mit Papieren auf seinem Tisch aus, wühlt so aufgeregt in dem Haufen, als ob sie nach einem Lottoschein mit richtigen Zahlen sucht, findet eine mausgraue Kladde und redet sehr laut auf den

Banker ein. Der versucht sie zu beruhigen. Doch immer wieder zeigt sie ihm die graue Kladde. Er blättert darin, nickt, bittet sie, sich zu setzen. Aber sie bleibt neben seinem Tisch stehen und redet unentwegt. Als die Frau einen Moment schweigt, weil sie ein Papier sucht, frage ich ihn, weshalb er freiwillig im Ärztezentrum arbeitet.

»Um ein wenig von der Schuld abzutragen. Ich will was gutmachen!« Er lächelt, so dass ich denke, er spottet. Doch er meint, dass die Besitzer und Aktionäre der Banken – »nicht die kleinen Bankangestellten wie ich« – die Gewinner und teilweise auch die Verursacher der Existenznot vieler Griechen sind. »Wer wie ich 40 Jahre bei der Bank gedient hatte, konnte in Pension gehen. Das habe ich getan und arbeite hier nun freiwillig als Sekretär, Lagerverwalter, Organisator, Chef, Öffentlichkeitsarbeiter und Gesundheitsberater.«

Er will Margarethe holen, kommt aber ohne die Psychiaterin zurück und entschuldigt sie: »Die Sitzung hat erst angefangen, und sie kann nicht unterbrechen, denn der Patient ist zum ersten Mal bei ihr. Ein sehr unglücklicher Mann! Weil ihm wie vielen Arbeitslosen der Strom abgeschaltet wurde, hat er zuerst die alten Olivenbäume seiner Plantage verbrannt. Später auch die Bretterwände seines Schuppens. Schließlich heizte er seine kleine Behausung mit einem Kohlegrill. Nachts ist sein Häuschen abgebrannt. Er konnte sich retten. Seitdem lebt er auf der Straße. Vor einer Woche hat die Polizei ihn schlafend in einem Kiosk gefunden. Er hatte den Laden aufgebrochen, aber nichts gestohlen.«

Falls ich nicht auf Margarethe warten möchte, würde er mir von der Entstehung und der Arbeit der »Gesellschaft der kostenlosen Arzthilfe« berichten.

»Angefangen hat es 2010 in Athen. Damals versorgten Ärzte Migranten, die sich im Hungerstreik befanden, mit Medikamenten.

Später halfen sie allen Migranten, die in staatlichen griechischen Praxen nicht medizinisch versorgt werden durften. Und dann behandelten sie auch Griechen.«

Inzwischen hätte sich das Verhältnis zwischen den Migranten und den Griechen, die um Hilfe bitten, grundsätzlich verändert. »Heute sind schon 75 Prozent der Patienten, die in einem der 25 Zentren des Landes behandelt werden, Griechen.«

In Thessaloniki haben 7 Ärzte und Helfer im November 2011 die Gesellschaft gegründet. »Inzwischen haben wir 250 Mitglieder: 180 Ärzte, davon 50 Zahnärzte, und 70 Helfer. Die wenigsten der jährlich 8000 Patienten werden allerdings hier im Haus behandelt. Wir vermitteln sie in die Praxen der mit uns kooperierenden Ärzte.«

Am Anfang unterstützten Künstler die Idee und spendeten ihre Konzerterlöse für den Aufbau des sozialen Ärztezentrums. Doch schon im Januar 2012 überwiesen Griechen, die im Ausland arbeiten, griechische Gewerkschaftler, Linke, Unternehmer und Sympathisanten aus vielen Ländern Geld auf das Spendenkonto. Er lacht und bestätigt meine Nachfrage: »Natürlich auf ein Konto der Bank, bei der ich früher gearbeitet habe.«

Apotheker in Thessaloniki und in Ländern der EU spenden regelmäßig Medikamente. »Vom Staat und von der Pharmaindustrie nehmen wir kein Geld. Wir wollen von denen nicht abhängig sein. Und wir sind auch kein Ersatz für die fehlende staatliche medizinische Versorgung, sondern nur eine Nothilfe, die sich irgendwann selbst abschaffen muss. Aber wann?«

Eine attraktive Frau in blütenweißem Kittel setzt einen Mann mit Ausschlag auf Arm und Hals an das Ende des Ganges. Ich frage sie nach ihrem medizinischen Spezialgebiet. Sie kichert und sagt: »Putzfrau.« Und der Sekretär erläutert mir, dass es in ihrem sozialen Netzwerk keine ärztliche Hierarchie gibt. »Die Putzfrau und die Schwestern sind einem Chefarzt gleichgestellt. Christina«, er klopft der Schönen auf die Schulter, »macht hier einmal in der Woche sauber.«

Vor 4 Monaten habe sie in der Zeitung von diesem Ärztezentrum gelesen.

»Mein Mann ist zu Hause. Arbeitslos. Er war bei einer Firma angestellt, die mit Sicherheitstüren handelt. Früher verkauften sie im Monat 500 Stück. Damals wollte jeder eine Sicherheitstür, um sein Eigentum zu schützen. Jetzt verkauft man maximal 100. Wozu brauchen die Leute heute Sicherheitstüren? Die wenigsten haben noch Reichtümer im Haus, die man klauen könnte.«

Sie ist 40 Jahre alt und hat zwei Kinder. »Einmal in der Woche fühle ich mich gebraucht. Hier kann ich helfen. Uns Griechen ist das Gefühl des Helfens angeboren.« Als ich sie fotografiere, zieht sie verschämt, als

Christina, die Putzfrau

stehe er einer Putzfrau nicht zu, den blütenweißen Arztkittel aus.

Margarethe hat immer noch keine Zeit für mich. Doch als ich Sokrates Kaloudis frage, ob ich die magere blonde Frau zu ihrer Krankengeschichte befragen darf, muss er sie nicht lange bitten. Wir setzen uns abseits, und sie achtet darauf, dass noch ein Stuhl zwischen uns und dem Mann mit dem Ausschlag frei bleibt.

Zuerst fragt sie mich, woher ich komme. Ich frage sie, was in der grauen Kladde liegt.

»Die Krankenakten meines Exmannes.«

»Ist er nicht mitgekommen?«

»Nein, ich bin inzwischen mit einem anderen Mann verheiratet.«

»Und sprechen hier für Ihren Exmann?«

Despina Filippoglou meint, dass es sich um eine komplizierte Lebensgeschichte mit einer noch komplizierteren Krankengeschichte handelt.

»Ich bin 54 Jahre alt, in Thessaloniki geboren, hier zur Schule gegangen. Nach dem Gymnasium habe ich die Aufnahmeprüfung für ein Studium als Kindergärtnerin bestanden. Doch die eigenen Kinder, zwei Töchter, waren schneller, und so habe ich nicht im Kindergarten angefangen, sondern eine Familie gegründet. Später bin ich mit meinem Mann in Griechenland auf den Flohmärkten umhergezogen und habe gebrauchte Dinge verkauft. Es war eine gute Zeit. Ich habe viel gesehen.«

Nach ihrer Scheidung arbeitete sie in Athen als Verkäuferin.

Dort lernte sie ihren neuen Mann kennen. »Er ist 15 Jahre jünger als ich und besaß, bevor die Krise mit ihrem großen Hunger alles aufgefressen hat, ein Geschäft für Feinfrostwaren. Das hat er schließen müssen.«

Seit zwei Jahren ist sie krank und nicht mehr versichert.

Doch sie kommt nur wegen ihres früheren Mannes hierher. »Er ist 63 und schon seit 5 Jahren arbeitslos. In dieser Zeit verschlimmerte sich sein Herzleiden. Und vor einem Jahr stellte man fest, dass er auch Krebs hat. Krebs an Prostata und Nieren. Das haben die Ärzte noch im Krankenhaus diagnostiziert, doch danach er-

Im sozialen Ärztezentrum

hielt er wegen seiner Arbeitslosigkeit keine Behandlung mehr. Auch eine Krebsoperation war nicht möglich.

Er hat sich dann im sozialen Ärztezentrum untersuchen lassen. Die Ärzte sagten, dass man ihm zuerst wegen der Herzprobleme einen Bypass legen muss. »Danach kann man kostenlos den Krebs operieren!«

Vielleicht würde alles noch gut, meint sie. Auf meine Frage, ob ihr neuer Mann nicht eifersüchtig ist, wenn sie sich täglich um ihren Exmann kümmert, sagt sie erstaunt: »Wie sollte er eifersüchtig sein? Mein Exmann ist doch der Vater meiner Kinder. Ich muss für alle sorgen. Mein Exmann, meine zwei Töchter und mein neuer Mann – wir können nur gemeinsam mit Geduld und

Solidarität überleben. Außerdem füttere ich noch 3 herrenlose Hunde, die ich aufgenommen habe.«

Der Sekretär macht ihr Hoffnung, dass ihr geschiedener Mann in einer Klinik ein Bett erhält. »Wir demonstrieren sehr oft vor den großen Kliniken. Und weil die öffentliche Meinung auf unserer Seite ist, versprechen manche Klinikchefs, dass sie uns kostenlos Betten für operierte Patienten zur Verfügung stellen.«

Es wäre in letzter Zeit vorgekommen, dass Patienten in Kliniken abgewiesen und an für gewöhnlich nicht tödlichen Krankheiten gestorben oder erst in allerletzter Minute gerettet worden sind. Ein albanischer Arbeiter, der schon lange in Griechenland lebt, aber arbeitslos und ohne Versicherung ist, erlitt bei einem Unfall an einem Finger der rechten Hand Verbrennungen dritten Grades. Die Erste Hilfe bekam er in einem städtischen Krankenhaus in der Provinz. Danach verschlimmerte sich die Wunde, doch der Patient konnte – weil eine Einlieferung von Nichtversicherten den Krankenhäusern durch ministeriellen Erlass verboten wurde – nicht weiterbehandelt werden. Ein Arzt diagnostizierte eine lebensbedrohliche Blutvergiftung. Doch erst als der Albaner eine größere Geldsumme von einem Priester geborgt bekam und er im Voraus bezahlte, konnte er sich im Krankenhaus den Finger amputieren lassen. Ohne das Geld wäre er gestorben.«

Margarethe kommt. Sie, die schon am Abend in der Buchhändler-Kneipe behauptete, dass Helfen und Höflichkeit den Griechen bei der Geburt mitgegeben werden, sagt, dass solche Eigenschaften in allen Menschen schlummern. Bei manchen würden sie oft erst in der Not aufgeweckt und bei anderen dann totgeschlagen. Man müsse wissen, wer schuld an dem Elend hat. Danach könnte man sein Leben ändern, solidarisch sein und Widerstand leisten.

Und der ehemalige Banker meint: »Die Krise ist keine Krise, sondern eine gewaltige Umverteilung von Geld. Die Reichsten werden dabei noch reicher und die Armen noch ärmer.«

Er ist mit vielen Ärzten befreundet und hat viele schon zur kostenlosen Mitarbeit im sozialen Zentrum überreden können.

Ich frage, ob Fachärzte aus allen Bereichen im Zentrum vertreten sind.

»Ja, alle. Am Samstag kommen auch die Hebammen und Gynäkologen und betreuen Schwangere.«

»Doch Frauen gebären nicht nur am Samstag. Was dann?«

»Falls sie zu den 30 Prozent der nicht Versicherten gehören, müssen sie für eine Geburt 600 Euro bezahlen. Mit Kaiserschnitt 1200 Euro.«

»Und wenn die Frauen dieses Geld nicht haben?«

»Dann beschäftigen sich die Anwälte der Kliniken mit ihnen.«

»Und Sie können überhaupt nicht helfen? Es gibt keine andere Möglichkeit?«

»Nein.« Einige Frauen kämen erst Minuten vor der Entbindung in die Klinik und würden sofort danach, noch bevor ihre Personalien aufgenommen worden sind, mit ihrem Kind verschwinden.

Margarethe relativiert, dass diese Methode nur Migrantinnen, die kein Griechisch sprechen, anwenden könnten.

600 oder 1200 Euro haben oder nicht haben, sei auch ein Grund, dass immer weniger junge Leute in Griechenland heiraten und weniger Kinder geboren werden.

Ich schaue Tassos fragend an.

Er schüttelt den Kopf. Das träfe, wie ich wüsste, nicht auf ihn zu. Doch seine Eltern hätten am Telefon schon wieder nachgefragt.

Die korpulente Patientin auf dem Zahnarztstuhl versichert nach der Behandlung, dass es nicht weh getan hat. Frau Ioardanidou ist auf einem Dorf in der Nähe von Thessaloniki groß geworden. »Meine Eltern besaßen ein Feld, auf dem sie Tabak und Weizen anbauten, und hielten Schweine, die sie für den eigenen Kochtopf schlachteten.«

Nach der Schule hat sie geheiratet und 3 Kinder bekommen. Ihr Mann handelte mit Baumaschinen aus Deutschland, später verkaufte er ein Grundstück, auf dem Häuser errichtet wurden.

»Doch jetzt wartet er seit Monaten auf seine Rentenbewilligung, dabei ist er schon 75. Bis wir die Beiträge nicht mehr bezahlen konnten, war ich bei ihm versichert. Ich bin dankbar, dass man mich hier kostenlos behandelt. Ich spare jeden Cent, damit wir unsere Tochter in Amerika noch einmal besuchen können.«

Ich frage sie nicht, ob nicht ihre Tochter das Geld für eine neue Plombe aus Amerika schicken könnte.

Inzwischen sind alle Stühle in dem kleinen Praxisraum besetzt.

»Am Nachmittag stehen die Patienten bis zur Treppe. Sie wissen, dass viele Ärzte nach 14 Uhr Schluss haben und dann hierherkommen«, sagt der Sekretär.

Zweimal im Monat versammeln sich die Ärzte, Putzfrauen, Apotheker und Helfer, um zu beraten, was sie als Nächstes in Angriff nehmen müssen.

»Und reden stundenlang über Politik. Vor allem die Männer!«, klagt Margarethe. Deshalb geht sie nicht zu diesen Beratungen.

Sokrates Kaloudis meint, dass es wichtig ist, sich darüber zu verständigen, wie man die Lage in Griechenland verändern könnte. »Es muss allen Griechen durch die Verfassung Arbeit, Wohnung und eine für Arme und Reiche unterschiedslose gesundheitliche Betreuung garantiert werden!«

Ich notiere mir die Kontonummer für Spenden an die »Gesellschaft der kostenlosen Arzthilfe« in Thessaloniki: Piraeus Bank 5272-059087-744.

Sokrates Kaloudis hat Salbe für den Mann mit dem Ausschlag gefunden. Er gibt ihm zwei verschiedene Tuben und die Überweisung für eine kostenlose Behandlung beim Hautarzt.

Der Mann bedankt sich wieder und wieder. Im Gehen wiederholt er: »Danke für die Hilfe hier.« Und fügt zufrieden hinzu: »Jetzt gehe ich zum Freiheitsplatz. Dort verteilen die Männer von der ›Goldenen Morgenröte‹ kostenlos Brot, Kartoffeln, Gemüse und Obst.«

Ich humple mühsam die Treppe hinunter.

Auf der ebenen Straße lässt der Schmerz im Knie nach.

An einer Imbissbude holt uns Tassos, ohne zu fragen, mit Spinat gefüllte Blätterteigpasteten.

»Das ist hier eine Spezialität, ein Nationalgericht: Bugaza.«

Er weiß allerdings nicht, ob Bugaza einen griechischen oder türkischen Ursprung hat. »Wie so vieles, das wir während der 400-jährigen osmanischen Herrschaft übernommen haben.«

»Und von Europa?«

Tassos winkt ab. »Ikea, Pizza, Hamburger und Praktiker-Baumarkt – wir Griechen gehören heute höchstens als Konsumenten zu Europa.«

Als wir beim Kaffee sind, ruft Katerina an. »Möchtest du zwei interessante Frauen kennenlernen?«

»Wann?«, frage ich, ohne zu überlegen.

»Sofort. Lila ist eine zwangspensionierte Angestellte und Maria eine Sekretärin am Polytechnikum. Ihr Mann, ein Ingenieur, hat Gott sei Dank in Deutschland einen Job als ›Schraubendreher‹ gefunden.«

Sie würden im »manifesto« auf mich warten. Ich solle mich beeilen.

Das tun wir und marschieren trotz meines geschwollenen Knies so schnell, dass Tassos auf die Kirchen, Ruinen und Denkmäler am Weg nur im Vorbeieilen hinweisen kann.

Vor einer Skulptur bleibe ich trotzdem stehen. Auf einem von Büschen umrankten Steinquader liegt ein

Das Denkmal für Grigoris Lambrakis

abgeschlagener Kopf, neben dessen Stirn eine Taube ihre Flügel schützend ausbreitet. Rechts und links strecken sich Arme in die Höhe, deren Handflächen so weit geöffnet sind, als wollten sie den Himmel tragen.

Tassos erklärt: »Das ist das Denkmal für Grigoris Lambrakis, der hier im Mai 1963 nach einer Friedensdemonstration von zwei Rechtsextremisten ermordet wurde. Sie haben ihn in einer angeblich von der Polizei hermetisch abgeriegelten Sicherheitszone mit einem Lieferauto überfahren.« Der Mord an dem 51-jährigen Parlamentsabgeordneten, der gegen die deutschen Faschisten gekämpft hatte, später als Arzt notleidende

Patienten (schon damals!) kostenlos behandelte und die griechische Friedensbewegung anführte, habe Griechenland wie ein Erdbeben erschüttert. Der junge Untersuchungsrichter Christos Sartzetakis (er wurde 1985 Staatspräsident) deckte im Prozess auf, dass der Mord der Rechtsextremisten mit Duldung und Unterstützung durch Armee und Polizei geschah!

Als Reaktion darauf gründete sich unter Vorsitz von Mikis Theodorakis die linke »Demokratische Lambrakis-Jugend«, und dem Schriftsteller Vassilis Vassilikos diente der Fall als Hintergrund für seinen international bekannten Roman »Z«. Für den gleichnamigen Film, in dem Yves Montand eine Hauptrolle spielte, komponierte Mikis Theodorakis die Musik.

»Sie war ein Requiem für Grigoris Lambrakis«, sagt Tassos.

Ein paar Wochen später werde ich Konstantin Wecker treffen. Einen ganzen Vormittag sitzen wir zusammen und reden über Griechenland. Was er mir von einer Begegnung mit Mikis Theodorakis erzählt, hat er noch einmal für mich aufgeschrieben:

Kultur ist nicht dazu da, damit wir die Realität vergessen, sondern vielmehr um eine größere Realität zu schaffen, schrieb Sigmund Freud einmal, und dieser Satz kam mir in den Sinn, als ich im Mai 2012 Mikis Theodorakis wiederbegegnen durfte. Ja, dieser große und bedeutende Komponist und Aktivist hat die Realität nie vergessen lassen und hat eine größere geschaffen.

Zwei Stunden lang erklärte er mir seine Sicht der politischen Katastrophe, in die eine hemmungslos gierige neoliberale Ideologie Griechenland gelenkt hat. Zu wissen, dass unsere gnadenlose Kanzlerin federführend an der Schweinerei beteiligt war, machte mir das Zuhören selbstverständlich nicht leichter. Während große Teile der deutschen Medien emsig bemüht waren, uns zu erklären, dass das Geld der fleißigen Deutschen nun den faulen und korrupten Griechen in den Rachen geschoben würde, erklärte mir Theodorakis, was mit den Hilfsgeldern wirklich geschah. Er fragte mich, ob wir denn nicht wüssten, dass die Milliardengeschenke an die Griechen ausschließlich »Geschenke« seien, damit die Banken ihre Schulden an unsere Banken zurückzahlen können.

Ich war überwältigt von der Klarheit seiner Gedanken und vor allem von dem tiefen Engagement des alten Mannes, der große Atembeschwerden hatte, weil man ihm einige Tage zuvor bei einer Demonstration Reizgas ins Gesicht gesprüht hatte.

Man muss sich das einmal vorstellen: Der Mann, der 1967 nach dem Putsch der Obristen monatelang im Untergrund gegen die Junta kämpfte, verhaftet und gefoltert wurde, im Konzentrationslager Oropos schwer an Tuberkulose erkrankte, derselbe Mann, der 1974, nach dem Sturz der Diktatur, wie ein Volksheld gefeiert wurde, wird mit 86 Jahren von Polizisten eines demokratischen Landes misshandelt!

Von großer Klarheit war auch seine Erklärung vom 11. Juni 2013: »Während selbst der IWF die zerstöreri-

sche Politik der Troika auf Kosten unseres Volkes kritisiert, fährt die griechische Regierung fort, deren Befehlen zu gehorchen, die sich zurzeit auf die Vernichtung des öffentlichen Beamtentums und der Dienstleistungsbetriebe richtet und damit Tausende von Familien auf die Straßen wirft.

Ich denke, dass das Maß des Zorns jetzt voll ist und dass einer ein klares NEIN gegen diesen rücksichtslosen Angriff sagen muss.«

Mir wird dieser sonnige Spätnachmittag im Mai für immer im Gedächtnis bleiben. Ein Mann dieses fast schon biblischen Alters hätte Gründe genug, sich aus dem politischen Geschehen rauszuhalten. Er könnte sich feiern lassen und sich an seinem reichen Lebenswerk erfreuen. Er könnte, aber er tut es nicht. Denn das, was aus seinen himmlisch schönen Melodien immer wieder herauszuhören ist, treibt ihn weiter an und lässt ihn nicht ruhen: die Liebe zum Menschen und seine große Empathie mit den sogenannten kleinen Leuten.

Mir hat dieser Tag Mut gemacht, Mut weiterzukämpfen, nicht aufzugeben, auch wenn wir alle im Vergleich zu diesem großartigen, mutigen und genialen Menschen nur kleine Lichter sind.

Und zum krönenden Abschluss – die Sonne versank gerade über der Akropolis, die von seinem Arbeitszimmer aus zu sehen war – konnte ich an seinem Flügel und bei geöffneter Terrassentür dem Meister ein Lied vorspielen: »Wenn der Sommer nicht mehr weit ist«.

Er war nicht mehr weit an diesem strahlenden Mai-

tag, und es möge ein Sommer der Gerechtigkeit all meinen griechischen Freunden auch nicht mehr weit sein.

Zwei Jahre vor dieser Begegnung mit Mikis Theodorakis hatte Konstantin Wecker – und er tut es noch immer – in »Willy VII« gesungen:

»Mei, Willy. […] i bin wieder mal stocksauer, denn was da zurzeit mit unseren Freunden, den Griechen, getrieben wird, spottet jeder Beschreibung.
Wieder mal schafft es eine Clique superreicher Soziopathen, ihre Gewinne auf Kosten derer zu vermehren, denen sie diese Gewinne überhaupt erst verdanken.

Lohnabhängige, kleine Gewerbetreibende, Bezieher von Renten und Transferleistungen – in Geiselhaft genommen für die Machenschaften der Kapitalfunktionäre und Regierenden.
Und uns wird das so verkauft, als wäre die einzige Möglichkeit, den Euro zu retten, wenn man uns das Wenige aus der Tasche zieht, das sie uns noch gelassen haben.

Und jetzt kommen all diese angepassten Volks- und Betriebswirtschaftler und erzählen immer denselben verlogenen Blödsinn, anstatt endlich mal das auszusprechen, was schon lange fällig ist: Nehmt es den Reichen, bevor sie sich an jeder Krise weiter bereichern, und hört auf, uns zu verarschen. […]

»Nichts erfreut uns – alles geht bergab«

Aber zusammen mit dem Großteil aller Medien verschweigt ja Merkelwelle ein ganz entscheidendes Detail dieser griechischen Tragödie:

Im Zeitraum von 1990 bis 2008 kaufte Griechenland Kriegsmaterial im Werte von 75 Milliarden Dollar. Und die Rüstungskäufe Ankaras lagen doppelt so hoch! Athen erhält den Großteil seiner Waffen aus Deutschland und Frankreich. Leopard-Panzer von Krauss-Maffei und Kriegsschiffe von ThyssenKrupp. […]

Und wo soll jetzt gespart werden in Griechenland? Ganz einfach: Steuern rauf, Löhne und Renten runter. […]

Und wir sollen glauben, dass das nicht hausgemachte, bewusst inszenierte Krisen sind, die nur einen einzigen Sinn und Zweck verfolgen: Uns so zu lähmen, dass wir nie mehr aufbegehren und ihnen aus der Hand fressen […]!

Die Welt ist wahnsinnig geworden, Willy, und dieser Wahnsinn wird uns auch noch als Demokratie verkauft.

Und drum werd ich jetzt Grieche.
[…]

Die wehren sich nämlich. Und sie wehren sich auch stellvertretend für uns.

Lasst uns solidarisch sein mit den wütenden und zornigen Griechen.
Und dann geht es auch bei uns los, dann wehren wir uns … wie richtige Griechen!
Und jetzt tanzen wir den Sirtaki, Willy!«

Danke, Konstantin!

Als Tassos seinen Bericht über Grigoris Lambrakis beendet hat, fragt er, ob er mich zur Erinnerung neben der Skulptur fotografieren soll. Ich schüttele wortlos den Kopf. Als ich keine Anstalten mache weiterzulaufen, ermahnt er mich: »Zum ›manifesto‹ geht es hier entlang. Damen lässt ein Mann nicht warten.«

»Vor allem nicht mit einer Hochzeit«, sage ich grienend.

Tassos wechselt lieber das Thema. »Morgen gehen wir zuerst zum Pater der ›Agios-Minas-Kirche‹«, schlägt er vor und verabschiedet sich.

Katerina und ihre Freundinnen warten im Gastraum des »manifesto«. Zwei von ihnen rauchen E-Zigaretten. Weil ich in Deutschland bisher nur Gregor Gysi im Fernsehen mit diesem Nikotinersatz-Glimmstängel gesehen habe, vermute ich, dass das zum Image von gesundheits- und umweltbewussten Linken gehört. Später berichtigt mich Katerina: »Nee, eher zum Image von nikotinabhängigen Kettenrauchern, die vergeblich versuchen, sich das Rauchen abzugewöhnen.«

Ihre Freundin Lila wirkt mit ihren langen, üppigen dunkelblonden Haaren und in einem schlichten weißen T-Shirt, das ihre frauliche Figur betont, sofort vertrauenerweckend mütterlich. Maria, die Sekretärin am Polytechnikum ist, könnte dagegen in ihrem rosa Shirt, das am Ausschnitt von weißer Spitze gesäumt wird, mit geschminkten Lippen, metallicroter Brille und kurzen, glatten schwarzen Haaren auch als Barfrau hinter einer Theke stehen.

Lila hat nach einem kurzen Abstecher als Studentin der Museologie in Florenz »viel zu früh«, wie sie heute meint, bei einem Kulturverein in Thessaloniki angefangen. Inzwischen konnte sie in 30 Jahren als »Kulturangestellte« auch ohne Studium viele Erfahrungen sammeln. »Ich bin reifer, aber nicht mutiger geworden. Ich habe in der Arbeit zu selten widersprochen und mich stattdessen oft dem Schicksal ergeben.«

In der Krise wurde vielen Kollegen nahegelegt, sich vorzeitig pensionieren zu lassen. »Entweder du widerstehst der Pensionierung und bleibst, stehst dann aber immer vor dem Abgrund, später gefeuert zu werden. Oder du lässt dich vorzeitig pensionieren und stehst wie ich als 50-Jährige vor dem Abgrund, sich unnütz zu fühlen.«

Vorzeitig pensioniert wird man in Griechenland nur, wenn man mindestens noch zwei minderjährige Kinder versorgen muss. »Ich habe Zwillinge. Sie sind jetzt 14. Normalerweise sagt eine Mutter: Das Beste im Leben sind meine Kinder. Doch für Griechen gibt es nie ein reines Glück. Wir sehen darin auch immer das Unglück. Das nennt man Dialektik. Ich bedaure, dass ich als Pensionierte jetzt immer zu Hause bin. Durch die Kinder werde ich dort sozusagen eingesperrt. Ständig muss ich bei den Hausaufgaben helfen, immer für sie da sein, für sie kochen und sie chauffieren, wenn sie in Eile sind. Andererseits wäre sie auch als »Kulturangestellte« nicht immer glücklich gewesen.

Thessaloniki war 1997 Kulturhauptstadt Europas. »Zu diesem Anlass bekam die Stadt Millionen Euro Zuschüsse. Das meiste Geld erhielten allerdings nicht die Kulturinstitutionen, sondern die raffgierigsten Bauunternehmen. Sie bauten unkontrolliert und verdienten unkontrolliert. Doch die Programme für die Kulturveranstaltungen waren 3 Monate vor der Eröffnung immer noch nicht fertig. Trotzdem wurde damals vor allem über die große internationale Anerkennung der kulturellen Leistung Griechenlands im Allgemeinen und Thessalonikis im Besonderen berichtet.«

Heutzutage sei es für einen Angestellten, der in Lohn und Brot bleiben will, oft lebensnotwendig, dass er sich loyal zu Staat und Behörden verhält.

Sie lacht still in sich hinein und sagt schmunzelnd: »Zwei Kollegen, die inzwischen auch entlassen worden sind, kochen jetzt Marmelade und verkaufen sie als hausgemachte Spezialität.«

»Und was machen Sie, außer Kinder zu hüten?«

»Viele arbeiten schwarz. Ich nicht. Doch selbst wenn es so wäre, würde ich Ihnen das nicht sagen. Und Sie dürften es nicht schreiben. Denn Schwarzarbeit, also Steuern zu hinterziehen, wird, wenn man es zu laut hinausposaunt, selbst in Griechenland bestraft. Und je mehr Griechen wegen des Troika-Spardiktats entlassen werden, umso mehr arbeiten schwarz. Und umso weniger Steuern nimmt der griechische Staat ein. Und umso größer werden dessen Schulden. Und umso höhere internationale Anleihen muss er aufnehmen. Und umso mehr ›soziale Einsparungen‹, also Entlassungen, verlangt die Troika. Und je mehr Griechen wegen des Troika-Spardiktats entlassen werden, umso mehr arbeiten schwarz. Und umso weniger … Ein Teufelskreis!«

Ein hochgewachsener Mann bleibt an unserem Tisch stehen. Lila stellt ihn als einen der Zahnärzte vor, die Patienten kostenlos behandeln. Außerdem ist er noch Museumsdirektor. Selbst Zahnärzte können heute nur noch mit zwei Jobs überleben.

Lila meint, dass wir schon zu lange auf griechische Weise über das Unglück reden. Es wäre Zeit, auch vom Glück zu sprechen.

»Ich kann mich als Pensionärin endlich meiner fast mystisch-spirituellen Leidenschaft für die Mönchsrepublik Athos widmen. In dieser einzigartigen Region, die zum UNESCO-Weltkulturerbe gehört, leben über 2000 Mönche in 20 orthodoxen Klöstern. Es gibt darunter ein russisches, ein serbisches und ein bulgarisches Kloster. Keine Frau darf das Gebiet der über 300 Quadratkilometer großen Mönchsrepublik, den sogenannten paradiesischen Garten der Gottesmutter Maria, betreten.«

Weil ich nicht mehr über Athos weiß als das, was mir bei meinem All-inclusive-Urlaub der pensionierte bayerische Staatsbeamte von seinem missglückten Ausflug erzählt hatte, hält mir Lila einen Kurzvortrag.

»Die Mönchsrepublik zählt völkerrechtlich zwar zu Griechenland, ist aber ein autonomes Gebiet. Sie hat eine eigene Verfassung, eigene Gesetze, eigene Verordnungen, eigene Briefmarken und für die wenigen Autos, die dort auf dem Gebirgsplateau fahren, auch eigene Kennzeichen. Außer den Mönchen leben auf Athos nur noch Polizisten, Handwerker und Verwaltungsangestellte. Doch keine Frau, nicht mal weibliche Tiere. Keine Kühe, keine Schafe, keine Ziegen, keine Hündinnen. Lediglich die Vogelweibchen halten sich nicht daran«, sagt Lila lachend. Und ergänzt dann, wieder ernst werdend: »Wenn Frauen nach Athos kämen, würde es keine Mönchsrepublik mehr geben!« Sie selbst hat nie mit dem Gedanken gespielt, als Mann verkleidet das Gebiet zu betreten und sich mit eigenen Augen im Heiligtum der Mönche umzusehen. »Das wäre zwar sensationell für mich, aber ich hätte dafür Scham und Anstand in mir getötet.«

Ich sage ihr, dass ich auch als »echter Mann« die Mönchsrepublik nicht besuchen möchte.

»Schade. Ein ausländischer Tourist muss sich lediglich ein Visum für das autonome Gebiet kaufen. Auch Klöster brauchen heute das Geld von Touristen.«

Sie könnten auf Athos natürlich mehr einnehmen, wenn die Mönchsrepublik, wie es die EU verlangt und als Empfehlung schon beschlossen hat, das »Avaton« (Eintrittsverbot für Frauen) abschafft. Dann müssten Frauen nicht mehr in mindestens 300 Meter Entfernung auf Touristenschiffen am Athos vorbeifahren.

Ich frage, womit die über 2000 Mönche außer der Ikonenmalerei und den Touristeneinnahmen ihren Lebensunterhalt verdienen.

Gerade das weiß Lila nicht.

Ihre zweite Leidenschaft gehört alten Ruinen. »Die Schachtarbeiten für die U-Bahn in Thessaloniki sind eine archäologische Expedition. Es werden antike Ruinen ausgebuddelt – ein unermesslicher historischer Schatz. Wir bekommen ihn umsonst. Aber er macht uns arm, wenn wir ihn erhalten müssen.«

Diese Ambivalenz sei überhaupt ein Problem für die Griechen. »Einerseits sind wir das Volk, das mit seiner großen Vergangenheit die Zivilisation der Menschheit geprägt hat. Andererseits aber auch das Volk, das in seiner ärmlichen Gegenwart nur noch ein gedemütigter, geduldeter Bittsteller in Europa ist. Doch täglich erinnern uns die Ruinen an die stolze Vergangenheit.«

Die Krise ist für Lila nicht nur eine Sache des fehlenden Geldes. Es grämt sie, dass die Medien der Regierung helfen, die Griechen in der Krise gegeneinander auszuspielen. »Zuerst die schon Entlassenen, gegen diejenigen, die ihre Arbeit einstweilen behalten. Dann die Streikenden untereinander. Inzwischen schimpfen die Taxifahrer, wenn die Lehrer wegen Gehaltskürzungen streiken: ›Die sollen schön still sein, schließlich können die den Sommer lang Siesta machen und in der Sonne sitzen.‹ Und wenn die Taxifahrer wegen hoher Benzinpreise streiken, schimpfen die Lehrer: ›Die sollen schön still sein, schließlich schreiben sie keine Quittungen, verdienen schwarz und bescheißen das Finanzamt!‹«

Katerina, die übersetzt, stockt, als ein junger Mann vorbeigeht, und steht auf, um ihn zu begrüßen. Die beiden sprechen nicht mehr als zwei oder drei Sätze miteinander, dann kommt Katerina zurück und entschuldigt sich förmlich. »Er ist der Chef der Firma, in der mein Mann Stavros eine Arbeit erhalten hat. Sie bauen Sicherheitstechnik für Solaranlagen. Zurzeit weit unten im Süden von Griechenland. Und der Chef meint, dass Stavros wahrscheinlich schon heute Abend nach Hause kommt.«

Maria erzählt inzwischen, dass ihr Mann Petros als studierter Informatiker in der Mobilfunkindustrie gearbeitet hat, aber, nachdem er in der Krise entlassen worden ist, trotz aller Mühen keinen neuen Job fand.

»Er saß zu Hause und jammerte jeden Tag, dass er kein Mann mehr ist, weil nicht er, sondern ich, eine Frau, allein für die Familie sorgt. Er surfte stundenlang im Internet, trank viel Kaffee, lernte, im Supermarkt einzukaufen, las Zeitungen, schaute Fernsehen, und manchmal traf er sich mit Freunden.«

Wahrscheinlich hätte er, wenn alles so weitergelaufen wäre, eines Tages in die Psychiatrie eingeliefert werden müssen. Zum Glück traf er einen Professor aus der Studienzeit, der schon 25 Jahre in Deutschland arbeitete und ihm half.

Petros wohnte zuerst ein Jahr bei einem Freund des Professors in dessen Gartenhaus bei Hannover. Er gab all sein Gespartes aus, um privat Deutsch zu lernen. Dann bewarb er sich im Internet bei einer europäischen Baufirma. »Nun arbeitet er in Stuttgart. Sie verlegen dort Kabel. Er sollte die Arbeit kontrollieren, aber meistens hat er nur einen Schraubenzieher in der Hand. Er hat studiert, mein Petros. Er könnte mit einer anderen Tätigkeit als Schraubendrehen viel mehr nützen. Aber wahrscheinlich denken die Deutschen: Griechen können nichts anderes.«

Petros kann selten nach Hause fahren. »Dann erzählt er, dass Deutschland eine sehr gut organisierte Gesellschaft ist. Doch die Menschen verrichten in dieser Gesellschaft, weil sie anscheinend so gut organisiert ist, fast alles, ohne nachzudenken und ohne zu wissen, ob das auch nötig ist.«

Und die Euro-Krise schwebe nur wie eine rosarote Wolke über ihnen.

Katerina und Kostas

»Schließlich wird das Haushaltssäckel des deutschen Staates immer voller. Deutschland verdient an der Krise, indem es Anleihen billig aufnimmt und sie gegen hohe Zinsen weitergibt.«

Das versteht sogar sie als Sekretärin. Doch alles andere – »die globalen ökonomischen Verwicklungen und Machenschaften der Finanzmächtigen dieser Welt« – würden auch viele Wirtschaftswissenschaftler nicht mehr durchschauen. »Fest steht nur: Profit und Geld regieren die Welt. Und: Der Kapitalismus ist ohne Krise auf Dauer nicht lebensfähig. Karl Marx hätte heute Hochkonjunktur.«

Katerina prostet Kostas, dem Teilhaber vom »manifesto«, zu und bedauert, dass die ökonomische Lehre von Marx sogar an der Universität nur in einem fakultativen Seminar behandelt wird. »Hauptfach ist in jedem Fall die freie Marktwirtschaft.«

Sie hat inzwischen die E-Zigarette weggelegt, raucht Selbstgedrehte und trinkt mit uns auf die vorzeitige Ankunft ihres Mannes.

»Wenn du noch einen Schnaps möchtest, sollten wir zu mir nach Hause fahren, um gemeinsam auf Stavros zu warten«, schlägt sie vor.

Bisher weiß ich von Katerina nur, dass sie die gutbürgerlich aufgewachsene Tochter eines bekannten Orthopäden ist. Sie hat deutsche und ihre Schwester italienische Philologie studiert.

»In Heidelberg schrieb ich meine Magisterarbeit über ›Thematik und Wirkung politischer Gedichte während der griechischen Militärdiktatur (1967–1974) in der BRD und in Griechenland‹«, erzählt Katerina unterwegs. Ihre Schwester arbeitet seit dem Studium im Archiv der Stadtverwaltung.

Vom Lärm der Magistralen biegen wir in die Stille schmaler Parkwege ein. Zwischen Pinienbäumen stehen weit voneinander entfernt Bungalows und Villen.

»Hier wohnen auch Politiker, Großunternehmer und Architekten«, meint Katerina. Ihr Haus, das sowohl zweckmäßig als auch schön gebaut ist, steht in einem verwilderten oder, sagen wir freundlicher, naturbelassenen Waldgarten. Kienäpfel und Pinienäste liegen zu

Haufen gestapelt im Gras. Thymian und Rosmarin kämpfen sich durch das Unkraut.

»Es ist ein schönes Haus in einer sehr schönen Umgebung«, schwärmt Katerina und versucht mir wie Anthi bei meinem ersten Besuch in Thessaloniki zu erklären, wie wichtig Wohneigentum für sie ist.

»Mein Großvater musste als Grieche dreimal flüchten. Das erste Mal von der türkischen Seite der Schwarzmeerküste bei Trabzon, das zweite Mal nach Sochumi und das dritte Mal 1942 vor der bulgarischen Besatzung nach Thessaloniki. Der griechische Staat half den Umsiedlern nicht. Der Verdienst seiner Beamten war ihm immer wichtiger als die Nöte seiner Bürger. Wegen solcher Erfahrungen sind Grundstücke und Häuser die Sicherheitsgarantien für Notzeiten. Dieses Grundstück kostete in den 60er Jahren nicht viel mehr als eine moderne Küchenmaschine. Also hat der Vater unserer Mutter nach der Geburt der ersten Tochter das Grundstück geschenkt und nach der zweiten eine Küchenmaschine. Und die Mutter hat die Geschenke später an uns weitergegeben. Ich war die erste Tochter.«

Ob die Schwester die Küchenmaschine noch benutzt, weiß Katerina nicht.

»Meine Schwester wird jetzt aus dem Archiv in ein sogenanntes Transparenzbüro der Stadtverwaltung versetzt. Dort sollen 4 oder 5 Beamte alle Ausgaben und Quittungen der Stadtverwaltung kontrollieren, um Korruption zu verhindern oder aufzudecken.«

Doch das ist schwierig, denn selbst die Gewerkschaften sind nicht unbestechlich. »Die Parteien verschaffen den Gewerkschaftsfunktionären Jobs in der Verwaltung und bei staatlichen Banken. Dafür kämpft die Gewerkschaft dann zum Beispiel um höhere Löhne für Staatsbeamte und Bankangestellte.«

Katerina trägt Stühle und einen runden Tisch auf die schattige Terrasse, von wo aus ich jetzt auch die Olivenbäume zwischen den Pinien entdecke. Zum griechischen Kaffee gibt es selbstgemachte Konfitüre. Sie ist zuckersüß und flüssig wie Warenje, die die Russen in den Tee geben. »Für bitteren Kaffee braucht der Gaumen einen zärtlichen Kontrast.«

Was im Garten wächst, Obst, Kräuter und Gemüse, verarbeitet sie noch nach den Rezepten der Großmutter. Ihre Spezialität sind Tomaten, die sie halbiert, mit Kräutern bestreut, mit Olivenöl beträufelt und sehr langsam im Ofen trocknet. Stolz zeigt sie mir die jungen Tomatenpflanzen. Sie haben schon viele gelbe Blüten angesetzt. Aber sie sind nicht ordentlich ausgegeizt.

Wein und Schnaps darf ich im Keller selbst aussuchen. Ich bewege mich sehr vorsichtig zwischen Glasballons, Instrumenten zur Weingärung und in den Regalen gelagerten Flaschen.

Der Keller ist das Reich von Stavros.

Stavros, was Kreuz, das heißt das Kreuz von Jesus, bedeutet, hätte wie alle griechischen Söhne eigentlich den Vornamen des Großvaters erhalten müssen. Doch wenn eine Mutter, die schon einige Fehlgeburten hatte, endlich ein gesundes Kind bekommt, gibt sie ihm aus Dankbarkeit einen heiligen Namen: Stavros, Maria oder Christo.

Der Tsipouro von Stavros schmeckt würzig und kräftig. Nach dem dritten Glas frage ich Katerina, was sie als langjährige Assistenzprofessorin an der Universität verdient.

»Früher oder heute?«

»Früher und heute.«

»Vor der Krise erhielt ich ein Professorengehalt von 1900 Euro. Inzwischen sind es noch 1200 Euro. Neu eingestellte Professoren bekommen weniger als 1000 Euro. Für Lehrmittel, Konferenzen und internationale Kongresse werden den 23 Mitarbeitern der germanistischen Fakultät im Jahr knapp 8000 Euro bewilligt. Einen Fachkongress in Deutschland zu besuchen, ist uns also nicht mehr möglich. Stell dir vor, dass euer Staat die Gehälter von Wissenschaftlern per Gesetz plötzlich von 1900 auf 1200 Euro und den Lohn der Arbeiter von 1100 auf 600 Euro senkt. Würden die Deutschen dann vielleicht einen neuen Hitler wählen?«

Nun reden wir doch wieder über Politik. Katerina schimpft über die Polizisten, die auf linke Demonstranten einprügeln und die Mitglieder der faschistischen »Goldenen Morgenröte« schützen. »In Thessaloniki gab es bei der letzten Wahl ein nur für Polizisten reserviertes Stimmlokal. Als die Ergebnisse dort ausgezählt wurden, hatten 60 Prozent der Polizisten die Faschisten gewählt.«

In Heidelberg hat Katerina in einer alternativen WG gewohnt. Eines Nachts parkte dort ein Mann sein Auto falsch vor dem Haus. Der Platz war für Behinderte reserviert. »Und deshalb rief ein deutscher Student wahrhaftig die Polizei. Ich verstand die Welt nicht mehr: Die Polizei anrufen! An die Polizei glauben!«

Nie im Leben hätte sie damals in Heidelberg die Polizei gerufen, höchstens dem falsch geparkten Auto vom Fenster aus Joghurt auf das Dach geschüttet.

Wie könnte man als einfacher Grieche der Polizei oder dem Staat vertrauen?

Die nach der EU-Finanzchefin Lagarde benannte Liste, auf der Hunderte Namen von griechischen Politikern und anderen Persönlichkeiten stehen, die Steuern hinterzogen haben, wird nicht von der Justiz ausgewertet. »Das Parlament hat ein Gesetz erlassen, dass Minister nicht rückwirkend für Vergehen bestraft werden können. Selbst der Kriegsminister nicht, der seinerzeit U-Boote in Deutschland kaufen ließ. Die deutsche Firma, die Millionen Euro Bestechungsgelder in Griechenland ›investiert‹ hatte, entschuldigte sich inzwischen. Aber die griechischen Schuldigen, die Millionen kassierten, sind anscheinend unantastbar. Es wird Zeit, diese Götter vom Olymp zu stürzen!«

Als eingesessener Thüringer Waldmensch rieche ich zwischen Tsatsiki und Kaffeeduft plötzlich Holzrauch. Wenig später steigt hinter den Bäumen eine graue Wolke auf. Katerina sagt, ich müsste mich nicht ängstigen. Hier hätte zwar der Wald schon ganz in der Nähe gebrannt, und manchmal würde, um im bewaldeten Schutzgebiet von Thessaloniki bauen zu können, auch vorsätzlich Feuer gelegt, aber dieser Rauch sei ungefährlich. »Weil das Heizöl inzwischen unerschwinglich geworden ist, verbrennt man Holz. Auch wir haben einen Holzofen gekauft. Öl können wir uns nicht mehr leisten.«

Die Zeit der Sorglosigkeit sei selbst für sie, die Professorin und Tochter aus einem gutbürgerlichen Haus, längst vorbei. »Wenn Stavros keine Arbeit mehr hat und mein Gehalt noch weiter gesenkt wird, können wir das Haus nicht mehr erhalten.«

Obwohl wir reichlich Tsipouro trinken, wird es mir kühl, und ich verschränke die Arme, um mich zu wärmen. Katerina zeigt auf meine Sandalen und fragt spöttisch, wie ich in langer Hose und mit Strümpfen in den Sandalen frieren könnte.

»Ach, ihr Deutschen immer …«

Ich kann nicht nachfragen, was ihr Stoßseufzer bedeutet, denn Stavros ist nach Hause gekommen. Er spricht kein Deutsch. Aber er umarmt mich wie einen Freund. Als ich seinen Tsipouro lobe, will er mir stolz den gesamten Reichtum im Keller zeigen. Doch ich erzähle ihm, dass mich Katerina schon durch Küche, Keller und alle Stuben des Hauses geführt hat. Er ist enttäuscht. Da krempelt sie ihm, wie um sich zu entschuldigen, die Hemdsärmel hoch und sagt lobend: »Er ist durch die Arbeit draußen ordentlich braun geworden. Und die Arme, so kräftig.«

Es wird ein langer Abend. Irgendwann schimpft Katerina wie ein Rohrspatz, weil sie keinen Tabak mehr findet. In der vergangenen Woche hätte sie neuen Tabak kaufen wollen, aber der Händler, bei dem sie seit vielen Jahren eine bestimmte Tabaksorte kauft, hatte nur noch 3 andere Sorten im Regal. Mehr konnte er nicht vorfinanzieren. Und in dieser Woche musste er seinen Laden schließen.

Dabei sind die Griechen laut EU-Statistik immer noch die stärksten Raucher in Europa. »Manche kaufen sich inzwischen getrocknete, noch nicht geschnittene Blätter. Plantagentabak für nur 8 Euro das Kilo.«

Bevor wir uns verabschieden, findet sie noch eine halbvolle Packung. Und Stavros steckt mir zwei Flaschen Tsipouro in den Rucksack.

»Trink ihn in Deutschland zur Erinnerung an Griechenland.«

Mit seinem kleinen Auto fährt er mich von der Stille der Parkwege zurück in den Lärm der Egnatia.

Stolz zeige ich Kostas meine beiden Flaschen mit Quitten- und Traubentsipouro. Er lacht, geht in die Küche und bringt eine Halbliter-Plastikflasche ohne Etikett. Sie ist bis zum Rand gefüllt. Dann trägt er einen Tisch und zwei Stühle vor das Hotel. Damit er den Eingang beobachten kann, setzen wir uns mitten im Lärm und Gedränge der Straße an das wacklige runde Tischchen.

»Machen wir es uns gemütlich, mein Freund.«

Die gegenüberliegenden Geschäfte haben zwar geschlossen, aber weil innen noch Licht brennt, hofft Kostas, dass die Inhaber uns jetzt sehen.

»Sie sprechen nicht mit mir, weil sie selbst den ganzen Tag im Laden stehen müssen. Aber ich komme erst abends hierher und kann mich am Tag um andere Geschäfte kümmern. Das Hotel läuft ohne mich, das schaffen meine zwei Angestellten, die Katharina aus Georgien und mein Namensvetter, der kleine Kostas. Ich bin eben der Chef«, fügt er hinzu. »Die Ausländer, die bei mir wohnen, sagen ehrfürchtig ›Patron‹ zu mir. Patron Kostas!«

Anscheinend stört ihn die Ablehnung durch die Nachbarn doch, denn er knackt unentwegt mit seinen Fingergelenken.

Während wir Tsipouro trinken, erläutert er mir wortreich den Unterschied zwischen Deutschen und Griechen.

»Manchmal fehlen uns die Pünktlichkeit und die Disziplin der Deutschen, aber wir können besser als sie genießen. Wir genießen in dem Augenblick, in dem wir das Bedürfnis nach Genuss haben. Aufgeschobene Bedürfnisse werden schal wie Bier, wenn es zu lange steht.«

Ich sage, dass ich nicht verstehe, was er meint.

»In Deutschland gibt es nicht so viele Kioske wie hier, wo auf der Hauptstraße alle 100 Meter einer steht. Aber wenn ein Deutscher an einem Kiosk vorbeigeht, überlegt er lange, ob er das, was er sieht, wirklich braucht. Ein Grieche sieht etwas, das ihm gefällt, und kauft es. Das ist auch viel gesünder. Man muss die Bedürfnisse dann befriedigen, wenn man sie hat. Den Augenblick genießen! Dafür leben wir!«

»Aber wenn …«, versuche ich einzuhaken.

»Als ich aus Deutschland zurückkam«, erzählt Kostas unbeirrt weiter, »sah ich einen Mann, der im Zentrum von Athen eine Kiste auf einen Platz stellte. Er kletterte hinauf und hielt vor vielleicht 30 Leuten, die neugierig stehen blieben, eine Rede. Er schimpfte auf die Politiker, die nichts vom Leben begreifen, aber bestimmen, wie die Menschen leben sollen. Der Mann wollte sein Bedürfnis nach öffentlicher Meinungsäußerung, was sein demokratisches Recht ist, sofort befriedigen. Griechen haben seltener Depressionen als Deutsche. Auch weil sie viel mehr protestieren und demonstrieren. Vor allem die Linken, die Konservativen weniger.«

»Und du, wählst du die Konservativen oder die Linken?«

»Natürlich die Linken.«

Der alte Mann bringt auch heute Abend eine Zeitung und einen Apfel. Er trägt eine Brille mit sehr starken Gläsern. Sein Bart ist nicht grau, wie ich jetzt sehe, sondern weiß. Kostas holt eine Flasche Wasser, nickt ihm zu, und der alte Mann tappt nach oben.

»Wie heißt er?«

»Asteris, auf Deutsch Stern.«

Mehr erfahre ich nicht. Stattdessen erzählt Kostas von der Wahl in seinem Dorf Petrota Evrou. »Mein Cousin lebt mit über 50 noch in unserem Heimatdorf, und vor der Wahl bestimmte sein Vater: ›Du wohnst hier, also wählst du auch die Partei, die ich wähle: Nea Dimokratia!‹ Ich war damals noch im Dorf angemeldet, und der Cousin fragte mich: ›Wen wählst du, Kostas?‹ Ich habe ihm gesagt: ›Die Linken. Am besten, du wählst sie auch.‹ Da hat er auch die Linken angekreuzt. Nach der Wahl jammerte der Bürgermeister: ›Alle 300 im Dorf haben die Dimokratia und die Pasok gewählt. Nur zwei stimmten für die Linken! Diese Schande‹, sagte er immer wieder, ›diese Schande, die du und dein Cousin – wer soll es sonst gewesen sein? – über uns gebracht habt!‹«

Kostas glaubt, dass die Linken die nächste Wahl gewinnen werden. »Dann wird Tsipras, der Oppositionsführer, der neue griechische Regierungschef.«

Ein Mann mit Schlips, der einzige, den ich im Hotel mit Schlips gesehen habe, winkt Kostas zu, bevor er hineingeht.

»Er war Anwalt und führte im Gericht von Thessaloniki die Korrespondenz mit den Athener Gerichten. Irgendwann hat der Mann dabei den Verstand verloren. Sein Sohn, ebenfalls Anwalt, kümmert sich nicht um den gutmütigen, aber arbeitsunfähigen Vater. Die Vereinigung der Rechtsanwälte von Thessaloniki bezahlt dem wohnungslosen Kollegen das Zimmer im Hotel.«

Der letzte Hotelgast, den Kostas mir vor dem allerletzten Glas zeigt, ist ein sehr dicker Mann, der einen langen braunen Mantel über seiner Trainingshose trägt.

»Die Behörde hat ihm ohne Begründung die 350 Euro Rente gestrichen. Nun ist er aus seinem Dorf hierhergekommen, um die Angelegenheit mit der Verwaltung zu klären. Doch man vertröstet ihn von Tag zu Tag. ›Komm morgen wieder!‹, sagen die Beamten schon wochenlang. Manchmal schläft er hier. Er ist 85 Jahre alt und war als angeblicher griechischer Spion 10 Jahre in einem bulgarischen Gefängnis eingesperrt. Die deutsche Botschaft hat damals seine deutsche Frau über die Haft informiert. Die griechischen Behörden dagegen benachrichtigten nicht einmal seine Eltern. Unser Staat sorgt sich einen Dreck um die Untertanen.«

Wir schaffen es, die Flasche Tsipouro auszutrinken, ohne dass sie auf dem wackligen Tisch umfällt.

Die Nacht wird ruhiger. Ich habe mir in der Apotheke Ohrstöpsel gekauft.

Tassos begrüßt mich am Morgen ungewöhnlich aufgekratzt, sagt mehrmals »Kalimera«, fügt noch »Guten Morgen« hinzu, klopft mir vertraulich auf die Schulter und will wissen, ob ich in Griechenland schon gesündigt habe.

Statt zu antworten, frage ich, weshalb er, der sonst zurückhaltend und still ist, heute lauthals daherredet. Er stutzt. Dann sagt er, nun wieder sehr leise und Wort für Wort wählend: »Wenn du möchtest, werde ich dich auch in das Büro der ›Goldenen Morgenröte‹ begleiten.«

»Wann?«

»Heute!«

Zuvor sollten wir aber, wie versprochen, noch in eine Kirche gehen. »Hier in der Nähe steht die des heiligen Minas.«

Jetzt verstehe ich auch seine Frage nach meinen Sünden.

»Und was zählt für die griechischen Orthodoxen zu den Sünden?«

Alle kennt er nicht. Nur dass man Gott nicht verleugnen, keine andere Religion annehmen, nicht töten und nicht abtreiben darf.

Bis zur Kirche könnten wir eine Station mit dem Bus fahren. Aber wir laufen, weil man nie weiß, wann der nächste kommt. Als wir nur noch wenige Schritte von ihr entfernt sind, überholt uns der Bus. Einige Leute im Bus bekreuzigen sich, als sie an der Kirche vorbeifahren. Die Vorübergehenden tun es vor dem Tor zum Kirchhof. Im Gegensatz zu den Katholiken schlagen die Orthodoxen 4 Kreuze.

Viele junge Griechen befolgen die Rituale der orthodoxen Religion inzwischen nicht mehr aus tiefster Gottesverehrung, meint Tassos. Sie gehören heute zur griechischen Alltagskultur. (Nach der Statistik sind über 90 Prozent der Griechen orthodoxe Gläubige. Aber schon Anthi hatte spöttisch gesagt: »Weil der griechische Staat für die Kirche sorgt, müssen wir keine Kirchensteuer bezahlen. Würde plötzlich eine Kirchensteuer erhoben, hätten wir vielleicht auch nur noch 50 Prozent Gläubige.«)

Eine hohe Mauer umgibt das Kirchengelände. Auf dem Hof versucht der Kirchendiener einem betrunkenen Mann, der ständig in sein Handy spricht, als wollte er Gott zu Hilfe rufen, den Zutritt zur Kirche zu verwehren.

Wir fragen den Kirchendiener nach dem Popen. »Pater Georgios muss noch arbeiten.« Wir sollten vor der Kirche auf ihn warten. Nach einer Viertelstunde kommt der Pope aus der Kirche. Wie allen orthodoxen Priestern sehe ich ihm wegen des dichten Vollbartes, der auch die Falten überwuchert, sein Alter nicht an. Doch sein schlurfender, langsamer Gang verrät, dass er keine 50 mehr ist.

Wir sollten warten, sagt nun auch der Pope. Er müsste in der Stadt wichtige Dinge erledigen. Wenn er zurückkäme, hätte er vielleicht Zeit für uns.

»Er wurde auf Zypern geboren«, versichert Tassos. »Er spricht mit starkem zypriotischem Akzent.«

Geduldig warten wir auf die Audienz bei Pater Georgios und überhören leider die Flügelschläge der über der Kirche kreisenden Tauben. Erst als Taubenscheiße auf unsere Köpfe, die Schultern und Arme klatscht, bemerken wir die Vögel. Tassos klagt: »Verdammt große Fladen! Ich hatte mir einen Taubenschiss kleiner vorgestellt.«

Auch für mich ist es eine erkenntnisreiche Premiere.

In einem Brunnen waschen wir die stinkenden T-Shirts aus und ziehen sie nass wieder über. Tassos versichert, dass auch er sich keiner begangenen Sünde bewusst ist.

»Es gibt also eigentlich keinen Grund, dass uns der Himmel mit Taubendreck bestraft.« Doch heutzutage geschehe in Griechenland sehr vieles grundlos. »Weshalb sollten also die himmlischen Strafen einen plausiblen Grund haben?«

Pater Georgios kommt nach 30 Minuten aus der Stadt zurück. Er schleppt einen prall gefüllten Einkaufsbeutel. Wahrscheinlich kennt er die Hinterlist der Tauben, denn er setzt sich mit uns unter eine Überdachung vor der Kirche.

Der Pope ist wirklich auf Zypern geboren und schon 75 Jahre alt. Seit 40 Jahren dient er in der Kirche des heiligen Minas. Sie wurde im 5. Jahrhundert erbaut und stand damals direkt am Meer. Heute trennen Kirche und Meer mindestens 1000 Meter bebautes Land.

Der heilige Minas, erklärt Pater Georgios, ist der

Schutzheilige der verlorenen Dinge. Er hilft Verlorenes wiederzufinden.

»Mich lässt er Worte finden, die ich vergessen habe. Zum Beispiel das deutsche Wort ›unterrichten‹«, sagt der Pater und spricht nun Deutsch mit uns. »Ich unterrichtete von 1973 bis zum Jahr 2000 an der deutschen Schule in Thessaloniki. 27 Jahre versuchte ich dort den griechischen Kindern Gott und seine Weisheit nahezubringen. Doch ich sagte ihnen auch: ›Ihr habt alle das Recht, an Gott zu glauben, und ihr habt auch das Recht, nicht an Gott zu glauben. Denn Glauben ist nicht erlernbar. Er muss aus dem Herzen wachsen.‹«

Ich frage ihn, was sein Gott heute zu dem Elend vieler Menschen in Griechenland sagt.

»Gott sieht das Elend. Aber er kommt deswegen nicht zu uns. Wir müssen zu ihm gehen. Er ist die Sonne des Himmels. Die Sonne bewegt sich nicht. Wir müssen uns zu ihr bewegen, um uns Gott anzunähern. Wenn wir das nicht tun, haben wir Schuld am Elend. Gott ist nicht schuldig.«

Seine Kirche hilft den Armen mit Geld und Essen und dreimal in der Woche mit den Mut und Hoffnung spendenden Worten seiner Predigt.

Ich frage, was ein Pope verdient.

Alle griechischen Geistlichen, erklärt er, würden, weil der Staat die Grundstücke der Kirche konfisziert hat, vom Staat bezahlt. Seit 40 Jahren ist Pater Georgios ein Staatsdiener und erhält jetzt 1400 Euro im Monat. Auf meine Frage, ob der Staat in der Krise auch das Gehalt der Popen radikal gekürzt hat, antwortet er nicht.

Er lässt sich auch nicht fotografieren. Und die Frage, ob die Kirche, wenn sie vom Staat bezahlt wird, auch die Interessen des Staates vertritt, überhört er ebenfalls. Doch er segnet zum Abschied alle Wege, die wir künftig gehen werden.

An der alten Stadtmauer laufen wir an einem vielleicht 100 Meter langen Neubau vorbei. Ohne weitere Erläuterung bemerkt Tassos nur: »Das Gerichtsgebäude.«

Je länger wir gehen, umso schweigsamer wird er. Schließlich bleibt er außerhalb der Stadtmauer vor einem Hochhaus stehen. Im höchsten, dem 5. Stock hängt neben einem Fenster ein Plakat.

»Dort oben sind sie!«

Im Hausflur ist es dunkel. Auch im Fahrstuhl leuchtet nur die Anzeigetafel. Wir steigen einen Stock zu früh aus und laufen die Treppe hinauf. Die letzte Stufe ist mit einer dicken Bohle verbarrikadiert. Dahinter reparieren zwei Männer den Fußboden. Der eine trägt Militarylook, der andere ein grün-weiß gestreiftes Hemd. Unfreundlich fragen sie, wer wir sind, wo wir wohnen, was wir hier wollen, und als sie hören, dass ich aus Deutschland komme, wollen sie wissen, ob ich Mitglied der NPD bin. Ich sage: »Ochi – Nein.« Sie schieben die Bohle zur Seite und führen uns in einen kinoähnlichen Vortragssaal. Anstelle der Leinwand gibt es Plakate und Banner, auf denen das Parteisymbol der »Goldenen Morgenröte« prangt: ein Runenzeichen, ein Mäander aus dem Pantheon, das dem Hakenkreuz ähnelt. Schwarz auf Rot.

Ich frage, welche der vielen sozialen Probleme in Griechenland die »Morgenröte« lösen will. Die beiden Männer schweigen.

Ich frage, wie viel Mitglieder sie in Thessaloniki haben. Sie schweigen.

Ich frage, wann sie wieder Lebensmittel in der Stadt verteilen. Schweigen.

Tassos sagt mir leise und ängstlich, ich sollte besser still sein. Während der eine telefoniert, meint Tassos: »Der Mann beteuert am Telefon, dass sie nicht mit uns gesprochen und keine Fragen beantwortet haben.«

Als ich den Fotoapparat aus der Tasche hole, zeigt der im grün-weißen Hemd, indem er die Hände kreuzt, unmissverständlich: Fotografieren verboten! Der im Militarylook teilt uns mit, dass der verantwortliche Chef unsere Fragen später beantworten wird. Er verlangt von Tassos Name und Telefonnummer. (Und Tassos schreibt ihm sogar die richtige auf!) Erst danach überreicht der Mann uns die Telefonnummer, die wir morgen anrufen sollen: »6937038676 – Grenos.«

Der Grün-Weiße gibt uns Werbebroschüren und Flugblätter und fordert im Befehlston: »Jetzt geht!«

Wir bemühen uns, nicht über die quergelegte dicke Bohle zu stolpern, steigen, wohl auch wegen des Gefühls, dort eingesperrt zu sein und eventuell steckenzubleiben, nicht in den vergitterten Fahrstuhl, tappen in der Dunkelheit viel zu schnell die Treppe hinunter und hoffen – auch ich bin plötzlich ängstlich geworden –, dass es heller wird, je mehr wir uns dem Erdgeschoss nähern.

Im Treppenhaus des ersten Stocks brennt Licht. Eine schöne junge Frau sitzt vor einem Tisch, auf dem viele bunte Faltblätter liegen. Ich nehme an, dass sie schon hier unten Werbematerial für die »Morgenröte« verteilt.

Doch sie weiß nicht einmal, dass sie in diesem Haus einen Treffpunkt haben. »Diese verdammten Lamojo!«, schimpft sie.

Tassos zuckt mit den Schultern. Er kann das Schimpfwort nicht ins Deutsche übersetzen. »Vielleicht Scharlatane oder Betrüger!«

Die Faltblätter und Formulare haben Mitarbeiter einer Krankenversicherung ausgelegt. Stella Avramidou benötigt eine Auslandskrankenversicherung. Das Ausland ist in ihrem Fall Tschechien. »Mein Großvater mütterlicherseits stammt von dort. Und ich will mit meiner Mutter seine Heimat besuchen.«

Stella hat Fremdsprachen und Computertechnik studiert. Seit zweieinhalb Jahren ist die 36-Jährige ohne Arbeit.

»Aber ich bin Stella im Glück. Von meinen reichen griechischen Großeltern habe ich sehr viel Geld geerbt. Davon lebe ich jetzt, und wenn ich weiterhin sparsam wirtschafte, reicht es vielleicht noch einmal für zweieinhalb Jahre. Ich suche jeden Tag nach Arbeit. Doch ich muss mich dank des Geldes der Großeltern nicht wegen eines Jobs erniedrigen. Ich liebe meine Freiheit! Schließlich bin ich Griechin!«

Heiraten will sie nicht. Einmal hätte sie fast »Ja« gesagt. Aber ein paar Tage vor dem Termin trennte sie sich von dem künftigen Ehemann. »Meine Mutter hatte die Hochzeitsfeier schon organisiert. Aber sie sagte nur: ›Das Wichtigste im Leben ist, dass es dir gutgeht, meine Tochter.‹«

Und natürlich den anderen auch. Sie sei keine Egoistin.

»Für uns ist Solidarität in der Krise lebensnotwendig geworden. Um anderen zu helfen, würde ich alles weggeben, sogar« – so übersetzt Tassos – »sogar die Unterwäsche.«

Ich erzähle der schönen Stella, dass Tassos auch nicht heiraten will. Als er rot wird, lächelt sie ihn an. Doch Tassos wagt es nicht, sie nach ihrer Telefonnummer zu fragen.

Sobald wir draußen sind, lenkt er vom Thema Stella ab und verspricht: »Morgen rufe ich den Chef der ›Morgenröte‹ an!«

Es ist Mittag. Zwar habe ich die Adresse der Suppenküche vergessen, aber ein Polizist (!) weist uns im Armenviertel den Weg. Die nächste Seitengasse rechts, dann links, und am Eckhaus müssten wir ins Souterrain hinuntersteigen.

Vor uns läuft ein hagerer Mann mit zwei leeren Plastetüten in der Hand. Seine oliv-blaue Jacke baumelt an ihm herab, als ob sie auf einem Kinderkleiderbügel hängen würde. Nur der Gürtel seiner grünen Hose scheint den Mann zusammenzuhalten. Er stützt sich, als er die Treppe hinuntersteigt, am Geländer ab.

Im Speiseraum sind die meisten Tische schon abge-

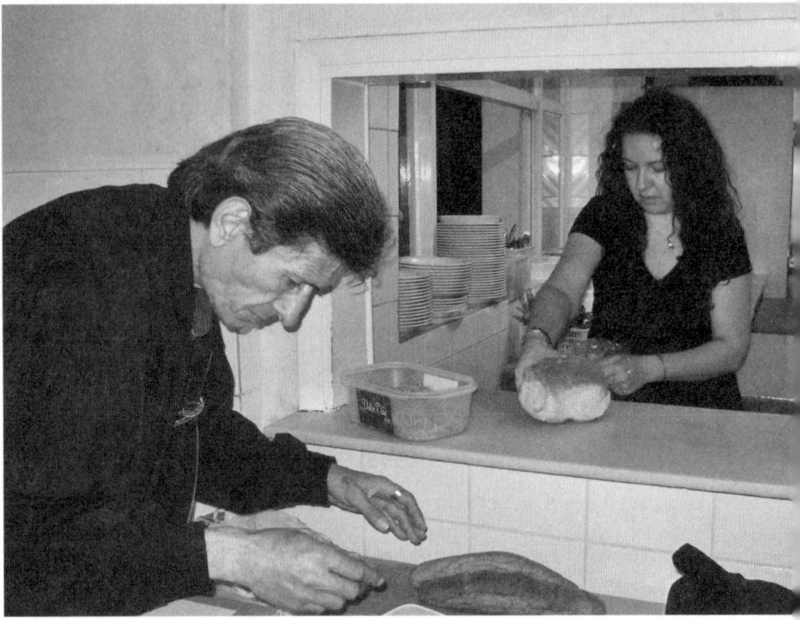

Georgius Fotopoulos in der Suppenküche

wischt, obwohl die Klappe der Essenausgabe noch offen steht. Es gibt Spaghetti und Tomatensoße. Zwei Küchenfrauen rühren in Töpfen, schneiden Brot, füllen Teller und sortieren das abgewaschene Geschirr in die Schränke. Sie tragen Schutzhauben. Als die Jüngere merkt, dass ich sie fotografiere, nimmt sie die Haube ab und schüttelt ihr bis auf die Brust fallendes gelocktes dunkelbraunes Haar über dem Spaghettitopf fotogen auseinander. Fenia Papolou arbeitet als Finanzbuchhalterin. Einmal in der Woche hilft sie hier in der Suppenküche. Dem hageren Mann gibt sie ein halbes und noch ein viertel Brot dazu. Und als er seine knochigen Hände immer noch aufhält, ein weiteres Viertel. Er packt alles sorgsam in seine Beutel. Weil die nun bis zum Rand gefüllt sind und seine Hände zittern, fällt es ihm schwer, sie zu tragen. Ich nehme sie ihm ab, während er die Treppe hinaufsteigt.

Am nächsten Haus setzt er sich auf die Stufen neben der Toreinfahrt. Er muss sich ausruhen und erzählt, dass er schon seit fünf Jahren Essen aus der Suppenküche holt.

An seinem Elend sei die Krise nicht schuld.

»Ich bin selbst schuld. Mein Vater besaß einen kleinen Betrieb, in dem wir Geflügel verarbeiteten. Ich habe dort viel Geld verdient. 1991 ging das Unternehmen kaputt. In dieser Zeit verließ mich auch meine Frau. Ich war 37. Damals begann ich Drogen zu nehmen. Ich konnte mir Drogen leisten, ich war ja reich.«

Inzwischen ist er 59 und wohnt bei seiner 90 Jahre alten Mutter. »Sie erhält 250 Euro Rente. Davon leben wir. Früher ging ich zu Leuten und reparierte ihnen alles, was kaputt war. Aber jetzt zittern mir die Hände.«

Ein bisher gezahlter Zuschuss ist ihm in der Krise gestrichen worden. »Ich habe eine Rente beantragt. Doch die griechische Bürokratie wird gegen mich siegen, und ich werde keinen Cent erhalten.«

Inzwischen ist er im Drogenausstiegsprogramm. Vom sozialen Ärztezentrum erhält er kostenlos eine Ersatzdroge.

»Als ich begann, Drogen zu nehmen, konnte ich nicht mehr klar denken. Ich hatte keinen Verstand, und die Droge wurde mein Schicksal.« Sein Vaterhaus steht im Dorf Olympia, am Fuß des Götterberges. »Ich habe nur noch zwei Wünsche in meinem Leben: die Drogen besiegen und meinen Lebensabend im Elternhaus neben dem Museum des Olymp verbringen. Ob ich den Olymp noch einmal besteigen kann, weiß ich nicht. Ich muss essen und Kräfte sammeln.«

Heute sei ein guter Tag für ihn gewesen. »Weil wir uns getroffen haben. Und weil ich mit einer 2 Milligramm schwächeren Ersatzpille ausgekommen bin.«

Auf seiner linken Hand sieht man das griechische G als kunstvolles Tattoo. »Das ist der Anfangsbuchstabe meines Vornamens. Ich heiße Georgius.« Er schreibt seinen vollständigen Namen in mein Notizbuch: »Georgius Fotopoulos.« Und darunter auf Griechisch: »Mit großer Liebe, weil Sie mich erfreut haben.«

Ich umarme ihn sehr vorsichtig.

Am Nachmittag will ich zwar mit dem Bus nach Nea Moudania fahren, doch Tassos meint, es sei noch Zeit, um nach Kirche, Büro der »Morgenröte« und Suppenküche auch das Jüdische Museum zu besuchen.

Als wir vor dem mehrstöckigen Gebäude stehen, frage ich Tassos, ob er sich vielleicht geirrt hat und sich in diesem Haus Nr. 13 kein Museum, sondern eine Militärdienststelle befindet. Das Eingangstor besteht aus Metallpfosten, zwischen denen, ebenfalls von Metall gerahmt, kleine quadratische Scheiben gitterförmig wie vor einem Tresorraum eingesetzt sind. Und links daneben steht ein bunkerähnliches, aus Stahl und Glas errichtetes Wachhäuschen, durch dessen dicke Scheiben niemand von außen hineinschauen kann.

Das Eingangstor zum Museum ist verschlossen.

Als außer uns noch Englisch sprechende Touristen vergeblich darauf warten, dass sich irgendeine Tür öffnet, poche ich an den Wachbunker. Ein Soldat kommt heraus. »Das Museum bleibt heute wegen einer Veranstaltung geschlossen!«, herrscht er uns an.

Bevor ich ihn etwas fragen kann, ist er wieder in seinem Käfig verschwunden. Und bleibt unsichtbar.

Ein älterer Mann in blauer Jeans und einem grauen Hemd mit Brusttaschen und Schulterklappen, der einen Müllbeutel in der Hand trägt, will schnell vorbeigehen. Doch als er hört, dass wir uns auf Deutsch unterhalten, hält er inne und stellt sich als griechischer Jude vor, der nebenan wohnt und dessen Vorfahren wie tausend andere Juden schon im 15. Jahrhundert von Spanien nach Thessaloniki geflüchtet sind. Dimitris spricht sehr gut Deutsch und sagt, dass er uns viel über die Geschichte der Juden in dieser Stadt erzählen könnte. Aber heute hat er einen Termin beim Zahnarzt, und morgen wird er verreisen. Und jetzt muss er noch den Müll wegbringen.

In aller Kürze berichtet er, dass seine Eltern 1943 während des Krieges nach Athen geflüchtet sind. »Dort haben Freunde sie bis zum Abzug der faschistischen Besatzer versteckt. Alle anderen Familienmitglieder, die Großeltern, Tanten und Onkel, alle sind in Auschwitz umgebracht worden.«

24 Jahre danach ist Dimitris als Textilingenieur nach Deutschland gegangen. »Ich lebte dort in Reutlingen, aber nicht als Jude, sondern als Grieche.«

Die deutsche Sprache hat er von einer schönen deutschen Frau gelernt. »Eine fremde Sprache lernt man am schnellsten unter Kindern oder im Bett, sagen wir Juden.«

Als er gehen will, schlage ich vor, dass wir seinen Müll wegschaffen und er uns dafür noch ein paar Minuten Zeit schenkt. Er schüttelt den Kopf und behauptet: »Wer es im Leben zu etwas bringen will, muss auch mit seinen Worten geizen. Sie sind schließlich das Wertvollste, das man weggeben oder aufsparen kann.«

Schon im Gehen, antwortet er auf die Frage, ob er als Jude Angst vor den Mitgliedern der faschistischen »Morgenröte« hat: »Sie werden bei den nächsten Parlamentswahlen schon keine Rolle mehr spielen. In Österreich gab es sie. Doch wer spricht heute noch von ihnen und diesem Haider? Auch hier wird sich das von selbst erledigen.«

Sagt es und will seinen Müllbeutel zum Container tragen. Doch als ein paar junge Mädchen vorbeigehen, bleibt er stehen und lächelt sie an. Sie lächeln zurück, und danach wechselt er mit Tassos ein paar Worte auf Griechisch und verabschiedet sich bei mir mit guten Wünschen für Deutschland.

Entweder langweilt sich der unsichtbare Soldat in seinem Wachhäuschen, oder er ist misstrauisch, weil wir immer noch vor dem Museumseingang stehen. Er öffnet die Eisentür und postiert sich daneben.

Nun kann ich ihn fragen, weshalb er das Museum bewachen muss. »Gibt es Menschen in der Stadt, die Juden hassen?«

Das weiß er nicht. Diese Wachhäuschen stehen seiner Meinung nach nur vor der Synagoge und vor dem

Vor dem Jüdischen Museum

Jüdischen Museum. Man hätte beim Bau wahrscheinlich an die Soldaten gedacht, die drinnen Wache halten müssen. »Deshalb verwendete man Glas, durch das man hinausschauen, aber nicht hineinsehen kann. Also müssen wir nicht ständig stehen, sondern wir können auch sitzen und uns ausruhen, ohne dass es draußen jemand bemerkt.«

Weil eine Stahlplatte des Wachhäuschens mit Graffiti besprüht worden ist, frage ich, ob es vor dem Jüdischen Museum schon Zwischenfälle gegeben hat.

Er sagt, dass er im Dienst nicht reden und keine Fragen beantworten darf.

Als ich seinen Namen wissen möchte, schüttelt er den Kopf. Den dürfte er erst recht nicht sagen.

Er lacht, weil ich mich erkundige, wie ihn seine Frau zum Essen ruft. Und sagt, bevor er sich wieder einschließt: »Jannis, wo bleibst du?«

Auf dem Weg zum Bus kommen wir an einem großen Geschäft vorbei, in das Männer Pakete, Säcke, Kisten und Kartons tragen.

»Das ist eine von vielen Sozialstationen der Stadt«, erklärt Tassos.

Ein bis zur Decke reichender Stapel von leeren Kartons teilt das Geschäft in einen dahinter nicht sichtbaren Teil und einen leeren Gang. An dessen Ende befindet sich ein Tisch. Daneben liegen sehr viele Aktenordner in Regalen. Und hinter dem Tisch steht ein Mann in einem weißen T-Shirt, dem die schwarzen Haare wirr ins Gesicht hängen. Sobald ich ihn gefragt habe, was die Männer in den Kartons und Säcken gebracht haben, beginnt Trajanos Tryfon leidenschaftlich und schnell zu sprechen. Dabei leuchten seine Augen, und seine Arme kreisen, die Worte unterstützend, wie Windmühlenflügel.

»Wir helfen insgesamt 1600 notleidenden Menschen in Thessaloniki.« Trajanos Tryfon reckt die Arme nach oben. Und wiederholt: »1600 Hilfsbedürftigen!« Und sagt, indem er stolz auf die Regale zeigt: »Und alle 1600 sind in 1600 Aktenordnern von uns alphabetisch sortiert worden.«

Für einen Moment stützt er die Arme auf den Tisch, so als läge ihm eine Last auf den Schultern.

»Alle, die von uns Hilfe erhalten, müssen zuvor eine

»Jesus ist mein Boss.«

Bescheinigung vom Finanzamt vorlegen, in der bestätigt wird, dass sie kein Einkommen besitzen, das zum Leben reicht.«

Seine Arme schnellen nach vorn. »Natürlich gibt es auch Kunden, die sich durch Bestechung eines Finanzbeamten solch eine Bescheinigung besorgen.« Doch das wären nur wenige. »Obwohl« – er schiebt uns durch einen schmalen Gang der Kartontrennwand in den größeren Raum – »obwohl wir hier auch sehr teure Gegenstände an Bedürftige kostenlos abgeben.«

Rollstühle sind übereinandergestapelt. In Kommodenfächern stehen Tassen, Teller und Töpfe. Und auf Tischen und Schränken liegen Haufen von Hemden und Pullovern. Puppen und Spielzeugautos stecken in Kartons. Zwischen Toastern und Wasserkochern steht ein Nachttopf. Tüten mit Zucker, Mehl, Kaffee, Nudeln und Reis sowie Kartons mit Kartoffeln, Tomaten und Paprika versperren den Weg.

Trajanos Tryfon dreht sich nun wie ein Kreisel, um uns alles zu zeigen. Noch nie habe ich einen Mann gesehen, der seine Ware, die er verschenken will, so leidenschaftlich anpreist. Und auch Tassos findet ihn sympathisch, denn auf meine Frage nach seiner Familie sagt Trajanos, dass er keine Zeit für Frau und Kinder hätte und vorerst nicht heiraten wird. »Die Begeisterung für unser Hilfswerk ist mir wichtiger als das private Glück.«

Er ist Chef von 20 freiwilligen Helfern, die Spenden sammeln oder abholen und sie in Säcken und Kartons in die Sozialstation bringen.

»Wir erhalten sogar Pakete mit Lebensmitteln aus Deutschland und sind dankbar für die Hilfe in unserer Krise. Das deutsche Volk ist nicht identisch mit den deutschen Politikern.«

Von den Deutschen hätten sie gelernt, Akten zu führen. »Wir arbeiten hier nach dem deutschen Kontrollsystem.« Von jedem der 1600 Hilfsbedürftigen existiert eine Akte und die Bescheinigung vom Finanzamt und ein Duplikat, in dem eingetragen wird, wie viel und wann und was jeder erhalten hat. (Wobei sie mit dieser Methode wahrscheinlich die Deutschen übertreffen, denn bei meiner Arbeit in der Eisenacher Tafel wurden zwar die Ausweise kontrolliert, aber nirgendwo aufgeschrieben, wer was bekommen hat.)

Der 43-jährige Trajanos Tryfon ist ausgebildeter Sozialpädagoge. »Wir mussten in Griechenland schon immer Obdachlosen, Drogensüchtigen und Armen helfen. Doch während der Krise sind sehr viele Arbeitslose in existenzielle Not geraten.«

Er hofft, dass seine freiwilligen Helfer irgendwann wieder eine bezahlte Arbeit erhalten. Doch er möchte nicht über die Ursachen der Krise und über Politik reden. »Wir leben hier nur für und von Wohltätigkeit.«

Seine vorerst letzte gymnastische Übung: halbe Drehung nach hinten. Über ihm hängt eine Ikone von Jesus Christus. »Ein alter Mann hat sie uns gebracht. Wir sollten sie an Bedürftige weitergeben.«

Er hat sie hinter seinen Tisch gehängt. »Jesus ist mein Boss.«

Vor dem Nachbarhaus der Ikonenmalerin in Nea Moudania hatte ich bei meinem ersten Besuch eines der roten Flugblätter, die dort im Fenster lagen, mitgenommen. Anthi erklärte mir damals, dass es ein immer noch aktueller Brief junger Griechen an ihre Eltern ist. Sie hatten ihn im Dezember 2008 bei der Beerdigung ihres Freundes Alexis Grigoropoulos verteilt. Der 15-Jährige war am 6. Dezember 2008 von einem Polizisten kaltblütig erschossen worden.

Auszüge aus diesem Brief (übersetzt von Asteris Kutulas):

»Wir wollen eine bessere Welt! Helft uns! Wir sind keine Terroristen, Vermummten ... WIR SIND EURE KINDER! ... Wir haben Träume – Tötet sie nicht. ERINNERT EUCH! Ihr wart auch mal jung. Und jetzt

rennt ihr nur noch eurem Geld hinterher, interessiert euch nur noch für Äußerlichkeiten, seid fett und glatzköpfig geworden, habt VERGESSEN!

Wir dachten, ihr würdet uns unterstützen; wir dachten, es würde euch kümmern, dachten, dass auch ihr uns mal stolz machen würdet. VERGEBENS!

Ihr lebt ein falsches Leben, lasst den Kopf hängen, habt die Hosen runtergelassen und wartet auf den Tag, an dem ihr sterbt. Ihr phantasiert nicht mehr, verliebt euch nicht mehr, kreiert nicht mehr. Nur kaufen und verkaufen könnt ihr noch. ÜBERALL NUR MATERIELLES. NIRGENDWO LIEBE – NIRGENDWO WAHRHEIT. Wo sind die Eltern? Wo sind die Künstler? Wieso treten sie nicht hervor, uns zu schützen? MAN TÖTET UNS! HELFT UNS!

EURE KINDER

PS: Werft kein Tränengas mehr. Wir weinen auch so.«

Der griechische Autor und Kenner der Literatur und Geschichte Asteris Kutulas, der seit 1968 in Deutschland lebt (oder sollte man schreiben: der 1960 als Sohn griechischer politischer Emigranten in Rumänien geboren wurde, 1968 in die DDR übersiedelte und heute in Berlin wohnt), schrieb mir zu diesem Brief: »*Wochenlang gingen Zehntausende Schüler und Studenten auf die Straße, besetzten Schulen und Universitäten. Dabei handelte es sich nicht um vereinzelte Proteste, sondern das war ein wütender Aufstand der Jugend, der sich auf das ganze Land ausweitete. Mit einem Mal wurden der tiefe Generationskonflikt und der Unmut der jun-*

gen Griechen über die sozialen Zustände des Landes sichtbar. Die Ursache für den Jugendaufstand lag darin, dass diese damalige sogenannte ›700-Euro-Generation‹ (und heutige ›400-Euro-Generation‹) schon zu diesem Zeitpunkt keine gesellschaftliche Perspektive mehr hatte. Selbst für die zumeist gut ausgebildeten Absolventen von Fachhochschulen und Universitäten gab es kaum Arbeitsplätze, und wenn, dann waren diese schlecht bezahlt, und oft bestanden keinerlei Aufstiegschancen. Die Jugend erlebte tagtäglich, dass sie nicht ›gebraucht‹ wurde, egal wie viel Zeit, Kraft und Geld sie und ihre Familien in ihre Ausbildung investiert hatten. Für sie war kein Platz mehr in einem Land, das bis 2007 mit die höchsten Entwicklungsraten in der EU aufwies. Die jungen Erwachsenen waren gezwungen, bei ihren Eltern wohnen zu bleiben – im Ausland oft belächelt als diejenigen, die scheinbar nicht imstande waren, sich aus dem ›Hotel Mama‹ zu verabschieden. Tatsächlich aber konnten die meisten von ihrem geringen Gehalt nicht mal die Miete für eine Einraumwohnung bezahlen. Offenbar hatte das Griechenland ihrer ›neureichen‹ Eltern sie abgeschrieben, sie waren lediglich geduldete Gäste und empfanden sich als ›heimatlose‹ Griechen in einem dem Verfall preisgegebenen Land. Bereits ein Jahr später brach die größte ökonomische Krise der letzten 50 Jahre aus.

Wiederholt hieß es in den Jahren nach 2009, dass das Land ›zurückgebombt wird auf das Niveau der 60er Jahre‹. Damals waren Hunderttausende Griechen gezwungen, ihr Land als ›Gastarbeiter‹ zu verlassen, um der Armut und einem instabilen politischen System zu entkommen. Seit 2010 tendierte die Situation wieder in dieselbe Richtung. Die Menschen konnten scheinbar nur wählen zwischen völliger Verarmung, ›Chaos‹ und der Drachme oder völliger Verarmung, ›europäischer Ordnung‹ und dem Euro. Die erste Möglichkeit ist eine hypothetische, die zweite inzwischen Realität. Tausende vor allem junge Griechen flohen aus ihrer Heimat. Dieser Aderlass an kreativem Potenzial besiegelt über kurz oder lang den Verlust des Landes. Zum selben Resultat führt die Stadtflucht. Viele sehen als letzte Alternative den Umzug in die Dörfer ihrer Vorfahren, um dort Ackerbau zu betreiben. Für eine Gesellschaft, in der die elterliche Fürsorge traditionell einen hohen Stellenwert hat, sind das tragische Zustände, zumal die Eltern-Generation der heute 40- bis 60-Jährigen großen Anteil daran hat, dass ihre Kinder einer traumatischen Perspektivlosigkeit ausgeliefert sind …«

Am Nachmittag fahre ich ohne Tassos nach Nea Moudania. Als der Bus am »Oceania Club« vorbeifährt, hält ihn keiner der dicht am Fahrerhaus stehenden deutschen Touristen an. Ich steige mit ihnen an der ersten Station im Ort aus. Sie regen sich auf: »Man sollte am ›Oceania Club‹ für die Touristen eine extra Haltestelle einrichten. Aber die Griechen sind eben zu unbeweglich. In jeder Beziehung unbeweglich.«

Schimpfend laufen sie nicht im warmen Sand am Strand zum Hotel zurück, sondern gehen auf der Straße, neben der die Hunde schlafen.

Ich lache. Doch nicht lange, dann merke ich, dass ich die Tafel Schokolade für die Ikonenmalerin Melissi versehentlich in meine Hosentasche gesteckt habe.

Im Laden stehen 3 Kinder vor kleinen Staffeleien, und Melissi Wassiliki mischt ihnen die Farben.

»Ich gebe schon seit einigen Jahren Malunterricht. Eine Stunde kostet 3,50 Euro. Früher konnten es sich die Eltern leisten, alle 3 Kinder zu mir in den Unterricht zu schicken. Jetzt reicht es kaum für ein Kind. Also unterrichte ich die anderen beiden kostenlos. Wie sollten die Eltern entscheiden und wie sollten sie erklären, dass ein Kind darf, aber die anderen nicht?«

Melissi meint, dass es heute wichtig ist, Kinder durch Musik, Malerei und Dichtung zu fördern. »Für Mathematik, Physik, Biologie und Chemie haben sie den Computer und das Internet.«

Ihr 14-jähriger Sohn kann inzwischen die Tastatur des Computers im Schlaf bedienen. »Aber nicht Tomaten oder Brot in gleichmäßige Scheiben schneiden.«

Als sie Kaffee kocht, lege ich die weich gewordene Tafel Schokolade auf den Tisch und sage: »Die muss schnell in den Kühlschrank.«

»Wir nehmen einfach den Löffel«, widerspricht sie und freut sich, dass es Lindt-Schokolade ist. »Meine Mutter hat in Deutschland bei Lindt gearbeitet. Und mein Vater war bei VW und Continental beschäftigt. Er ist sehr groß und hat sehr kräftige Hände. In Griechenland hatte er als Paradesoldat des letzten griechischen Königs gedient. Der war Däne. Nach der Militärzeit hätte der Vater Beamter werden können. Aber dafür waren seine Hände zu groß und zu kräftig. Stattdessen fuhr er täglich nach Athos und arbeitete in einem Kloster. Er hat sein Leben lang gearbeitet. Wir waren 7 Kinder.«

Melissi Wassiliki ist am 11. Januar 1969 in Hannover geboren. 20 Tage später wurde sie in einer griechisch-orthodoxen Kirche getauft. Danach brachten die Eltern sie mit dem Zug zur Großmutter nach Griechenland.

»Als die Eltern mich mit 8 Jahren endlich nach Deutschland geholt hatten, konnten wir nur noch eine kurze Zeit dort bleiben, denn mein kleiner Bruder litt an einer nicht heilbaren geistigen Behinderung, und wir gingen zurück.«

Es sei damals ein anstrengendes Wanderleben für die Familie gewesen. »Aber wir Griechen sind nicht bequem und nicht sesshaft. Wir versuchen überall das Beste aus unserer Situation zu machen!«

Einen großen Teil des Geldes, den ihre Eltern in Deutschland verdient hatten, sparten sie. Davon kaufte der Vater in Griechenland einen LKW und von einem Fuhrunternehmer, der aufhörte, die teure Lizenz. Man durfte nur dann als selbständiger Berufskraftfahrer arbeiten, wenn man einem anderen die Berufslizenz abgekauft hatte.

»Täglich fuhr mein Vater mit dem LKW von Thessaloniki nach Athen und zurück. Selbst noch, als er schon 65 Jahre alt war. Mein Herz krampfte sich immer vor Angst um ihn zusammen. Ich betete täglich, dass er keinen Unfall hat. Gott sei Dank hörte er auf mich, als ich ihn bat, seine Berufslizenz zu verkaufen, wenig später war sie nämlich keinen Cent mehr wert. Die griechische Regierung hatte unter dem Druck der EU und der internationalen Geldgeber beschlossen, die freie Wirtschaft auch in dieser Branche durchzusetzen. Jeder konnte danach ohne Lizenz ein Fuhrgeschäft eröffnen.«

Ihr Vater erhält jetzt 600 Euro Rente. Für den geistig behinderten Sohn bekommen sie 150 Euro Pflegegeld. Die 66-jährige Mutter hat Rente beantragt. Ob sie genehmigt wird, weiß sie noch nicht. »Sie ist Bäuerin. Die Oliven, Tomaten, Kartoffeln und Früchte, die sie anbaut, verkauft sie nicht mehr. Wir verbrauchen sie jetzt selbst.«

Die Eltern hatten für Melissi am Goethe-Institut in Thessaloniki einen Deutschlehrgang bezahlt. Als sie 18 war, ging auch sie nach Deutschland und arbeitete in Kiel im griechischen Restaurant ihres Onkels. »Nachdem ich ein wenig Geld verdient hatte, begann ich Volkswirtschaftslehre zu studieren. Doch nach 2½ Jahren war mir klar, dass Volkswirt kein Beruf für mich sein kann.«

Sie winkelt die Arme an und stößt die Ellenbogen ein paarmal heftig nach hinten. »Ich beherrsche diese Armbewegung zum Durchsetzen gegen Konkurrenten nicht.«

Also schrieb sie sich an der Universität für Kunst ein. Damals lernte Melissi auch ihren Mann Dimitris kennen. Er studierte Medizin.

»Am Ende des Jahres 1991 hat uns ein griechischer Pope in einer kleinen griechisch-orthodoxen Kirche bei Hamburg gesegnet. Nur meine Eltern konnten zur

Hochzeit kommen. Für die Geschwister und Verwandten war die Reise zu teuer.«

Als Dimitris sein Studium erfolgreich beendet hatte – bei allen Prüfungen erhielt er nur ausgezeichnete Noten –, bewarb er sich in vielen westdeutschen Kliniken um ein noch ausstehendes urologisches Praktikum. »Doch auf jede Anfrage erhielt er damals die Antwort: ›Obwohl Sie hochbegabt sind, müssen wir derzeit alle Praktikumsstellen für Kollegen aus Ostdeutschland reservieren.‹«

Melissi will wissen, ob ich ein Ostdeutscher bin. Und als ich es bejahe, fragt sie, weshalb ehemalige DDR-Bürger damals bevorzugt worden sind.

Ich sage, dass ich bisher nur das Gegenteil davon kannte.

»Wir sind nach Griechenland zurückgegangen, und Dimitris diente zuerst 18 Monate bei der Armee.«

Weil es in Griechenland auf dem Land zu wenig Ärzte gibt, müssen die Mediziner vor ihrer Spezialisierung mindestens ein Jahr als Landarzt praktizieren.

»Dimitris blieb zwei Jahre auf dem Land. Danach sollte er in einer Klinik in Thessaloniki arbeiten. Doch er lehnte den gut bezahlten Job ab, denn in diesen großen Kliniken galt: Jeder Patient, der operiert werden will, muss zuerst ein Fakelaki, einen Briefumschlag mit Geld, für den Direktor abgeben. Diese Fakelaki sammelten die Assistenzärzte ein. Dimitris wollte von Patienten keine Geldbriefe einsammeln. Deshalb hat er stattdessen eine urologische Praxis in Nea Moudania eröffnet.«

Ihr Mann sei ein moralischer Mensch. Leider würde Moral inzwischen kaum noch mit einem Cent belohnt.

»Heute demonstriert Dimitris in Thessaloniki mit anderen Naturschützern gegen den geplanten Goldabbau der Kanadier in Chalkidiki. Unser Staat verkauft und verkauft und verkauft, und andere verdienen an unserem Gold. Und die Aktien der Kanadier steigen an der Börse.«

Die Einnahmen seiner privaten Praxis in dem kleinen Ort Nea Moudania würden gerade ausreichen, um Strom und Miete zu bezahlen. Deshalb arbeitet ihr Mann noch für 1100 Euro im Monat in einer Klinik der staatlichen Krankenkasse.

»Dimitris und ich sind Christen. Wir glauben an Gott und das Gute im Menschen. Deshalb behandelt er die Patienten auch in der staatlichen Klinik so gut wie möglich. Andere Ärzte machen dort nur das Allernötigste, damit die Patienten anschließend noch in ihre private Praxis kommen müssen.«

Ich frage, ob sie sich nicht mit den Kindern an den Staffeleien beschäftigen muss. Nein, die würden nach dem Unterricht hier nur ihre Bilder fertigmalen.

Sie kocht uns neuen Kaffee zur »Löffelschokolade« und bringt den Kindern selbstgebackene Kekse.

Sie würde nie über ihr Leben klagen, sagt Melissi. »Wir konnten uns ein Häuschen kaufen. Man sollte immer einen Ziegel über dem Kopf haben, wie man in Griechenland sagt. Sonst besteht die Gefahr, dass man sich wie manche hier im Ort in einem Autowrack verkriechen muss.« Außerdem sei die Miete für eine Wohnung damals teurer gewesen als die Abzahlung des Kredits für ihr Haus.

»In einem Jahr konnte ich seinerzeit zu Hause nicht mehr als 10 meiner Ikonen verkaufen. Ein Lehrer riet mir, einen kleinen Souvenirladen zu eröffnen. Das war 2003. Mein erstes Bild, das ich hier malte und an die Wand hängte, war die Mutter Gottes, die Jesus im Arm hält. 2004 hat der Priester den Laden, wie zuvor unser Häuschen, mit einem Gebet und heiligem Wasser geweiht.«

Nun malt sie, verkauft und unterrichtet. »Auch durch meine Hilfe zahlt Dimitris sein BAföG, das er in Deutschland erhalten hat, pünktlich zurück. Bis 2020 muss er jedes Jahr 1500 Euro nach Deutschland schicken. Schulden ordentlich zu begleichen gehört auch zu einer guten Moral.«

Als 2009 die erste von Amerika auch nach Griechenland überschwappende Immobilienkrise zu Ende ging, hatte Melissi gehofft, dass die Griechen daraus lernen. »Wir müssen uns unabhängiger machen und nicht mal dorthin schielen und mal dahin. Wir sollten uns endlich als Griechen und Europäer begreifen. Die meisten ausländischen Professoren in den USA, so behauptet man, sind Griechen. Weshalb sind sie dort und nicht hier? Weshalb wollen unsere jungen Leute nach Frankreich, England oder Deutschland?«

Inzwischen sei alles noch schlimmer gekommen. »Aber solange Löwenzahn auf unseren Wiesen wächst und wir Salat daraus machen können, verhungern die Griechen nicht. Und eines Tages werden die reichen europäischen Länder auch begreifen, dass sie Europa kaputtmachen, wenn sie Griechenland und andere arme Länder kaputtmachen.«

Sie liebt den Stolz der Griechen, obwohl der oft nur noch auf ihrer bedeutenden antiken Vergangenheit basiert und wenig mit der Gegenwart zu tun hat.

Sie könnte mit Dimitris und ihrem 14-jährigen Sohn sofort nach Deutschland zurückgehen. »Ich habe dort an der Universität oft Vorträge über Ikonenmalerei gehalten. Und Deutsch sprechende Fachärzte werden in Deutschland händeringend gesucht.« Doch Dimitris will nicht weggehen. Die Mutter wohnt in Griechenland, und seine 3 Brüder leben bereits in Deutschland. »Ihr würde, wenn sie stirbt, hier niemand die Hände halten.«

Man müsste im Kleinen versuchen, trotz alledem Anstand zu bewahren. »Denn im Großen gibt es in Griechenland kaum eine Hoffnung. Die Beamten werden auch künftig das dicke Geld kassieren, das wir hart erarbeiten müssen.«

Sie verabschiedet die 3 Kinder. Sie haben Äpfel gemalt, und Melissi steckt ihnen für den Heimweg noch Süßigkeiten zu.

Auf die Gottesmutter und Jesus zeigend, frage ich: »Wird wenigstens Ihr Gott den Griechen mit einer Prophezeiung helfen?«

Sie antwortet ausweichend: »Wenn ich die Erfüllung sehe, werde ich auch an die göttliche Prophezeiung glauben.«

Weil ich zeitig aus Nea Moudania zurückkomme, beginnt das abendliche Ritual am Hoteleingang heute früher. Kostas holt Weißbrot aus der Küche und ich Knackwürste aus dem Zimmer. Als ich herunterkomme, fragt er, ob ich oben einen Tisch haben möchte oder eine Klimaanlage oder eine zusätzliche Lampe. Nein, ich will keine Privilegien im »Europa«. Stattdessen erzähle ich von meinen Tageserlebnissen in der Kirche, in der Suppenküche, bei der Ikonenmalerin und von dem Besuch im Parteibüro der »Goldenen Morgenröte«.

»Du warst bei denen?«, fragt er zweifelnd.

»Ja, oben im 5. Stock«, sage ich ein wenig lauter als sonst. Und lege ihm Flugblätter und Werbematerialien mit dem Runenzeichen auf den schmalen Rezeptionstisch.

Die »Goldene Morgenröte« löse in der Stadt inzwischen auf ihre Art Probleme, an die sich der Staat nicht herantraut, meint Kostas. Nur wenige Minuten vom »Europa« entfernt steht ein Hochhaus, das früher ein Hotel war und 1970 dem Staat übergeben wurde. »Vor einigen Jahren besetzten Studenten das unbewohnte Gebäude. Sie lebten dort zwar ohne Strom und Wasser, aber bezahlten auch keine Miete. Zuletzt waren es nur noch 8. Da drohten die von der ›Morgenröte‹ der Polizei: ›Wenn ihr diese Schmarotzer dort nicht endlich rausholt, erledigen wir das!‹ Nur wenige Tage danach hatten Polizisten das Haus geräumt.«

Manchmal würden die Polizisten auch freiwillig mit den Faschisten zusammenarbeiten.

»Eine Frau kam zur Polizei, weil die ihr helfen sollte,

unliebsame Bewohner aus ihrem Haus zu werfen. Als der Polizeichef ablehnte, lief ein Polizist der Frau hinterher, gab ihr eine Telefonnummer und riet: ›Rufen Sie dort an!‹ Unter der Nummer meldete sich ein Mitarbeiter der ›Morgenröte‹. 3 Tage später war das Haus der Frau leer. Außerdem hatten Mitglieder der ›Morgenröte‹ alle Zimmer weiß gestrichen. Nicht einmal die Farbe stellten sie der Frau in Rechnung! Und wenn alte Leute in der Bank Geld abheben und Angst haben, auf dem Nachhauseweg überfallen und ausgeraubt zu werden, können sie sich von einem Leibwächter der ›Morgenröte‹ begleiten lassen.«

In den Agitationsblättern der »Goldenen Morgenröte« liest sich das so: »Allein gegen alle? Nein, kommt mit uns, damit wir das Land ausmisten! … Ich will nicht die Besatzung der Troika und der internationalen Wucherer … Ich will nicht, dass der Staat erlaubt, dass illegale Einwanderer mir meine Arbeit und meinen Kindern das Brot stehlen … Ich bin Rentner und habe immer bezahlt, was man von mir verlangt hat. Und jetzt lassen sie mich einfach sterben … Ich möchte wie ein Grieche leben, ohne Einwanderer und ohne Angst vor Kriminalität …«

Kostas hört auf zu übersetzen und versteckt die Blätter mit dem Runenzeichen in einem Fach unter dem Tisch.

»Die Ausländer hier im Hotel sollen sich nicht ängstigen. Und überhaupt muss so etwas im ›Europa‹ nicht herumliegen! Am Ende der Krise und der sozialen Not in Griechenland wird auch der Einfluss der ›Morgenröte‹ schwinden.«

»Und wann endet die Krise?«

Kostas zuckt mit den Schultern.

»Und wodurch ist die Krise entstanden?«

Das glaubt er zu wissen. »Die Krise kam aus Amerika, weil sie dort zu viel Geld gedruckt haben. Viel zu viel Geld! Damals dachten wir, dass uns die Krise der Amerikaner nicht erreichen kann. Und dann schwamm sie doch über den Großen Teich. Plötzlich waren Billionen Euro und Dollar verschwunden. Aber das stimmt nicht. Geld geht nicht verloren. Es wird nur von einer Tasche, in der es dann fehlt, in eine andere Tasche, beispielsweise die Tasche des organisierten Finanzverbrechens, gesteckt.« Ob ich den wahren Grund für die Krise wissen möchte?

Ich nicke.

»Die USA wollen Europa spalten, um es zu schwächen und es dann irgendwann wieder zu unterdrücken. So wie sie das mit Jugoslawien gemacht haben. Sie schicken Waffen dorthin und errichten ihre Militärstützpunkte.« Er redet sich derart in Rage, dass er nicht einmal den alten Mann beachtet, der die Zeitung und den Apfel auf den Tisch gelegt hat und nun auf das Mineralwasser wartet.

Griechenland dürfe, argumentiert Kostas, nicht bedingungslos das Spardiktat der Troika befolgen. Die Griechen könnten auch nicht, wie verlangt, die Denkweise der deutschen Politiker annehmen. »Es ist eine falsche, nur noch kränker machende Medizin, die sie uns verordnen. Es geht ihnen nicht um unsere Gesundung, es geht ihnen um einen Sieg im europäischen ökonomischen Krieg.«

Der alte Mann wartet geduldig. Kostas, der auch beim Thema Krise noch lacht, endet mit der Bemerkung, dass er vor zwei Jahren zum letzten Mal den Fernseher eingeschaltet hat. »Sie lügen dort nur. Sie wollen uns ihre politischen Wunschvorstellungen als Wahrheit aufschwatzen. In Tirana sollte es damals einen Aufstand der dort noch lebenden Griechen gegen die Albaner geben. Doch kaum ein Grieche protestierte. Da filmte das Fernsehen eben die wenigen von nahem, so dass sie sehr groß und zahlreich wirkten.«

Kostas geht zum Getränkeschrank und holt dem alten Mann endlich eine Flasche Mineralwasser, bedankt sich wortreich bei ihm für Zeitung und Apfel und wünscht ihm, was ich an den Tagen zuvor noch nicht gehört hatte: »Kali nichta – Gute Nacht!« Ohne zu antworten, schlurft der alte Mann die Treppe hinauf.

»Wie alt ist er?«

Kostas hebt die Hände und schüttelt den Kopf. »Ich habe ihn vor zwei Jahren aufgenommen, ohne nach seinem Alter zu fragen.«

»Bezahlt er dir die Unterkunft?«

»Ja. Das Geld erhält er von 3 Frauen. Die sind noch nicht einmal 30. Ich glaube, es sind Anwältinnen und eine Lehrerin.«

Weshalb sie dem alten Mann helfen, kann Kostas nicht sagen. »Als ich ihn zum ersten Mal sah, hatte er kaum noch Geld. Damals kannte er die 3 Frauen auch noch nicht. Ich habe ihm gesagt: ›Du kannst hier schlafen, aber du musst dich duschen!‹ Er roch nämlich nicht gut. Doch er wollte nicht duschen und entgegnete:

›Wozu soll ich duschen? Ich habe keine Wäsche, die ich danach wechseln kann.‹«

Die 3 Frauen hätten ihm dann Wäsche gekauft. »Er geht jeden Tag zu ihnen. Sie geben ihm zu essen und fahren mit ihm – er ist sehr gläubig – auch in die Klöster der Umgebung. Jeden Sonntag will er mir 5 Euro schenken. ›Kauf dir davon was zu essen, Kostas‹, sagt er. Ich nehme es natürlich nicht. Von mir nimmt er auch nichts. Wir tauschen nur Zeitung und Apfel gegen eine Flasche Mineralwasser.«

Der alte Mann sei Goldschmied gewesen. »Er besaß ein Geschäft in Athen und entwarf und fertigte wertvollen Schmuck. Ein Betrüger bestellte bei ihm Schmuck für einige Millionen Drachmen, nahm die Kostbarkeiten und zahlte nicht. Außerdem wurde das Geschäft zweimal ausgeraubt. Danach war der Mann pleite. Seine Frau ließ sich scheiden, und er ging in ein Kloster auf Athos. Dort betreute er einen alten Mönch, der sich nicht mehr bewegen konnte. Nach 6 Monaten verließ er das Kloster, weil er sich wie in einem Gefängnis gefühlt hatte.«

In Thessaloniki hätte er zuerst auf Bänken und am Strand geschlafen. »Als er nichts mehr zu essen hatte, auch kein Brot, fand er vor der größten Kirche Thessalonikis, der Kirche des heiligen Dimitrios, einen 50-Euro-Schein. Er hob das Geld auf und küsste es. Es war für ihn ein Zeichen Gottes. Nur einmal habe ich, als er unterwegs war, sein Zimmer betreten. Es sah so ordentlich aus, als ob kein Mensch darin schläft. Sogar seine eigene Bettdecke hat er mitgebracht. Später erklärte er mir: ›Kostas, ich kann doch das Bett nicht schmutzig machen.‹ Ich sagte: ›Asteris, du hast alles bezahlt, auch das Bett.‹ Doch er schläft weiter mit seiner Decke.«

Heute leeren wir die Flasche nicht bis zur Neige, denn ich will morgen mit Tassos auf seinem Moped zu einer von Arbeitern besetzten Fabrik fahren. Und Tassos hat mich in der Kirche dreimal gefragt, ob wir nicht doch lieber ein Taxi nehmen sollten.

Pünktlich stehe ich mit dem Sturzhelm in der Hand vor dem »Europa« und habe einen dicken Pullover unter die Windjacke gezogen, denn der Himmel ist grau und die Schwalben fliegen wieder tief. Tassos schlägt vor, dass wir erst eine Probefahrt machen. Ich frage ihn, ob es stimmt, dass er mit dem Moped noch nie über Land gefahren ist. Er nickt.

»Dann hilft jetzt auch keine Probefahrt«, sage ich. »Poschli! Dawei!« Das versteht er nicht. Vor lauter Vorsicht gibt er zu wenig Gas und muss, um die Balance zu halten, immer wieder die Beine zu Hilfe nehmen. Als er im Verkehrsstrom der Egnatia schneller mitfahren muss, wird er sicherer. Und an den Ampeln trippelt er mit den übrigen Mopedfahrern breitbeinig im Slalom um die Autos herum. Meist drängelt er sich von einer Position weit hinten nach vorn, bis er neben den ersten Autos steht. Mit Hupen wird hier niemand zur Seite gezwungen, wer nach vorn will, muss artistische Fähigkeiten besitzen.

Als wir aus der Stadt heraus sind, überholt Tassos sogar einen mit gefährlich schwankenden Kisten beladenen LKW, und ich klammere mich, beide Hände um seinen Bauch gelegt, an ihm fest. Nach einer Viertelstunde Zittern (vor Kälte!) hält Tassos neben einem unüberschaubaren Industriegebiet an einer kleinen Tankstelle und fragt nach dem angeblich von den Arbeitern kontrollierten Betrieb VIO.ME (Viomichaniki Metalleftiki).

Den Betrieb kennt der Tankwart nicht. Er fragt, ob VIO.ME früher zu »Philkeram Johnson« gehört hat. Und als Tassos nickt, zeigt er auf die Mitte des Industriegebietes. Lachend deutet er auf ein Loch in den Wolken: »Ungefähr dort, wo der graue Himmel gerade blau wird.«

Er meint es wahrscheinlich nicht symbolisch. Doch trotz dieses Hoffnungswegweisers – ich gebe zu, das klingt erfunden, aber es war nun mal so – finden wir zwischen all den eingefallenen oder weiß angestrichenen Fabrikmauern nirgendwo ein Schild mit der Aufschrift VIO.ME. Tassos ruft Apostolos, Anthis Mann, an, der schon einige Wochen in diesem Betrieb filmt und dort auf uns warten will. Nach seinen Anweisungen fahren wir an Fabriken entlang und halten endlich vor einem hohen Wellblechtor. Zwar steht dort auf einem roten Schild mit gelber Schrift: »Arbeitergewerkschaft VIO.ME«, doch das Tor ist verschlossen. Als ob er über hellseherische Fähigkeiten verfügt, kommt Apostolos und öffnet das Tor.

Der Filmemacher hat ein lausbubenhaftes Gesicht, das von lockigem Haar umrahmt wird. Er trägt Jeans,

Der Filmemacher Apostolos vor der besetzten Fabrik

ein rotes T-Shirt und ein Kapuzensweatshirt. Lachend sagt er, dass wir die Sturzhelme mitnehmen sollten, das Moped könnten wir außen am Tor stehen lassen. »Hier ist es unter Bewachung.« Ich gebe Tassos für die Fahrt 10 Euro Benzingeld. Er lehnt energisch ab. Das sei viel zu viel. »Dann habe ich die Heimfahrt mit dir schon gebucht«, sage ich. Er wird mich also mit zurücknehmen müssen.

Hinter der Tür gehen wir über ein für deutsche Verhältnisse (in Griechenland konnte man Grund und Boden billig erwerben) sehr weites Feld, auf dem in großen Abständen Lagerhallen, Werkstätten, Silos und Verwaltungshäuschen stehen. Apostolos hat Zeit, uns unterwegs über VIO.ME zu informieren. 1982 wurde der Betrieb als eine von 3 Töchtern der Mutterfirma Philkeram Johnson gegründet. »Die Firma stellte Keramikfliesen für den Export her. Der Flughafen von Dubai ist ausschließlich mit Kacheln aus Thessaloniki gefliest.« VIO.ME produzierte chemische Baustoffe wie Kleber und Fugenabdichter. Bis 2009 gehörte Philkeram Johnson zu den 20 erfolgreichsten Unternehmen in Nordgriechenland. Während der Krise pumpte sich die Mutterfirma von ihrer Tochter VIO.ME einige Millionen Euro. Danach verschwanden die Unternehmer und Eigentümer der Mutterfirma, und die rund 65 Mitarbeiter von VIO.ME wurden entlassen. Doch die beschlossen in einer Generalversammlung (mit 90 Prozent Zustimmung), den Betrieb als neue Eigentümer selbst zu übernehmen und weiterzuproduzieren. Sie gründeten die »Gemeinschaft gleichberechtigter Arbeiter der VIO.ME«. 38 Beschäftigte arbeiten seit Februar 2013 für 10 Euro Fahrgeld pro Tag wieder im Betrieb.

»Ohne Chefs. Alle entscheiden alles und machen alles gemeinsam. Die früheren Eigentümer haben zwar keine Anteile und keine Rechte mehr an VIO.ME, trotzdem arbeiten die 38 sozusagen illegal, denn die Regierung tut nichts, um neue kooperative Betriebsstrukturen durch ein Gesetz zu legalisieren.«

Zwei große Hunde – ein weißer zutraulicher und ein brauner Abstand haltender – begleiten uns bis zu einer bühnenähnlichen überdachten Plattform. An ihrer Hinterfront sind bis zum Dach Hunderte Holzpaletten übereinandergestapelt. Daneben stehen zwei große Grillwannen, ein Tisch, Plastestühle und Holzbänke.

Die Hunde springen hinauf und legen sich hinter die schützende Wand der Paletten.

»Die Frühstücksterrasse?«, frage ich.

»Nein, das Parlament«, behauptet Apostolos.

Auf seine augenscheinlich schnippische Antwort eingehend, sage ich: »Grillen die Arbeiter hier die Parlamentsabgeordneten der konservativen Partei?«

Er ignoriert meinen Spott und sagt: »Nein, sie grillen nur am 1. Mai. Ansonsten treffen sie sich hier im Parlament regelmäßig zu ihrer Generalversammlung.«

Ich deute auf die 7 Stühle und die 2 kurzen Bänke. »Es können aber höchstens 11 Leute, also die Chefs, im Parlament sitzen. Die übrigen 27 stehen?«

»Bei VIO.ME gibt es keine Chefs, keine Vorstände, keine Präsidenten und keine Vorarbeiter. Ich sagte es schon: Alle sind gleich, und alle entscheiden alles. Jeden Tag im Betrieb und einmal wöchentlich im Parlament.«

Ich, trotzig wie ein kleiner Junge: »Doch sitzen können im Parlament nur 11.«

»Ja, die zuerst hier sind. Mal die und mal die. Außerdem redet man im Stehen nicht so lange. Das sollte man in anderen Parlamenten übernehmen.«

Dann lacht Apostolos wieder und erklärt, dass in diesem Parlament kein Sitzungspräsident die Diskussion leitet. »Jeder, ob stehend oder sitzend, kann Vorschläge machen, zum Beispiel welche Produkte sie herstellen, wie und wo man was verkauft, wie eingenommenes Geld verteilt und wie viel für Material ausgeben wird. Die Vorschläge, die im Parlament die Mehrheit erhalten, werden dann von allen befolgt.«

Der böige, kalte Wind, der auch vor den blauen Fleck wieder dunkle Wolken geschoben hat, bläst auf der erhöhten Bühne des Parlaments besonders stark. Die Hunde trollen sich nach einer Weile, und Apostolos meint, wir sollten uns im Pförtnerhaus aufwärmen.

Das Pförtnerhaus ist so groß wie ein Verwaltungsbüro. Draußen hängt ein langes Transparent: »Gesellschaft der Arbeiter dieser Fabrik«. Drinnen sitzt ein Mann an zwei über Eck stehenden Schreibtischen. Auf ihnen werden zwei altertümliche kastenförmige Monitore, ein Kopierer, Telefone, ein Faxgerät und ein Computer von der neben dem Fenster hängenden Mutter Gottes und dem Jesuskind beschützt. Die Monitore sind mit Überwachungskameras gekoppelt. Auf ihnen sieht man allerdings nicht das Geschehen in den Produktionsräumen und die dort Arbeitenden, sondern nur das weitläufige Betriebsgelände und das Tor, durch das uns Apostolos eingelassen hat. Und Tassos' Moped.

Der vor dem Monitor sitzende Mann hat uns also schon seit langem beobachtet. Er steht auf und heißt uns herzlich in dem von den Arbeitern selbst verwalteten Betrieb willkommen. Wir könnten uns alles anschauen und alles fragen.

An den Wänden hängen kunterbunt durcheinander in griechischer, englischer, russischer, spanischer und deutscher Sprache Plakate, Zeitungsartikel, Aufrufe, Grüße.

In Deutsch: »Info-Veranstaltung: VIO.ME besetzen! Widerstand leisten! Produzieren! 22. Februar, 20:00 Uhr, Wipplingerstraße 23, 1010 Wien.«

»Wir glauben, dass es einen Dominoeffekt geben

Dimitrios Koumatsioulis vor Solidaritätsaufrufen aus aller Welt

wird. In Thessaloniki produziert eine Baustofffabrik unter Arbeiterkontrolle.« »Junge Welt« vom 30. April/ 1. Mai 2013.

Auf einem Plakat sind die Porträts von streikenden Berliner Metallarbeitern zu sehen, die den Kollegen von VIO.ME solidarische Grüße senden.

Dazwischen kleben Solidaritätsbekundungen der Arbeiter aus Argentinien und Brasilien, die ihre Betriebe ebenfalls selbst verwalten, Flugblätter aus Athen, Zeitungsartikel aus Schweden …

Ich erinnere mich an meinen Besuch bei den Kalikumpeln in Bischofferode. Sie hatten 1993 mit einem Hungerstreik verhindern wollen, dass die ostdeutsche

Grube von den Bossen der westdeutschen »Kali und Salz AG« geschlossen wird. In ihrem Streikbüro hingen Solidaritätsschreiben aus aller Welt, Spendenaufrufe, Losungen, Plakate, Karikaturen, Zeitungsartikel und eine Liste mit den Tagen, an denen sie schon auf den Hungerpritschen (die im Speisesaal standen!) ausgeharrt hatten. Als ich kam, war es der 61. Tag.

Die Bischofferöder konnten ihre Arbeitsplätze nicht retten. 78 Tage hatten sie gehungert, damit sie weiter unter Tage arbeiten und die Besitzer der Kaligrube über Tage an der Arbeit der Kumpel verdienen können. Doch denen oben war der Profit aus der Arbeit der Kumpel unten zu gering.

Hätten die Kumpel statt eines Hungerstreikes die Grube besetzen, sie in selbstverwaltetes genossenschaftliches Eigentum umwandeln und ohne die Unternehmer Kali fördern sollen? Nein! Nicht in Deutschland, wo das Eigentum durch Gesetze geschützt und durch den Staat geheiligt ist.

Ich frage den Mann, der uns begrüßt hat, ob er der Pförtner des Betriebes ist.

Er schüttelt den Kopf. »Nein!« Es gebe keinen ständigen Pförtner, keinen ständigen Buchhalter, keinen ständigen Arbeitsorganisator … »Alle 38 Männer machen hier alles.«

»Und sind Frauen dabei?«

»Leider keine Frauen. Dann wäre es lustiger.«

(Das konnten die streikenden Metallarbeiter in Berlin in ihrem solidarischen Grußwort an die »Kolleginnen und Kollegen von VIO.ME« natürlich nicht wissen.)

»Wir arbeiten von 7 bis 15 Uhr und bewachen den Betrieb abwechselnd rund um die Uhr.«

»Vor wem müsst ihr den Betrieb beschützen?«

»Vor Griechen, die jetzt leerstehende Fabriken plündern. Sie nehmen vom Computer bis zum Toilettenbecken alles mit, was sie verkaufen können. Diebstahl ist in Griechenland inzwischen zu einer aus der Not geborenen Normalität geworden. Außerdem haben wir nicht nur Freunde. Die Anhänger der ›Morgenröte‹ wollen nicht zulassen, dass wir außer Griechen auch Albaner beschäftigen. Und der Staat fürchtet das Beispiel der Arbeitergenossenschaft. Arbeitslose sind ihm lieber als genossenschaftlich Arbeitende.« Deshalb bewachen sie die Fabrik. »Wir haben Angst, dass hier irgendeiner, in wessen Auftrag auch immer, alles kaputtschlägt. Wir beschützen nur, was allen gehört.«

Unser Besuch hat sich herumgesprochen. Nacheinander schauen Arbeiter herein, sagen »Kalimera«, drücken Tassos und mir die Hand und gehen wieder.

Ein graubärtiger Arbeiter kocht uns auf einem Bunsenbrenner einen griechischen Kaffee. Er behauptet, dass die Unternehmer heute keine Moral mehr haben. »Sie achten nicht einmal die alten Traditionen. In Griechenland helfen die Eltern den Kindern. Das war immer so. Eher hungert die Mutter, als dass die Tochter kein Brot bekommt.« Die Unternehmer der Muttergesellschaft Philkeram Johnson haben das Gegenteil davon gemacht. »Als es der Mutter, also ihnen, schlechtging, nahmen sie ihrer Tochter, also uns, das Letzte und verschwanden mit den Millionen.«

Seine Eltern und Verwandten unterstützen ihn, damit er wieder arbeiten kann.

Auch dem vermeintlichen Pförtner Dimitrios Koumatsioulis geben die Eltern Monat für Monat einen Teil ihrer Rente. »Wenn wir jetzt ohne Lohn arbeiten, können wir vielleicht den Betrieb erhalten, in dem später unsere Kinder ihr Geld verdienen werden.«

Sein Vater besaß einen kleinen Pelzhandel. »Er verkaufte Bekleidung, mit der man auch in der Antarktis überleben konnte. In seinen Pelzjacken würden wir auf dem stürmischen Parlamentsplatz nicht so erbärmlich frieren müssen.«

Dimitrios absolvierte das Gymnasium, studierte aber danach nicht, sondern arbeitete bei einem Schuster, in einer Textilfabrik, in einem Restaurant. Vor 9 Jahren kam er in diesen Betrieb. Damals verdienten sie 900 Euro, später nur noch 500 Euro. »Wir produzierten Kleber und Putzmittel für die Fliesen. Alles ziemlich giftiges Zeug. Wir waren eine Schande für die Umwelt. Nun versuchen wir, es wiedergutzumachen.«

Die 38 stellen – »nach einer langen Diskussion im Parlament« – jetzt Seife, Waschpulver, Putzmittel und Geschirrspülmittel aus Olivenöl, Nüssen, Essig, Soda und anderen Naturstoffen her. Weil sie noch keine offizielle Handelsgenehmigung besitzen, verkaufen sie ihre Produkte auf Solidaritätsveranstaltungen, Märkten und bei Bekannten und Verwandten.

»Wenn wir später Gewinne erwirtschaften, werden wir das Geld an alle 38 Beschäftigten gleichmäßig verteilen. Keiner erhält mehr, und keiner bekommt weniger.«

Die Abfüllanlage

»Allen das Gleiche? Auch wenn einige sehr gut und andere schlechter arbeiten?«, frage ich zweifelnd.

»Ja, das ist unser Prinzip. Nur durch die Gemeinsamkeit bei gleicher Arbeit und gleicher Entlohnung kann unser kollektives Unternehmen funktionieren. Wir haben als Erstes gesagt: ›Vergesst das Wort Ich!‹«

Alle nicken, nur der Kaffeekocher widerspricht: »Genau darüber werden wir uns irgendwann streiten. Alle sind verschieden, manche fleißig, manche faul. Auch in einer Gemeinschaft.«

»Er ist so ein Jammervogel«, sagt Dimitrios und lacht. »Seit dem Tag, an dem wir wieder mit der Produktion begonnen haben, sind wir in Leid und Freud vereint. Wer nicht mehr mitmachen will, muss nicht. Und ein anderer wird gleichberechtigt aufgenommen.«

Dimitrios begleitet uns zu den hohen geräumigen Produktionshallen. Die Misch- und Abfüllmaschinen stehen sauber glänzend in der Mitte. Daneben türmen sich Container und Ballen mit Material. »Alles aus Deutschland. Die Deutschen sollten froh sein, dass wir hier wieder arbeiten. Als wir 2011 monatelang kein Geld erhalten haben, hätten wir die Maschinen verkaufen und uns vom Erlös den ausstehenden Lohn zahlen können. Wir rührten die Maschinen nicht an. Wir wollten an ihnen arbeiten!«

Vom März 2011 bis zum 12. Februar 2013 standen die Maschinen still.

Ein Arbeiter gießt aus einem blauen Behälter mit Hilfe eines kleinen Trichters Geschirrspülmittel in eine Flasche. Ein anderer füllt auf ähnliche Weise Putzflüssigkeit ein. Sie schaffen 400 bis 500 Flaschen am Tag. Ein Arbeiter stapelt die Reinigungsmittel. Aber er beschriftet die Kartons nicht mit den Produktnamen, sondern mit Chiffre-Zahlen. Und ein anderer überpinselt auf den Kartons die Firmenbezeichnung mit weißer Farbe. »Wir verkaufen wegen der noch ausstehenden gesetzlichen Regelung als No-Name-Firma, als namenlose Firma.«

Eine namenlose Firma, die inzwischen in vielen Ländern bekannt geworden ist. (Auch in Deutschland gründete sich eine Initiative »Friends of VIO.ME«.)

Und nun agitiert Dimitrios: »Wir 38 haben unbe-

Der alte Firmenname wird überpinselt

wusst die Büchse der Pandora geöffnet. Seitdem der Kapitalismus existiert, behaupten die Unternehmer: Nur wir können im Land Arbeitsplätze schaffen! Nur wir geben euch Arbeit! Nur durch uns könnt ihr eure Familien ernähren! Also dankt uns! Und erlasst uns hohe Steuern! Sie sagen natürlich nicht, dass sie den Arbeitern nur dann Arbeit geben, wenn sie davon profitieren. Die Unternehmer sorgen sich nicht um unsere Arbeitsplätze. Ihnen geht es lediglich um den eigenen Profit. Im VIO.ME schaffen wir Arbeiter jetzt Arbeitsplätze. Nicht die Unternehmer! Es geht ohne sie!« Das sei im Kapitalismus ein größeres Vergehen als im orthodoxen Griechenland die Verleugnung der heiligen Gottesmutter.

Ich frage ihn nach dem Logo, das alle Arbeiter auf dem Rücken ihres T-Shirts oder als Aufkleber an der Jacke tragen. Zwei ineinander verschlungene Hände (ähnlich dem Vereinigungssymbol von KPD und SPD), aus denen eine Rose wächst. Darüber in griechischen Buchstaben der Name VIO.ME, und darunter (der eine Hemdsärmel mit Manschettenknopf, der andere ohne) steht die Jahreszahl 2006. Im Jahr 2006 hatten 40 Beschäftigte – »nur die gutbezahlten im Büro weigerten sich mitzumachen« – in einer geheimen Versammlung eine eigene Gewerkschaft gegründet. Später wurde sie gerichtlich bestätigt.

»Die großen offiziellen Gewerkschaften kämpften nur für ihren Vorteil. Wir brauchten deshalb eine eigene Vereinigung der Arbeiter gegen die Unternehmer.«

Ohne diese separate Gewerkschaft hätten sie wahrscheinlich auch den gemeinschaftlichen Neubeginn nicht gewagt, denn für die Aufnahme der Produktion fehlten ihnen Tausende Euro Startkapital.

»Einen Teil borgten wir uns von Eltern, Freunden und Verwandten. Den anderen Teil erhielten wir von Sängern, die für uns ohne Honorar bei Konzerten auftraten. Von Marktfrauen, die für uns Gemüse verkauften. Von Arbeitern, die für uns einen Tageslohn spendeten. Von internationalen Gewerkschaften. Auch von deutschen. Alle wollten helfen. Und viele sahen in unserem Projekt eine hoffnungsvolle Alternative zu dem immer habgieriger werdenden Wolfskapitalismus.« Diese So-

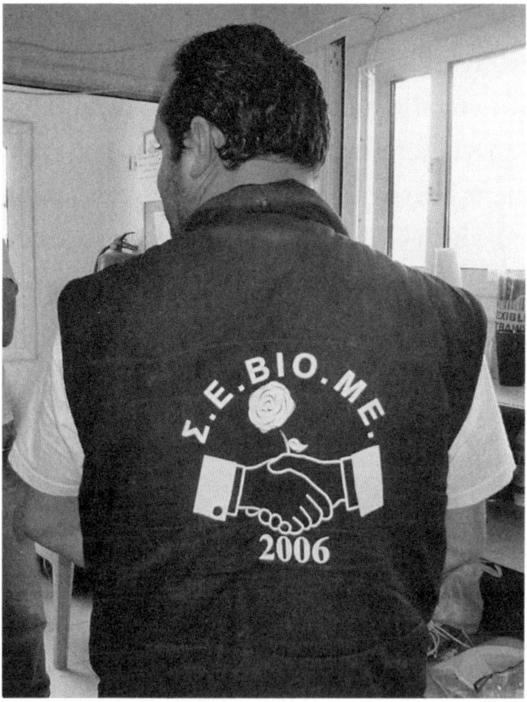

Das Logo

lidarität ist ungebrochen. »Weil wir kein Labor haben, helfen uns kostenlos Laboranten in anderen Fabriken.«

Das Zimmer füllt sich mit Arbeitern, die Frühstücksbrote auspacken, Kaffee kochen und im Sandwichtoaster mit Käse belegte Sandwiches zu flachen, knusprigen Fladen pressen. Sie fragen mich, ob es im reichen Deutschland auch Obdachlose gibt, ob die deutschen Unternehmer den Facharbeitern hohe Löhne zahlen und ob die deutschen Gewerkschaften sich auch um Arbeitslose kümmern.

Auch in Deutschland erfrieren Obdachlose unter Brücken, sage ich und berichte, dass die Unternehmer selbst Fachleuten Niedriglöhne zahlen oder sie entlassen und dafür Zeitarbeiter einstellen und dass die Gewerkschaft sich vor allem um Tarifverträge für die Arbeitenden und weniger um die Arbeitslosen kümmert.

Einen Moment herrscht Stille. Dann fragt einer, ob in Deutschland wie in Griechenland die Selbstmordrate seit dem Ausbruch der Krise um fast 50 Prozent gestiegen ist.

»Das weiß ich nicht. Ich traue keinen Statistiken«, sage ich.

Der Kaffeekocher meint zynisch: »In Griechenland gibt es viele Fabriken, in denen nicht mehr produziert wird. Schickt doch eure deutschen Fachleute hierher, die können sie nach unserem Modell wieder in Gang setzen. Und wir schicken euch, damit die deutschen Unternehmer keine hohen Löhne zahlen müssen, ein paar arbeitslose Griechen. Die schuften schon für 150 Euro im Monat …«

Wahrscheinlich protestieren die anderen nicht nur aus Höflichkeit gegen diesen Vorschlag. Sie meinen, dass es besser wäre, wenn sich deutsche Facharbeiter und griechische Arbeitslose verbündeten, um gemeinsam gegen deutsche Billigarbeit und griechische Arbeitslosigkeit zu demonstrieren. »Das Demonstrieren könnten wir den Deutschen beibringen. Wir dürfen uns nicht gegeneinander ausspielen lassen, sondern müssen gemeinsam Alternativen in der Krise entwickeln«, agitiert Dimitrios.

Das griechische Fernsehen hat über VIO.ME einen Film mit dem Titel »Die Arbeiter wollen die Chefs werden« gesendet. »Der Titel war irreführend. Wir wollen keine Chefs werden. Niemand von uns!«

»Auch nicht, wenn einige bei der Parlamentssitzung sitzen und die Übrigen stehen müssen?«, frage ich lachend.

Dimitrios reagiert nicht auf meinen Scherz und erklärt ernsthaft, das hätten alle beschlossen. »Es wird nie wieder einer allein entscheiden, was die anderen machen sollen.«

Der »Jammervogel« protestiert: »Einer muss entscheiden! Man kann nicht bei jeder Kleinigkeit das Parlament einberufen. Bei dieser Kälte draußen! Wenn immer alle entscheiden sollen, wird zum Schluss keiner entscheiden.«

Niemand hört auf ihn.

Nacheinander beugen sich die Arbeiter über das bereits qualmende Doppeleisen, um ihre Sandwiches zu toasten. Je tiefer sie sich dabei bücken, umso besser sieht man die Rose auf der Rückseite ihrer T-Shirts.

»Die Rose als stachliges Symbol für euren Widerstand?«, frage ich.

»Nein, als Zeichen dafür, dass wir nichts Böses wollen. Die Rose als Geschenk der Liebe«, entgegnet Dimitrios.

Weil die Männer ihre Sandwiches möglichst flach und knusprig haben möchten, müssen sie die obere Platte besonders stark nach unten drücken. Aber der Griff ist für die kräftigen Arbeiterhände zu wacklig und die Platte zu heiß. Deshalb haben sie ein Patent entwickelt. Sie pressen mit einer leeren Kaffeebüchse die obere heiße Platte kräftig hinunter.

»Mit dieser Methode toasten wir selbst die dicksten Brote zu knusprigen Fladen. Und keiner verbrennt sich dabei die Hände«, sagt der »Jammervogel« so stolz, als hätte er das Kaffeebüchsen-Druck-Patent entwickelt.

»Wir 38 sind keine Utopisten, sondern Realisten. Wir werden eines Tages so viel produzieren, dass wir von dem Gewinn unsere Familien wieder ernähren können«, erklärt Dimitrios.

»Und in welcher Partei seid ihr?«

Dimitrios: »Unsere Partei ist die Rosen-Gewerkschaft.« Zuerst sind sie mit ihrer Idee einer Betriebsselbstverwaltung von allen Parteien nur belächelt worden. Das hat sich inzwischen geändert.

»Alexis Tsipras war schon hier, und – ich verrate dir jetzt ein Geheimnis – am Ende des Monats wird Naomi Klein aus Kanada zu uns kommen.«

»Naomi Klein, die Globalisierungsgegnerin und Autorin des millionenfachen Bestsellers ›Die Schocktherapie‹«, frage ich ungläubig. »Die Frau, die Preise und Ehrungen für ihr Engagement gegen die Kriege im Irak und in Afghanistan bekommen hat?«

»Ja, genau die! Diese weltbekannte Frau! Sie wird von unserem Palettenparlament aus zu Hunderten Menschen sprechen. Sie kennt Betriebe in verschiedenen Ländern, die von den Arbeitern übernommen wurden und geleitet werden. Die müssen sich endlich auch gegenseitig unterstützen und vernetzen.«

Die Arbeiter verabschieden mich mit Grüßen an die deutschen Kollegen. Ich solle in Deutschland vom an-

Recherche bei VIO.ME

deren Griechenland berichten. »Vom Griechenland, über das wahrscheinlich nichts in deutschen Zeitungen steht«, sagt Dimitrios und umarmt mich mit griechischer Herzlichkeit.

Neben der Parlamentsbühne liegen der schwarze und der weiße herrenlose Hund. Sie begleiten uns den langen Weg bis zum Wellblechtor. Apostolos verschließt es hinter uns sorgfältig und geht zurück. Er wird noch einige Tage hier filmen.

Ich habe die Arbeiter nach allem Möglichen, nur nicht nach der Toilette gefragt. Als ich draußen vor dem Tor pinkele, fällt mir zu spät ein, dass mich Dimitrios und seine Kollegen auf dem Monitor im Wachhäuschen sehen können.

Die Rückfahrt in die Stadt bewältigt Tassos schon sicherer. Er balanciert und trippelt durch die stehenden oder bremsenden oder anfahrenden Autos. Nur einmal übersieht er eine rote Ampel.

Sichtbar erleichtert, parkt er das Moped vor dem Hotel »Europa«.

Als ich vorschlage, etwas essen zu gehen, möchte er nebenan zu McDonald's. Ich lehne ab. Bei McDonald's habe ich noch nie gegessen und werde es auch in Griechenland nicht tun.

Diese Ablehnung sei Blödsinn, sagt Tassos. Der Protest gegen Billigkonzerne könne nicht so weit gehen, dass man deshalb statt preiswert bei McDonald's teuer in einem kleinen Restaurant isst.

»Noch kann ich es mir leisten«, sage ich.

Nach dem Kaffee entschuldigt sich Tassos für die bei Rot überfahrene Ampel.

Er hat erst vor knapp 3 Monaten seine Fahrprüfung abgelegt.

»Und gleich beim ersten Mal bestanden?«

»Ich habe dem Fahrlehrer für seine besondere Mühe ein Fakelaki-Briefkuvert mit 200 Euro übergeben«, sagt er lachend. Ohne dieses Fakelaki würde man die erste Prüfung manchmal nicht bestehen. Und die zweite koste dann mehr als 200 Euro.

Die meisten Fakelaki würden bei Fahrprüfungen gezahlt. Danach kämen die für Operationen in Kliniken, und an dritter Stelle des Fakelaki-Rankings ständen die Finanzämter.

Weil ich ihn bei seiner Aufzählung der Rankingliste ungläubig anschaue, fügt er hinzu: »Manche griechischen Eigenheiten versteht ein Ausländer besser, wenn er unsere Geschichte kennt.«

Wahrscheinlich hat er recht: Die griechische Gegenwart versteht man nur aus ihrer Vergangenheit. Dazu muss man sie allerdings nicht bis zur Antike zurückverfolgen, denn die wird meist nur verklärt oder als touristischer Markenartikel verkauft. Wichtig ist vor allem die fast 400 Jahre dauernde osmanische Herrschaft über die Griechen.

Ich erinnere mich an die Geschichtslektion, die mir der Gefäßchirurg Dimitris Malkotsis im Flugzeug gab. Die Daten stehen noch in meinem Notizbuch.

Am 29. Mai 1453 endete das byzantinische Zeitalter in Griechenland. Die Türken eroberten Konstantinopel. (Weil der 29. Mai ein Dienstag war, vermeiden es griechische Politiker bis heute, wichtige Entscheidungen an einem Dienstag zu treffen oder zu verkünden. Beispielsweise kam der griechische Regierungschef Papandreou nach der Befreiung nicht am 17. Oktober 1944 – einem Dienstag –, sondern erst am 18. nach Athen zurück.)

Die türkische Herrschaft dauerte bis 1821. All die Jahrhunderte mussten sich die Griechen anpassen, um in dem willkürlich vom Sultan regierten Land zu überleben. Der Mensch passt sich immer an. Am schnellsten begriffen das die Geistlichen der griechisch-orthodoxen Kirche. Dafür, dass sie die Gläubigen zum Gehorsam gegenüber dem Sultan aufriefen, durften sie ihre Religion weiter ausüben.

Die Türken zwangen die Griechen nicht, zum Islam zu konvertieren. Allerdings suchten sie in den Dörfern begabte Knaben, die an islamischen Schulen ausgebildet und später als muslimische Beamte eingesetzt wurden. Diese Beförderung ihrer Söhne war für die Familien oft eine willkommene Möglichkeit, ihre Existenz zu sichern und nützliche Beziehungen herzustellen.

Was für die große griechisch-orthodoxe Kirche überlebenswichtig war, galt ebenfalls für die kleinen Leute. Durch Gefälligkeiten buhlten sie um die Gunst eines Patrons, der einem Mitglied der Familie einen Posten in der Verwaltung oder gar eine Anstellung am Hofe beschafften konnte. Mit viel Bauernschläue wehrten sie sich gegen Forderungen der türkischen Steuereintreiber. Steuern nicht zu bezahlen, war ein »patriotischer Protest« gegen die osmanische Herrschaft.

Erst nach 1800 erhoben sich die Griechen, unterstützt von »Hellenisten« wie Lord Byron oder Puschkin (also Verehrern der griechischen Antike). Im März 1821 – man sagt, am 25., dem heutigen Nationalfeiertag – begann der Freiheitskampf auf dem Peloponnes. Nur wenige Tage danach wurde der griechische Patriarch Gregorios V. als einer der ersten orthodoxen Geistlichen zur Vergeltung in Konstantinopel hingerichtet. Die Priester hatten den Aufstand zwar als Sünde gegen den Willen Gottes verurteilt, ihn aber nicht rechtzeitig unterbunden. Die Hin-

In Thessaloniki

richtung konnte wiederum nicht den Freiheitswillen der Griechen brechen.

1822 wurde die erste Verfassung des unabhängigen Griechenlands proklamiert. Nach dem gewonnenen Freiheitskrieg hätte man eine Republik mit demokratischen Grundsätzen gründen können. Innere Zwistigkeiten und vor allem die Angst der »Schutzmächte« Frankreich, England und Russland, dass der republikanische Freiheitsgedanke auch auf ihre Länder übergreifen könnte, verhinderten das. Stattdessen verlangten die »Schutzmächte« als Gegenleistung für die Anerkennung der Unabhängigkeit die Errichtung einer Monarchie mit einem ausländischen König an der Spitze. Als ersten König bestimmten sie Prinz Otto, den erst 17-jährigen Sohn des bayerischen Königs Ludwig I. Um Griechenland auch wirtschaftlich abhängig zu machen, zwangen sie ihm1832 eine Staatsanleihe von damals 60 Millionen Franc und später noch einmal von über 630 Millionen Drachmen auf. Die an die Gläubiger zu zahlenden Zinsen betrugen bald mehr als 30 Prozent der Staatseinnahmen. Wegen fehlender Ausfuhren und der Niederlage im Krieg gegen die Türkei, die Reparationsforderungen von 4 Millionen Türkischen Pfund nach sich zog, konnte Griechenland – inzwischen unter König Georg aus dem dänischen Herrscherhaus – die Kredite nicht mehr abzahlen. Damit die Gläubiger ihre Zinsen trotzdem kassieren konnten, installierten die großen Sechs – Russland, Frankreich, Österreich-Ungarn, Deutschland, Großbritannien und Italien – in Athen eine internationale Finanzaufsicht (keine Troika, sondern eine Sixta), die die Staatseinnahmen und Zinszahlungen überwachte.

Mit der Einrichtung der erblichen Monarchie in Griechenland – sie dauerte bis 1974 – hatten die Großmächte die Grundlage für die anhaltenden Kämpfe zwischen Monarchisten und Republikanern gelegt. Dieser Konflikt prägt die Geschichte bis in die Gegenwart.

Man habe sich, hatte der Gefäßchirurg erklärt, zwar vom Orient befreit, sei aber sofort vom Westen politisch, ökonomisch und militärisch reglementiert worden. Dieser reglementierte Staat, in dem die Regierungen bis heute fast ausschließlich aus den Vertretern einiger weniger einflussreicher Familien bestehen, ist nie vom Volk akzeptiert worden. »Jeder Grieche musste deshalb versuchen, seine Schäfchen selbst ins Trockene zu bringen. Egal wie«, hatte sein Fazit gelautet.

Das alles war in dieser komprimierten Lektion verwirrend geblieben. Durch Zufall wurde ich nach meiner Rückkehr aus Thessaloniki auf Publikationen von Asteris Kutulas aufmerksam. Er half mir, die neuere Geschichte seines Landes besser zu verstehen, indem er fragte:

»Gehört Griechenland zum Westen?
Eine seit Ende 2009, also seit dem Ausbruch der Krise, oft gehörte Äußerung ist die, dass Griechenland ohnehin viel mehr zum Orient als zum Okzident gehöre, also viel mehr zu Asien als zu Europa – wegen der mehr als 400 Jahre währenden osmanischen Herrschaft sowie der jahrtausendealten Geschichte des Griechentums in Kleinasien und der daraus resultierenden Verflechtung griechischer und orientalischer Tradition und Kultur. Dadurch habe sich eine Bakschisch-Mentalität entwickelt, die sich im Klientel-Staat und in Vetternwirtschaft ausdrücke.

Tatsächlich endeten die kriegerischen Auseinandersetzungen der Griechen mit dem Osmanischen Reich bzw. später mit der Türkei erst 1922. In dem darauffolgenden Jahr kam es zum Bevölkerungsaustausch: 1,5 Millionen in der kleinasiatischen Türkei lebende Griechen wurden nach Griechenland umgesiedelt und

500000 in Griechenland lebende Türken in die Türkei. Die aus Kleinasien kommenden Griechen mit ihrem griechisch-orientalischen kulturellen Hintergrund, ihren Gepflogenheiten und Wertevorstellungen beeinflussten fortan über Jahrzehnte alle Bereiche des gesellschaftlichen Lebens und veränderten die Mentalität der neugriechischen Nation.

Andererseits hatten die Befreiungskriege vom Osmanischen Reich und die kriegerischen Auseinandersetzungen mit der Türkei, die noch einmal im Zypernkonflikt 1974 aufloderten, zur Folge, dass sich das christliche Griechenland in starkem Maße von der orientalischen Türkei abgrenzte. Zwar gibt es einen gemeinsamen kulturellen und historischen Hintergrund, aber die Schleifung von Konstantinopel 1457, Konstantinopels Umbenennung in Istanbul und die 1953 erneut einsetzende Verfolgung, Vertreibung und Auslöschung der griechischen Minderheit Istanbuls sowie die Besetzung Nordzyperns 1974 trugen zu einer sich massiv verstärkenden Distanzierung der christlichen griechischen Bevölkerungsgruppe vom türkischen ›Erzfeind‹ bei.

Nach den Balkankriegen 1912/13, der Beteiligung Griechenlands am Ersten Weltkrieg, nach dem Griechisch-Türkischen Krieg 1922, der faschistischen Metaxas-Diktatur 1936 bis 1940, dem Zweiten Weltkrieg, dem Bürgerkrieg von 1946 bis 1949 sowie dem sich anschließenden Militärstaat mit Notstandsgesetzgebung bis Anfang der 60er Jahre begann erst gegen Ende der 50er Jahre eine Normalisierung der gesellschaftlichen

Verhältnisse. Allerdings bedeutete der Militärputsch im April 1967 ein jähes Ende dieser so kurzen und vor allem ersten halbwegs demokratischen Phase in der Geschichte der jungen griechischen Nation – mit verheerenden Folgen für die weitere gesellschaftliche und kulturelle Entwicklung.

Der Putsch von 1967 sollte zwar einen erwarteten phänomenalen Wahlerfolg der liberalen Zentrumsunion (Enosis Kentrou) verhindern (obwohl sie kaum als eine das herrschende System bedrohende Kraft angesehen werden konnte), vor allem war er jedoch eine Reaktion auf eine so noch nie gekannte kulturelle Revolution, die seit 1963 von breiten Bevölkerungsschichten und insbesondere von der Jugend (Lambrakis-Bewegung) mitgetragen wurde und die einen linken und zugleich aufklärerischen Ansatz hatte. Die Kulturtradition dieser ›Golden Sixties‹ wirkte nach bis in die neunziger Jahre, wurde aber durch die siebenjährige Juntazeit brutal unterdrückt und anschließend ab 1974 von den Regierenden und – wegen des dieser kulturellen Bewegung innewohnenden Freiheitspostulats – teilweise auch von der Kommunistischen Partei bekämpft.

Diese kulturelle Bewegung war deshalb politisch relevant, weil die nationale *Identität Griechenlands in der zweiten Hälfte des 20. Jahrhunderts in erster Linie über die* kulturelle *Identität des ›Griechentums‹ definiert wurde – eine Reaktion auf die permanent kriegerischen Zustände und instabilen politischen Verhältnisse seit der Konstituierung des neugriechischen Staates von 1830. Und so ist es bezeichnend, dass in den 60er Jah-*

ren während der demokratischen »Atempause« eine Kultur aufblühte, die enorme internationale Ausstrahlung hatte und die das künstlerische sowie ästhetische Selbstverständnis der meisten Kulturschaffenden bis in die 90er Jahre hinein prägte. ›Griechentum‹ bedeutete nicht mehr nur die immer wieder aufwallende Schwärmerei für das Altertum, sondern eine moderne Kultur auf hohem Niveau. Griechische Künstler machten international Karriere und erlangten Weltruhm. Es war, als hätte Griechenland urplötzlich die Zeit seit der europäischen Renaissance in rasantem Tempo aufgeholt. Diese kulturelle Bewegung konnte sich von der siebenjährigen Unterbrechung durch die Diktatur nur sehr schwer erholen. Mit Beginn der neunziger Jahre wurde sie in einem schleichenden Prozess von einer kosmopolitischen, zumeist indifferenten Kulturlandschaft abgelöst, die ihre nationalen Charakteristika immer mehr einbüßte. Großartige Kunst von griechischen Künstlern entsteht seitdem vor allem in den USA, in Australien und Europa, wo genauso viele Griechen leben wie im Heimatland selbst. Jeffrey Eugenides, Alexander Payne, Jannis Kounellis und Aris Fioretos seien hier als Beispiele genannt.

Der kurze historische Abriss offenbart, dass die Frage ›Gehört Griechenland überhaupt zum Westen?‹ nicht nur aus seiner Beziehung zu seinen östlichen ›anatolischen‹ Nachbarn, sondern ebenso aus dem Verhältnis zu seinen westlichen sogenannten Verbündeten entspringt. Es geht zuvörderst um die Folgen zweier fundamentaler historischer Ereignisse. Das erste war der griechische Bürgerkrieg, der im Dezember 1944 nach dem militärischen Eingreifen britischer Truppen gegen die linke Befreiungsbewegung EAM ausbrach. Eine europäische Demokratie arbeitete also Hand in Hand mit ehemaligen faschistischen Nazikollaborateuren, um eine demokratische Regierungsübernahme durch die enorm starke griechische Linke gewaltsam zu verhindern. Großbritannien setzte seine Machtinteressen berechnend und ohne demokratische Legitimation durch: angefangen mit der Wiedereinführung der Glücksburg-Monarchie – eines dänischen Königs, der in Griechenland zum Staatsoberhaupt gemacht wurde – bis hin zur gezielten Provokation eines Bürgerkriegs (auf Befehl von Winston Churchill) und damit auch zur Errichtung von Konzentrationslagern. Als Großbritannien schließlich nicht mehr Herr der Situation war, zog es sich zugunsten der USA zurück. Diese Erfahrung, die zu einer erzwungenen ›unnatürlichen Entzweiung‹ (Mikis Theodorakis) des griechischen Volkes und zur Unterdrückung von über 50 Prozent der Bevölkerung führte, bescherte der griechischen Nation ein bleibendes Trauma, das ein tief im Bewusstsein verankertes anti-westliches Ressentiment zur Folge hatte.

Dieses Ressentiment und speziell die Vorbehalte gegenüber den USA wurden noch einmal massiv verstärkt durch die bittere Erfahrung, die Griechenland bereits zwanzig Jahre später machen musste: 1967 gab es mitten in Europa plötzlich eine faschistische Diktatur, die ohne Billigung der USA und vor allem ohne das Mitwirken der CIA in Griechenland nicht möglich ge-

wesen wäre und dort schon gar nicht sieben Jahre hätte herrschen können. Dass die Junta einige Tage vor einer freien demokratischen Wahl die Macht an sich hatte reißen können, offenbarte vielen Griechen, dass sie als nicht zum westlichen Gesellschaftsmodell gehörig betrachtet wurden. Sieben Jahre lang wurden Hunderte Menschen ermordet, Zehntausende verbannt oder inhaftiert, Tausende gefoltert. Es gab weder Meinungs- noch Versammlungsfreiheit. Die nackte Wahrheit zeigte sich für jeden Griechen darin, dass der Westen offenbar nicht imstande oder bereit war, Griechenland aus dieser Situation zu helfen.

Nach 1974 gab es zum ersten Mal zwar sehr spezifische, aber immerhin demokratische Verhältnisse. Griechenland wurde 1981 Mitglied der EU und 2001 Mitglied der Eurozone. Seltsamerweise flammte mit Beginn der Krise 2009 sofort die Frage auf: ›Gehört Griechenland überhaupt zum Westen?‹ Diese Frage wird seitdem immer eindringlicher gestellt. Sowohl vom ›Westen‹, in dessen Medienlandschaft ein einseitiges Bild von Griechenland vermittelt wird, als auch in Griechenland selbst, das sich unfähig zeigt, seinen Platz in Europa und in der Welt zu definieren. Griechenland scheint ein Außenseiter zu sein, ein Einzelgänger, eventuell ein Borderline-Patient, der sich, sehr oberflächlich betrachtet, selbst in die Isolation begeben hat. Zu seinen östlichen Nachbarn wie der Türkei oder Israel hält es Abstand und verhält sich ihnen gegenüber teilweise feindlich. Und seinen europäischen Partnern gegenüber kommt es immer wieder zu Missverständnissen, Hass-

tiraden, emotionalen Ausbrüchen, zu Befindlichkeiten, die auf eine tiefe Unsicherheit und innere Zerrissenheit des Landes hindeuten. Offensichtlich gehört Griechenland weder zum Westen noch zum Osten. Offenbar ist Griechenland verloren.«

Nun, das ist die zugespitzte Meinung von Asteris Kutulas, die seinen bitteren Erfahrungen entspringt.

Ich möchte seinem letzten Satz widersprechen: Nein, Griechenland ist nicht verloren, solange es dort Menschen wie ihn gibt, wie Katerina, Anthi, Ärzte, die kostenlos behandeln, Apostolos, Kostas, Arbeiter, die Fabriken übernehmen, Tassos und viele andere, die ich getroffen habe.

Während der Fahrt auf dem Moped haben Insekten meine Brille in eine Mattscheibe verwandelt. In der Nähe von Peruz' Kaffeeladen befindet sich ein Optiker, erinnere ich mich.

Wenig später stehen wir in dem verwinkelten Geschäft von Jacqueline Saias. Es war früher vielleicht eine Wohnung, deren trennende Wände man eingerissen hat. In einem Holzregal gleich rechts neben dem Eingang liegen Dutzende »Rodenstock«-Brillen.

In der Mitte des Raumes sitzt eine Frau, von der nur das fröhliche Gesicht, die rechts gescheitelten glatten strohblonden Haare und eine raffiniert lila-rote Brille sowie die aufgestützten kräftigen Arme zu sehen sind. Der Rest bleibt hinter dem Ladentisch verborgen. Auch zur Begrüßung steht sie nicht auf, sie säubert im Sitzen mit einem Antistatiktuch meine Brille.

Ich frage, ob »Rodenstock« eine deutsche Firma ist.

»Ja, ein sehr solides, bekanntes Unternehmen mit exquisiten Modellen. Sogar mein Vater bezog schon Brillen und andere optische Waren von dieser Firma.«

»Lebt Ihr Vater noch?«

»Nein.« Pause. Danach ergänzt sie: »Wir sind Juden. Er wurde mit seinen Eltern nach Auschwitz gebracht.«

»Und dort vergast?«

»Nein.« Sie schaut mich rügend an. »Er ist zurückgekommen. Wie wäre ich sonst auf der Welt? Doch seine Eltern sind von den Deutschen im KZ umgebracht worden.« Der Vater ist längst gestorben. »Er hat kaum ein Wort über das KZ verloren. Und bis zu seinem Tod sprach er nie böse über die deutschen Menschen. Er lehrte mich, Menschen nicht vorschnell zu beurteilen und wegen eines Verbrechens, das einige begangen haben, nicht alle zu verurteilen.«

Ihre Schwester hat sich gerade für das interessiert, was der Vater nicht erzählen wollte. »Sie hat ein Buch über ein junges Mädchen im KZ geschrieben. ›Das Armband des Feuers‹. Jedes jüdisches Mädchen erhält nach ihrer ersten Periode solch ein Armband. Und ein Mädchen hat es sogar in Auschwitz getragen.«

Auch die Optikerin raucht eine E-Zigarette, legt sie zur Seite als das Telefon klingelt, redet sehr laut und sehr lange. Tassos erklärt mir: »Sie spricht mit Singapur.«

Doch sie hat Schwierigkeiten, das Kauderwelsch des Anrufers zu verstehen. Tassos lacht, als sie sich mitten im Reden erschrocken den Mund zuhält. »Jetzt hat sie sehr laut ›Scheiße‹ gesagt!«

Anscheinend ist es ihr nachträglich noch peinlich, denn als sie das Gespräch beendet hat, sagt sie verschmitzt lächelnd: »Scheiße darf man zu keinem Kunden sagen, selbst dann nicht, wenn man ihn nicht versteht.«

1951 wurde das Geschäft gegründet. Als ihr Vater es an sie übergab, hatte er ihr nicht nur Liebe zum Beruf und handwerkliche Fertigkeiten vermittelt, sondern sie auch gelehrt, wie man ein Geschäft führt.

Das sei manchmal nicht einfach. »Mein Umsatz hat sich während der Krise halbiert. Wer kauft in einer Zeit, in der man mit oder ohne Brille keinen Durchblick hat, eine Sehhilfe? Außerdem wächst durch die wirtschaftliche Not auch der Rassismus und Antisemitismus in unserem Land.«

Während sie mit uns spricht, schneidet sie sich hinter dem Ladentisch unbekümmert die Fingernägel. Sie trägt eine goldene Kette mit dem sechszackigen Judenstern.

»Mein Vater war kein strenggläubiger Jude. Und ich habe als Jüdin einen griechisch-orthodoxen Mann geheiratet.« Die Kette trägt sie erst jetzt. »Ich will den Leuten von der ›Goldenen Morgenröte‹ zeigen, wer ich bin. Ich habe keine Angst vor ihnen.«

Sie muss die neuen Faschisten nicht fragen, was sie denken. »Ich spüre es täglich. Neulich war ich zum Essen beim Bruder meines Mannes eingeladen. Dort sagte ein Cousin, dass er die Leute von der ›Goldenen Morgenröte‹ unterstützt. ›Sie werden uns Griechen vor den Asiaten und den Juden retten.‹ – ›Vor uns?‹, fragte

Im Brillenladen

ich. – ›Nein, nur vor den reichen Juden, die hier alles aufkaufen.‹«

Täglich gebe es solche Auseinandersetzungen, bei denen Familien in zwei Lager gespalten werden. Doch das sei nichts Neues. »Früher gehörte der eine Bruder zu den Königstreuen und der andere zu den Republikanern. Und nach dem Krieg kämpften die konservativen griechischen Partisanen und die kommunistischen griechischen Partisanen gegeneinander!«

Als ich sie mit ihrem Judenstern fotografieren möchte, lehnt sie ab und hält die Hände vor das Gesicht.

Sie weigert sich nicht wegen des Judensterns. »Ich möchte kein Foto, auf dem mein Doppelkinn zu sehen ist«, sagt sie lachend.

Ich verspreche ihr, sie ohne Doppelkinn aufzunehmen. Dafür müsste sie mir aber noch zwei jüdische Sprichwörter mit auf den Weg geben.

Sie prustet, als ob sie »Scheiße« gesagt hätte, und verkündet hinter vorgehaltener Hand: »Wenn der Schwanz des Mannes nach oben geht, geht sein Verstand nach unten in den Arsch.« Und nicht mehr hinter vorgehaltener Hand: »Sogar aus dem Staub, den der Kunde hinterlässt, kann man Geld machen.«

Sie weiß, dass das Jüdische Museum heute geöffnet ist. »Wenn Sie möchten, kündige ich Ihren Besuch dort bei meiner Freundin Elka an.«

Ich kann wieder deutlicher sehen.

Zuerst sehe ich Autos, auf denen dick der Staub liegt. Den Besitzern fehlt wahrscheinlich das Geld, um zu tanken, schreibe ich in mein Notizbuch.

Trotz des knappen Benzingeldes reißt der Strom von Fahrzeugen auf den Hauptstraßen nicht ab. Tassos und ich warten geduldig an der Ampel, während ein alter Grieche bei Rot hinübergeht. Er stoppt die Autos, indem er wie ein Verkehrsregler die Hände ausbreitet und geht und geht, ohne nach rechts oder links zu schauen. Ich schaue nach rechts und links, denn die Röcke der Mädchen hier werden, je länger ich in der Stadt bin, umso kürzer. »Thessaloniki ist eine sehr erotische Stadt«, sagt Tassos und lacht.

Am Bürgersteig schläft eine Frau auf einem alten Zuckersack. Ihr Kind weint in ihren Armen. Vor ihnen steht eine Terrakottaschale, in der nur wenige Cent liegen. In einer Ecke der Egnatia riecht es verführerisch nach Gyros, und ich stelle mich an. Trotz der geputzten Brille scheine ich schlecht zu sehen: In das Fladenbrot patscht der Verkäufer nicht nur Gyros, sondern auch Pommes frites, Paprika, Ketchup und eine Tubensoße.

Wir gehen weiter, ohne Gyros gegessen zu haben. Tassos meint, dass die jungen Leute das Gyros heutzutage auch in Griechenland »europäisch« essen wollen. Nebenan trinken wir einen Kaffee. Die Kellnerin bringt, wie es hier üblich ist, zum Kaffee ein Glas Wasser und eine Schale Plätzchen. Die zusammengerollte Rechnung (mit 21 Prozent Mehrwertsteuer) steckt sie in eine kleine Vase. Für die Pasteten, die wir danach essen, legt sie noch ein Röllchen dazu. Als ich in das Café hineingehen will, um zu bezahlen, nimmt Tassos die Rechnungen, zählt zusammen und sagt, dass es üblich ist, den Betrag und das Trinkgeld auf dem Tisch liegenzulassen. Ich drehe mich einige Male um, aber auch als wir schon in eine Seitengasse am Jüdischen Museum einbiegen, hat sich die Kellnerin das Geld noch nicht vom Tisch geholt.

Heute steht das Tor zum Jüdischen Museum offen, und der Soldat, den wir bereits kennen, winkt uns vor dem Wachhäuschen zu. Als ich ihn mit »Kalispera, Jannis« begrüße, legt er den Finger auf den Mund.

In dem hellen Treppenhaus hängen Bilder, Schautafeln und Erklärungen über die Flucht der spanischen Juden im Jahr 1492 nach Thessaloniki. Weiter oben sehen wir Fotos von Häusern. Jüdische Villen, jüdische

Die Chefsekretärin

Krankenhäuser, jüdische Schulen, jüdische Altersheime, jüdische Kaufhäuser …

Bevor wir die grauenvollen Schilderungen von Juden lesen, die den Holocaust überlebt haben, fragen wir nach Elka Perachia.

Sie sitzt in ihrem Büro am Computer und ist sehr überrascht über unseren Besuch. Ihre Freundin Jacqueline Saias hat nicht angerufen. Frau Perachia dreht sich mit ihrem Stuhl zu uns, faltet die Hände wie zum Gebet und sagt, dass sie uns alle Fragen beantworten wird, die sie beantworten kann. Durch ihre randlose Rodenstock-Brille blickt sie uns sehr ruhig an, und ich bemerke weder Ängstlichkeit noch Ablehnung. Sie trägt ein T-Shirt, dessen Blau sich nicht von der Farbe des

Meeres – hinter ihrem Schreibtisch hängt eine kolorierte Abbildung Thessalonikis – unterscheidet.

Sie ist Chefsekretärin des Jüdischen Museums und erzählt uns, dass die jüdische Gemeinde in Thessaloniki inzwischen ihre Immobilien verkauft, damit sie die Mitarbeiter entlohnen und das Museum unterhalten kann. In der Krise sind die Preise für Immobilien fast um die Hälfte gefallen. Sie weiß also nicht, wie lange die jüdische Gemeinde sie noch behalten kann.

Meine Fragen beantwortet sie freundlich, aber knapp. So erfahre ich, dass sie hier arbeitet, seit das Museum vor 12 Jahren in einem ehemaligen jüdischen Kaufhaus eröffnet wurde. Etwa 15000 Menschen besuchen das Museum jährlich, darunter viele ausländische Touristen. Seit zwei Jahren gibt es einen Direktflug Thessaloniki – Tel Aviv. Sehr viele Juden aus Israel suchen im Museum nach griechischen Vorfahren oder Verwandten.

Noch wortkarger wird sie, als ich sie frage, ob sie selbst Jüdin ist.

»Ja. Mein Vater war in Auschwitz.«

Nun bitte ich sie, ausführlicher über ihr Leben zu erzählen, ohne dass ich Satz für Satz abfragen und Tassos ihre Antworten Satz für Satz übersetzen muss.

Sie hält die Hände immer noch gefaltet, und ihre Augen blicken immer noch sehr ruhig und freundlich, ohne eine Gefühlsregung zu verraten. »Ja«, sagt sie. »Aber nur sehr kurz.« Sie fügt die kurzen Erinnerungssätze zu einer kleinen Rede.

»Der Vater erzählte uns Kindern nichts von Auschwitz. Doch ich habe oft gehört, wie die Erwachsenen darüber redeten. Ich bin nicht mit Märchen, sondern mit diesen Geschichten aus dem Konzentrationslager aufgewachsen. Ich kann Ihnen nicht sagen, welches Schreckensbild mir besonders im Gedächtnis geblieben ist. Diese Bilder kann man auch nicht vom Griechischen ins Deutsche übersetzen. Damals hatte ich furchtbare Alpträume. Heute nicht mehr, ich bin jetzt 62 Jahre. Mit 40 schrieb ich in Sozialpädagogik meine Masterarbeit zum Thema ›Die Juden von Saloniki im KZ‹. Mein Vater hatte zuvor seine Memoiren aufgeschrieben. Ich wollte sie nicht lesen, aber der Vater bat mich, sie zu korrigieren. Später fragte mich die Mutter: ›Elka, wie hattest du die Kraft, das lesen zu können?‹ Ich sagte: ›Ich habe nichts gelesen, was ich nicht schon zuvor wusste.‹«

Sie schweigt unvermittelt.

Ich frage: »Haben Sie Kinder?«

»Ein Mädchen und einen Jungen. Die Tochter lebt in Straßburg und ist mit einem Franzosen verheiratet.«

»Und Ihr Sohn?«

»Er ist 35 Jahre alt und hat neugriechische Literatur studiert. Doch er bekommt in der Krise keinen Job, weder für Altgriechisch noch für Neugriechisch. Er war schon Verkäufer, Hilfsarbeiter auf dem Bau und vieles andere. Weil er kein eigenes Zimmer mehr bezahlen kann, wohnt er wieder bei mir. Ich muss noch 5 Jahre arbeiten und werde mit 67 Jahren eine Rente erhalten.«

Ich frage sie nach ihrer Meinung zur »Goldenen Morgenröte«. Sie, die bisher mit Tassos nur Griechisch gesprochen hat, sagt plötzlich auf Deutsch sehr laut zu mir: »Das ist eine furchtbare Katastrophe!« Und schüttelt energisch mit dem Kopf, kneift die Augen zusammen.

Ihre gefalteten Hände öffnet sie erst, als wir uns verabschieden.

Ich kaufe mir ein Buch über die Häuser der Juden in Thessaloniki, in Deutsch.

Ob Jannis noch im Wachhäuschen ist, erkenne ich nicht.

Tassos' Moped steht dick mit Staub bedeckt vor dem Hotel.

»Das ist Afrika«, erklärt er. »Schon Tage weht es den roten Staub der Wüste zu uns herüber.«

Ich streiche den Satz von den griechischen Autobesitzern, die sich kein Benzin mehr leisten können, aus meinem Notizbuch.

»Streich nicht zu viel«, sagt Tassos. Er steht einen Moment wortlos. Dann verabschiedet er sich, dankt für die guten gemeinsamen Tage, wünscht mir eine glückliche Heimkehr und will wegfahren.

»Tassos, wir haben noch einen Termin!«, sage ich.

Er schüttelt den Kopf. »Wir haben keinen mehr.«

Ich widerspreche und zeige ihm in meinem Notizbuch die Telefonnummer vom Öffentlichkeitschef der »Morgenröte« in Thessaloniki, den wir wegen eines Interviewtermins anrufen sollten.

»Ich habe ihn schon angerufen.« Tassos zeigt mir die Nummer auf seinem Handy.

»Hat er keine Zeit für uns?«

»Zeit hat er. Doch keine Bestätigung der Parteizentrale in Athen. Die teilte ihm lediglich mit, dass ein Gespräch mit uns nicht genehmigt wird.«

Ungläubig frage ich: »Er darf nicht mit uns sprechen? Weder heute noch morgen?«

»Die Neonazis sind straff organisiert. Befehl ist Befehl, wie beim Militär.«

»Wärst du mitgekommen und hättest gedolmetscht?«

»Ja.« Und er fügt in seiner leisen, schüchternen Art hinzu: »Selbst wenn ich Angst hätte, man darf ihnen die Angst nicht zeigen. Im Gegenteil.«

Nun ist es an mir, Tassos zu umarmen. Ich danke ihm für seine gute Arbeit und wünsche uns irgendwann ein Wiedersehen.

Er sagt lachend: »Vielleicht bei meiner Hochzeit.«

Katerina holt mich am Hotel ab. Wir fahren zur Buchmesse in die Ausstellungshallen von Thessaloniki. Dort wird Anthi die Diskussion mit einem deutschen Autor, dessen Griechenlandkrimi 2012 in Deutschland erschienen ist, simultan dolmetschen.

Zwar sind schon alle Plätze in der Tiefgarage besetzt, doch Katerina bleibt an der Einfahrt stehen, wir steigen aus, und sie übergibt ihr Auto einem Wächter, damit der es irgendwann in eine Lücke fährt.

In den Ausstellungshallen müssen wir uns nicht, wie ich das aus Leipzig kenne, von einem Stand zum nächsten durch eine dichte Besuchermenge drängen. Hier könnte man auf den freien Flächen zwischen den Ausstellungsständen tanzen.

Vor dem Podium, auf dem der deutsche Autor mit einem griechischen Schriftsteller und dem Leiter der Griechenland-Redaktion der Deutschen Welle, Spiros Moskovou, sein Buch vorstellen wird, sitzt ein gutes Dutzend Zuhörer. Es sind vor allem Anthis und Katerinas Studenten und Kolleginnen aus der germanistischen Fakultät. In der letzten Reihe, links außen, starrt ein hagerer Mann unbeweglich und still nach vorn. Wie bei dem Drogensüchtigen, den ich in der Suppenküche getroffen habe, hängt seine Jacke an ihm herunter wie an dem Lattenkreuz einer Vogelscheuche. Er hat seine schwarze Wollmütze nicht abgenommen, einige der jungen Leute drehen sich verstohlen nach ihm um.

Anthi kommt aus ihrer gläsernen Dolmetscherkabine und entschuldigt sich, dass sie seit meiner Ankunft noch keine Zeit gefunden hat, sich ausführlich mit mir zu unterhalten, geschweige denn mit mir essen und etwas trinken zu gehen.

Ich frage, ob sie den Krimi gelesen hat.

Sie schaut mich vorwurfsvoll an. Bevor sie professionell dolmetscht, würde sie jedes Buch, über das gesprochen wird, von der ersten bis zur letzten Seite lesen.

»Und?«

»Was und?«

»Gefällt es dir?«

Sie schüttelt wortlos den Kopf.

»Weshalb nicht?«

»Weil ich die Griechen und Griechenland liebe.«

Der Jüngste auf dem Podium ist der deutsche Autor. Er wird um die 40 sein. Der griechische Schriftsteller und der Moderator loben, dass der Krimi in Griechenland spielt. Mit höflichen Worten bezweifeln sie allerdings generell die Qualität von deutschen Kriminalromanen. Die Deutschen würden Krimis meist nur als alltägliche Fernsehkost konsumieren. Dann erklären sie die Handlung. Im Mittelpunkt steht ein junger Mann, der zum terroristischen Mörder wird. Als Kind hatte er mit ansehen müssen, wie seine Mutter, sein Vater und andere Migranten im Meer ertranken, weil ihr Boot von der griechischen Küstenwache beschossen wurde. Der griechische Schriftsteller liest diese Stelle auf Griechisch vor. Anthi übersetzt – für wen außer für den Autor und für mich? – ins Deutsche.

»›Der Soldat, der auf das Boot geschossen hat, ist böse‹, sagte die Stimme. ›Das Schiff, von dem der Soldat geschossen hat, ist böse. Das Land, aus dem das Schiff kommt, ist böse!‹«

Der hagere Mann in der letzten Reihe setzt seine schwarze Wollmütze ab. Er ist glatzköpfig.

Ich frage den Autor, wann und wo die griechische Küstenwache Boote mit Flüchtlingen versenkt hat.

Er sagt, dass er ähnliche Fälle sehr gründlich recherchiert hat. »In griechischen Gewässern konnte ich derartige Vorkommnisse damals zwar noch nicht nachweisen, aber vor der italienischen Küste!«

Eine Studentin will wissen, weshalb er diese schreckliche Ausgangssituation dann von Italien nach Griechenland verlegte. Sie meint, dass die Griechen zurzeit wahrlich genug unter der Ablehnung durch die anderen Europäer zu leiden hätten.

Der Glatzköpfige sagt, ohne aufzustehen, sehr leise, aber laut genug, dass es die Deutschlehrerin neben mir versteht: »Wenn die Griechen Mitteleuropa vor Einwanderern schützen, wird man sie nicht ablehnen, sondern loben. Gleich wie sie die Flüchtlinge heute zurückhalten.«

Am Ende der Diskussion werden alle zu Häppchen an den Stand des Goethe-Instituts eingeladen. Katerina läuft vorneweg. Sie will eine Kollegin suchen, die ein hochinteressantes Buch besitzt, das ich lesen sollte. Es ist von griechischen und deutschen Studenten gemeinsam erarbeitet worden und analysiert, wie die Medien in der Finanzkrise Vorurteile zwischen den beiden Ländern geschürt haben.

Weil ich nicht weiß, wo sich der Stand des Goethe-Instituts befindet, gehe ich mit dem Häppchenpulk durch die Hallen. Im Abstand von einigen Metern folgt der hagere Mann, der seine Mütze inzwischen wieder aufgesetzt hat.

Am Stand drängen sich nicht nur die Zuhörer der Lesung um Häppchen und Wein. Ich stelle mich abseits. Auch Katerina ist noch nicht bis zum lukullischen Zentrum vorgedrungen. Sie sucht immer noch die Kollegin mit dem Buch.

Der hagere ältere Mann kommt so dicht zu mir, dass ich tiefe Risse an seinen Händen erkennen kann, Risse wie die von ausgetrockneter Erde. Er sagt wieder sehr leise zu mir: »Ich heiße Marios. Marios Giannopoulos.« Und fragt in akzentfreiem Deutsch: »Woher kommen Sie aus Deutschland? Aus dem Norden, von der See?«

»Nein, aus der Mitte. Vom Gebirge.«

Das sei schade, meint er. Denn die See hätte ihm besser gefallen. »Ich habe von 1950 bis1974 in Ostdeutschland, in Rostock, gelebt. Als ich kam, war ich ein 8-jähriges Kind. Als ich nach Griechenland zurückging, ein Mann und ein Maschinenbauingenieur. Doch ein Mann ohne Frau und ohne Kinder.« Auch in Griechenland blieb er allein. »Ich hatte immer Angst, irgendwann die Frau oder die Kinder zu verlieren.«

Als er sieht, dass ich seinen Namen aufschreibe, fragt er, ob ich einen seiner Freunde, der in Rostock lebt, kenne. »Frank Weymann – er schreibt Bücher.«

Ich sage ihm, dass er tot ist. »Ein Unfall auf der Autobahn, schon vor fast 20 Jahren.«

Marios Giannopoulos nimmt seine Mütze ab und bekreuzigt sich.

»Er wollte immer, dass ich ein Buch schreibe.«

»Worüber?«, frage ich.

»Über unseren Marsch, der sehr viele Monate gedauert hat. Der Marsch im Jahre 1949, bei dem mehr Menschen starben, als angekommen sind.«

Als die deutschen Faschisten 3 griechische Partisanen an den Masten der Stromleitung von Serres nach Thessaloniki aufgehängt hatten, ging sein Vater Nikolaos in die Berge zu den linken Partisanen der Volksbefreiungsarmee ELAS. »Er küsste mich und meinen kleinen Bruder Christos, verabschiedete sich von den Eltern und umarmte meine Mutter, seine Ehefrau Eleni. Auch nach dem Sieg über die Faschisten kehrte er nicht zu uns zurück. Die königstreuen Regierungstruppen wollten damals mit Hilfe der Engländer die Partisanen der ELAS vernichten. Die hatten in vielen Teilen Griechenlands eine neue sozialere Gesellschaftsordnung aufgebaut und strebten eine linke Regierung an. Dieser Krieg dauerte bis 1949. Die Soldaten der Reaktion töteten auch Angehörige der linken Partisanen.«

Seine Großeltern flohen in die Türkei. »Und Dionyssis, mein Onkel, entschied, dass sie alle, statt abzuwarten, bis die Schwarzen sie töten, zum Vater in die Berge gehen sollten. Wir besaßen damals keine Kuh und Gott sei Dank auch kein Pferd, nur die Katze Zoi. Ich wollte sie in meinen Rucksack stecken, der schon mit einer Decke und einem Schaffell vollgestopft war. Die Katze schrie kläglich, so dass die Mutter sie zu den Nachbarsleuten brachte.«

Da sie in den Bergen weder den Vater noch seine Partisaneneinheit fanden, schlossen sie sich einem langen Flüchtlingszug an. Sie flohen, die Dörfer, Städte und Straßen meidend, nach Norden. »Nach Albanien in die Freiheit, sagten die Älteren. Doch je länger wir die Nächte durch liefen, umso mutloser wurden auch sie. Am Tag lagerten wir in den Wäldern oder unter Felsen, um uns vor den Bombenflugzeugen zu schützen. Oft aßen wir wilde Kräuter, Baumrinde und manchmal gestohlenen Mais. Die ein Gewehr hatten, schossen in aller Frühe auf Vögel, die sie den Frauen brachten, die schwanger waren. Ich weiß nicht, wie sie das Fleisch der Vögel gegessen haben, denn wir durften kein Feuer anzünden.«

Seine Mutter gab ihm in den kalten Nächten die Decke. Sie selbst schlief auf der Erde und hielt den kleinen

Christos, in das Lammfell gewickelt, in den Armen. An einem Morgen, sie hatten in einem Olivenhain nur unzureichende Deckung gefunden, seien 6 oder 7 Flugzeuge in einer Formation über sie hinweggeflogen. »Sie warfen keine Bomben, sie schossen mit Maschinengewehren. An diesem Morgen töteten sie meine Mutter Eleni und meinen Bruder Christos in ihren Armen.«

Mit seinem Onkel Dionyssis erreichte Marios im Winter 1949 Albanien. Über 100000 linke griechische Flüchtlinge wurden damals in den osteuropäischen neuen Volksdemokratien aufgenommen. »Mein Onkel in Polen. Ich in Ostdeutschland.«

Ich bitte den Mann, dass wir in ein Kafenio gehen und er mir seine Geschichte zu Ende erzählt. Doch er muss zu einer Geburtstagsfeier nach Chalkidiki fahren.

»Vielleicht in der nächsten Woche«, schlägt er vor.

Ich sage, dass ich schon am Montag zurückfliegen werde.

»Dann kommen Sie am Sonntag zum Hafen. Dort wird eine Tourismusausstellung eröffnet, die ich mit aufbaue.« In einem Lagerschuppen könnte ich auch seinen Freund Pablo, einen Flüchtling aus Afrika, treffen, der sich dort vor der griechischen Polizei versteckt. »Ich war bei meiner Flucht 8 Jahre. Pablo ist schon 18. Aber ein Flüchtling bleibt immer ein hilfloser Mensch.«

Allerdings gebe es einen sehr großen Unterschied zwischen ihm und Pablo. »1949 existierten …« Der hagere Mann unterbricht sich mitten im Satz und sagt zusammenhanglos: »Ich fliehe immer noch. Nachts sehe ich die Flugzeuge und das Blut in dem Schaffell!« Er beginnt noch einmal von vorn, um mir den Unterschied zwischen den Flüchtlingen damals und den Flüchtlingen heute zu erklären. »1949 existierten zwei unterschiedliche Systeme: das sozialistische in China und Osteuropa und das kapitalistische in Amerika und Westeuropa. Wurde ein Linker im kapitalistischen System verfolgt, nahmen ihn die Genossen in Osteuropa auf. Und alle Oppositionellen, die aus dem sozialistischen System flohen, erhielten politisches Asyl im Westen. Heute gibt es keine sich feindlich gegenüberstehenden Systeme. Deshalb können die Menschen nur noch von einem Land, in dem sie verfolgt werden, in ein anderes Land, das sie nicht aufnehmen, geschweige denn beschützen will, fliehen.«

Der »Rostocker« geht, ohne einen Happen zu essen oder Wein zu trinken, und verspricht, dass er am Sonntag im Hafen auf mich wartet.

Katerina hat die Kollegin gefunden. Das Buch kann sie nicht ausleihen. Ich blättere die 236 Seiten sehr schnell durch und finde in den dort zitierten deutschen Medien ähnliche Äußerungen wie auf der Internetseite:

»Pleite-Griechen tanzen Europa auf der Nase rum.« (BILD)

»Die Griechen. Sparen? Wieso? Sie streiken lieber.« (BILD)

»Betrüger in der Euro-Familie. Bringt uns GRIECHENLAND um unser Geld ...?« (FOCUS)

»Motto: Ihr kriegt Kohle – Wir kriegen Korfu!« (BILD)

»Dabei waren die Griechen doch mal wer.« (BILD)

Anthi hat ihren Dolmetscherdienst beendet. Ich erzähle ihr von Marios Giannopoulos und frage, ob sie es für möglich hält, dass einen Gräuel, die man vor 64 Jahren erlebt hat, heute noch im Traum verfolgen.

»Ja, mein Vater, auch ein linker Partisan, litt noch lange an den Qualen seiner Gefangenschaft. Er musste viele Jahre in einem von Engländern, Amerikanern und griechischen Soldaten eingerichteten Konzentrationslager verbringen. Genau wie sein Bruder, den man jahrelang auf der Folter- und Todesinsel Makronisos gefangen hielt.«

Doch heute – sie legt sich Käse und Brot auf den Teller –, heute möchte sie nicht über die Geschichte ihrer Familie sprechen.

»Vielleicht am Sonntag. Dann grillen wir Fisch, und Katerina und ihr Mann werden kommen. Und du bist auch eingeladen.«

Ich trinke nur griechischen Rotwein, der mir sehr schnell zu Kopf steigt. Spiros Moskovou verteilt eine CD, auf der Gedichte von Rilke, Braun, Handke, Hugo von Hofmannsthal, Annette von Droste-Hülshoff und anderen auf Griechisch rezitiert werden. Er schenkt mir eine.

Katerina holt sich den Autoschlüssel beim Parkwächter, bezahlt und findet ihr kleines Auto in der großen Tiefgarage auch dort, wo sie es nicht hingestellt hat. Die Professorin fährt mich hinauf in die engen Gassen von Thessaloniki. Sie hat mir noch eine Begegnung versprochen. In einem Geschäft am Rand der Altstadt verkaufen Lisa und Nikos deutsche ökologische Farben.

»Im Sommer streichen die Griechen ihre Häuser.«

Nikos sieht so aus, wie sich deutsche Frauen wahrscheinlich einen urwüchsigen Griechen vorstellen: dichte schwarze Haare, einen klassisch geformten Kopf, buschige Brauen über strahlend dunklen Augen, gepflegter Schnurrbart, auf kräftigen Unterarmen gekräuselter dunkler Flaum, der auch am Ausschnitt des Leinenhemdes hervorlugt.

Lisa ist eine schöne, sehr gepflegte Frau in Markenjeans, lila Shirt und schwarzer Jacke. Sie sagt, dass sie 58 Jahre alt wird, doch ich hätte sie auf 50 geschätzt.

In den Regalen ihres Geschäfts stehen die Dosen und Flaschen nicht millimetergenau in Reih und Glied, und manche dicke Büchse drängt sich vor die dünnen.

»Alle Farben, Verdünnungsmittel und Kleber, die wir

verkaufen, sind rein ökologische Produkte. Chemie gibt es hier nicht«, sagt Nikos, räumt aber ein, dass es in der aktuellen Situation für das Geschäft einträglicher wäre, chemische Billigfarben zu verkaufen. »Doch wir wollen unsere ökologischen und sozialistischen Grundsätze noch nicht aufgeben, die wir seit unserer Jugend vertreten. Hinter unseren alternativen Farben muss man politisch stehen!«

Seine Frau unterbricht ihn lachend und sagt: »Wenn wir die Ausgaben und Einnahmen zusammenrechnen, spricht alles dagegen, dass wir aus politischer Überzeugung eine alternative ökologische Farbe für 20 bis 25 Euro und keine chemische Farbe für 8 Euro verkaufen. Welcher Grieche kann sich finanziell jetzt noch eine alternative ökologische Gesinnung leisten?«

Ihr Umsatz ist in den Krisenjahren drastisch gesunken. Der Gewinn beträgt etwa 1200 Euro. Von diesen 1200 Euro müssen sie nicht nur leben, sondern auch die Heizung, den Strom, monatlich 50 Euro Geschäftserlaubnis, 100 Euro Grundsteuer für Haus und Geschäft und die Versicherungen bezahlen. Außerdem haben sie noch 12 Jahre lang – was im Moment unmöglich sei – monatlich 1200 Euro für den Kredit an die Bank zu überweisen.

»Unser 26-jähriger Sohn gehört zum großen Meer der jungen Arbeitslosen mit Hochschulabschluss. Er versucht, sich mit Gelegenheitsjobs durchzuschlagen.« Es gebe auch kaum Anzeichen für eine Verbesserung der Situation. »Die Arbeitslosigkeit im Baugewerbe beträgt in Thessaloniki schon 90 Prozent. Doch wir geben die Hoffnung nicht auf. Der Sommer kommt bestimmt. Und im Sommer streichen die Griechen ihre Häuser. Wann denn sonst?«

Sie sagt leise und wie nebenbei: »Ich hatte in den letzten zwei Jahren auch persönlich viel Pech. Die Versicherungsgesellschaft, bei der ich seit mehreren Jahren mein Geld für das Alter eingezahlt habe, ist pleite. Und die gut 10000 Euro, die ich später erhalten hätte, kann ich nun in den Wind schreiben. Außerdem ... Ostern vor einem Jahr musste ich wegen Brustkrebs operiert werden. Schon damals funktionierte in griechischen Krankenhäusern nichts wirklich. Und wie lange kann man sich als Normalsterblicher Privatärzte leisten?«

Lisa wird nach fast 30 Jahren in die Schweiz zurückgehen.

»Bevor hier alles zusammenbricht, werde ich versuchen, in der Schweiz in meinem alten Beruf als Sozialpädagogin einen Job zu finden und dadurch der Familie zu helfen. Wenn man hier oder im Ausland über die griechische Krise und die drastischen Sparmaßnahmen spricht, dann ist die Rede meist von Arbeitslosen, von entlassenen Hausmeistern, von Menschen, die zu wenig Geld haben, um zum Arzt zu gehen oder am Abend Brot zu essen. Doch niemand spricht und schreibt von denen, die einfach so, ohne dass sie demonstrieren, kaputtgespart werden: von den kleinen Handwerkern, den kleinen Ladenbesitzern und den kleinen Unternehmern. Übrigbleiben werden schließlich nur die, die ganz oben in den Banken, Unternehmen oder in der Regierung sitzen. Diese Raffkes werden sich in Ermangelung von zahlungs- und kaufkräftigen Kunden an den Milliardenkrediten, die Griechenland zur Rettung der Staatsfinanzen von der EU geliehen bekommt, schadlos halten.«

Spätestens in einer Woche will sie in die Schweiz fliegen.

»Wir müssen noch packen, Nikos«, sagt sie und streichelt seinen Arm. Er nimmt eine Büchse Farbe aus dem Regal und dreht sie, um seine Verlegenheit zu verbergen, wieder und wieder in den Händen. Sie geht in eine Ecke des Ladens und kocht Kaffee.

»Nachdem ich Nikos zum ersten Mal beim Camping auf Chalkidiki gesehen hatte, brachte er mir am nächsten Morgen einen heißen Kaffee ans Zelt. Und erklärte mir ausführlich, wie man ihn kocht. Der Kaffee muss frisch sein und fein gemahlen werden wie Staubzucker. Kaffee, Zucker und Wasser müssen gut umgerührt und ganz langsam aufgekocht werden. Sobald der erste Schaum hochkommt, wird er ins Tässchen gegossen, dann wartet man, bis der Kaffee nochmals aufschäumt und gießt den Rest ins Tässchen. Es ist eine Wissenschaft, und ich bin stolz, dass ich es inzwischen so gut kann.«

Sie fragt, ob wir zum Essen in ein Restaurant gehen wollen oder mit dem, was in ihrem Kühlschrank liegt, zufrieden sind. Ich bin für Kühlschrank.

Wir sitzen in der Küche, sie schneidet Tomaten und Gurken und Schafskäse für einen Salat, er brät wie Klopse aussehende, aber nicht wie Klopse schmeckende griechische Keftedes, und wir trinken Wein.

Ob sie vor 30 Jahren wegen Nikos aus der Schweiz nach Griechenland gegangen ist, frage ich.

»Nein, ich kannte Nikos damals noch nicht. Ich bin meinetwegen und wegen meiner Faszination für die griechische Sprache hierhergekommen.«

Beide erzählen mir an diesem Abend die Geschichte ihrer Liebe und wie sie trotz aller Schwierigkeiten niemals ihre Träume aufgegeben haben.

»Auch jetzt nicht«, sagt Lisa. »Im Sommer werden die Griechen ihre Häuser streichen.«

Lisa hat nach dem Studium in der Jugendanwaltschaft straffällige minderjährige Jugendliche betreut. »In der Schweiz werden minderjährige Straftäter bei kleineren Vergehen nicht vor Gericht gestellt, sondern von einem Juristen und einem Sozialpädagogen betreut.«

An ein 15-jähriges Mädchen, das in der Drogenszene aufgegriffen worden war, erinnert sie sich heute noch. »Ich war 28 und sollte der 15-Jährigen helfen. Kein Pädagoge wollte sich um sie kümmern, denn das Mädchen trug ständig eine Ratte im Ärmel. Auch ich fand das mit der Ratte nicht so toll, doch sie war wie ich ein Fan von Bob Marley. Sie fasste Vertrauen zu mir und nahm mich sogar mit in ihre Szene. Und dort stellte sie mich nicht verschämt als Bekannte vor. Sie sagte einfach: ›Das ist meine Sozialarbeiterin, Lisa!‹«

3 Jahre später ging Lisa allein nach Griechenland. Sie wollte dort auf dem Bau oder auf den Feldern arbeiten und dabei Griechisch lernen. Ihre eher konservativen Schweizer Eltern waren zwar nicht begeistert, widersprachen jedoch nicht, denn auch Lisas Schwester

war auf diese Art schon in der halben Welt herumgezogen.

»Ich packte ein paar Klamotten in meinen Rucksack, hängte das Saxophon daran und fuhr nach Kreta. Das Saxophon war ziemlich überflüssig. Die Griechen auf der Baustelle schüttelten schon den Kopf, wenn ich Beton mischte, Balken strich, Steine aufsammelte und in dem kleinsten Raum der ärmlichsten Bauhütte schlief. Sie hätten mich für verrückt erklärt, wenn ich abends neben der Baustelle auch noch Saxophon gespielt hätte. Die ersten Wörter, die ich auf Griechisch sprach, waren außer Guten Tag nero – Wasser, amos – Sand, ksilo – Holz und skata – Scheiße! Weil ich mit keinem der Bauarbeiter ins Bett ging, hieß es bald: ›Die Schweizerin ist lesbisch.‹ Ich sollte, spotteten sie, statt auf Kreta auf Lesbos arbeiten. Ein junger Bauarbeiter hatte eine Freundin auf dem Festland. Er erzählte mir immer wieder freudestrahlend: ›Sie wird mich in der nächsten Woche besuchen.‹ Obwohl sie nicht kam, ließ er sich nicht entmutigen und verkündete von Woche zu Woche, dass sie kommen würde. Einmal entschuldigte er sie sogar mit der Begründung: ›Es war ihr unmöglich, Geld abzuheben, die Banken haben gestreikt.‹ Banker streiken! Das war für mich als Schweizerin unvorstellbar. Ich dachte: Das Mädchen lügt sehr schlecht.

Doch die Bankangestellten hatten 1982 wirklich gestreikt, und irgendwann kam auch Elsa auf ihrem Moped zu uns. Wir wurden – vielleicht wegen der Ähnlichkeit unserer Namen – Freundinnen. Auf dem Moped waren wir allerdings ein sehr ungleiches Paar. Sie, die

Fahrerin, klein und zierlich, und ich ragte hinter ihr wie eine Fahnenstange in die Höhe.

Als Elsa wieder nach Thessaloniki wollte, schlug sie mir vor mitzukommen. Ich könne in ihrer WG wohnen. Doch wegen Mariä Himmelfahrt waren alle zum Camping nach Chalkidiki gefahren. Wir fanden sie, und Elsa stellte mich vor: ›Das ist Lisa.‹ Einer von ihnen war ihr Bruder. Er sagte: ›Ich bin Nikos.‹ Und lachte mich unverschämt frech an. Am nächsten Morgen – wie gesagt, es war der Himmelfahrtstag – stand er mit dem Kaffee vor dem Zelt. Damals begann unsere gemeinsame abenteuerliche Himmelfahrt, die für uns noch nicht zu Ende ist …

Und bestimmt werden die Griechen in diesem Sommer ihre Häuser streichen.«

Nikos hat Maschinenbau an einer technischen Fachschule in Thessaloniki studiert. »Damals interessierten wir uns nicht nur für die Verhältnisse von Kraft und Antrieb, sondern auch für die Verhältnisse in der Gesellschaft. Wir Studenten haben 1973 gegen die Diktatur der Militärjunta gekämpft. Tausende Linke waren inhaftiert, viele von der Junta zum Tode verurteilt und alle demokratischen Parteien verboten worden. Die USA hat damals genau wie die NATO kein einziges Wort über die Militärdiktatur im NATO-Staat Griechenland verloren, geschweige denn ein Wirtschaftsembargo verhängt oder die Waffenlieferungen gestoppt. Ganz zu schweigen von einem militärischen Eingreifen. Im Gegenteil.«

Nur das griechische Volk, vor allem die Jungen, hätten es gewagt, gegen die Militärmachthaber aufzustehen. »Am 17. November 1973 demonstrierten die Studenten der technischen Hochschulen in Athen und Thessaloniki gegen die Junta und besetzten die Lehrgebäude. Wir erklärten sie zu freien demokratischen Zonen. Die Soldaten stürmten den Campus und verhafteten willkürlich. Vor allem die mit den langen Haaren. Auch mich sperrten sie für einige Wochen mit 20 Leuten in einen 2 mal 5 Meter großen Raum.«

Dieser Aufstand der Studenten war das Signal für den Sturz der Diktatur.

»So etwas prägt. Ich bin danach immer ein linker Sponti geblieben. 1980 eröffnete ich mit 3 Freunden eine alternative Taverne. Sie hatte zuvor einem alten Mann gehört, der von allen ›Bolschewikos‹ gerufen wurde. Wir nannten sie ›Klimatsida‹ (Rebstock). Den Retsina, den wir ausschenkten, haben wir in 600-Liter-Fässern selbst angesetzt. Man muss dem Wein bei der Gärung Harz von Pinien zusetzen. In der Nacht hat immer einer von uns die Gärung überwacht. Und probiert. Die Versuchung war sehr groß. Morgens um 8 Uhr wankte man dann aus dem ›Klimatsida‹.«

Die alternative Taverne wurde später auf behördliche Anordnung »wegen nächtlicher Ruhestörung« geschlossen. (Was ich mir, wenn ich an den infernalischen Lärm in »meiner« Straßenschlucht denke, kaum vorstellen kann.)

»Kostas, einer der 4 aus der Taverne des alten ›Bolschewikos‹, arbeitet heute im ›manifesto‹«, sagt Nikos. Und er versucht wieder zu erklären, was ich als Deutscher vielleicht nicht begreifen könnte. »Für viele Griechen sind die Ideen von Marx und Engels nicht erst seit der Krise wieder aktuell. Sie wurden von den Vätern, also den Partisanen und Widerstandskämpfern gegen die Militärdiktatur, an die Kinder weitergeben. Und die Griechen, die in den osteuropäischen Ländern aufgenommen und damit vor dem Tod oder dem Konzentrationslager in Griechenland errettet worden waren, haben, als sie nach Griechenland zurückkamen, begeistert vom Sozialismus erzählt. Bei uns wurde die linke Idee nicht wie in Osteuropa staatlich missbraucht. Wir können heute noch stolz darauf sein.«

Lisa hat 1983 das Ende des »Klimatsida« miterlebt. Danach schlugen sich Nikos und sie einige Zeit mit Gelegenheitsarbeiten durch. Sie bastelte Schmuck aus Papier oder Brot und verkaufte ihn. »Schmuck aus Brot hatten schon die Häftlinge in den Militärgefängnissen geformt. Man muss das Brot kneten und danach trocknen. Es sieht sehr schön aus.«

Er kellnerte in einem Touristenrestaurant am Berg Athos.

Es reichte zum Überleben.

Er sprach kaum Deutsch. Sie lernte immer besser Griechisch.

»Wir träumten von einer gemeinsamen Zukunft.«

Geheiratet haben sie ein Jahr, nachdem er ihr den Kaffee gebracht hatte.

»Obwohl die Ehen in Griechenland damals vor allem in der Kirche geschlossen wurden, heirateten wir als eines der ersten Paare von Thessaloniki auf dem Standesamt. In der Schweiz verliert die Frau ihren Namen und nimmt den des Mannes an. In Griechenland dagegen konnte ich meinen Namen behalten. Das gefiel mir. Schließlich war ich Feministin.«

Die Eheleute mussten sich entscheiden, ob er, der linke Sponti, mit ihr in der kalten konservativen Schweiz oder sie, die Feministin, mit ihm im heißen Griechenland mit seinen vielen Machos leben wollte.

Sie gingen in die Schweiz. Nikos arbeitete in einem Magazin. Sie erhielt wieder eine Stelle in einer Jugendanwaltschaft. Ihr Leben hätte gutbürgerlich weitergehen können: Kind. Haus. Pension ... Doch Nikos erhielt aus Griechenland das Angebot, ein altes Bauernhaus zu kaufen und dort alternativ ökologisch zu leben.

»Alternativ ökologisch leben. Also von eigenem Gemüse und selbstgeernteten Oliven. Schließlich hörten wir auf den Orakelspruch des Wetters. Ich bin sozusagen eine Geranie – und die kann sowohl in der Kälte der Schweiz als auch in der Hitze Griechenlands gedeihen. Nikos dagegen ist ein Olivenbaum. Also beschlossen wir, nach Griechenland zurückzugehen.«

Sie kauften das Haus. Es war eine Ruine. In der Schwangerschaft wünschte sich Lisa die »Sicherheit in der Schweiz«. Im Oktober 1986 fuhren sie in die Schweiz zurück. »Doch zwei Tage nach unserer Ankunft heulten plötzlich die Sirenen. Wir mussten alle Fenster und Türen verriegeln und abdichten. Ganz in unserer Nähe war in einer Halle des Chemiekonzerns Sandoz ein Großbrand ausgebrochen. So viel zur Sicherheit in der Schweiz.«

Ihr Sohn wurde noch in der Schweiz geboren, aber weil er gesund aufwachsen sollte, zogen sie im April 1988 endgültig nach Griechenland.

»Wir haben in der Hausruine ein Zimmer renoviert – ich war ja mal Bauarbeiterin. Dort stellten wir unsere Sachen unter. Geschlafen haben wir in der ersten Zeit im Zelt. Und lebten ökologisch alternativ. Ich glaube, zu alternativ«, sagt Lisa.

Deshalb suchten sie nach 3 Jahren in der Altstadt von Thessaloniki eine Bleibe. Nikos arbeitete im Kulturzentrum als Koch, sie verdiente mit Übersetzungen etwas Geld dazu.

»Weil wir beim Bau Erfahrungen mit ökologischen Farben gesammelt hatten, schlug Nikos, der linke Sponti, vor: ›Wenn wir schon nicht mehr ökologisch alternativ leben, werden wir wenigstens ökologisch alternative Farben unter die Leute bringen.‹«

Sie schlossen einen Vertrag mit der Firma in Braunschweig, verkauften Farben und arbeiteten nebenbei weiter im Kulturzentrum oder als Übersetzerin.

Als der Ladenbesitzer ihnen nach 8 Jahren kündigte, nahmen sie einen Kredit auf und kauften das Geschäft. Und später das Haus.

»Eine solche Krise war nicht vorauszusehen«, meint Nikos.

»Und meine Krankheit auch nicht«, sagt Lisa. »Doch bisher haben wir mit unserem Optimismus alles geschafft.«

Sie wiederholt nicht noch einmal: »Im Sommer werden die Griechen ihre Häuser streichen.« Ich sage es als

Abschiedstoast. Und verspreche, dass ich mich bei Lisa in der Schweiz melden werde.

»Du kannst Nikos eine E-Mail schicken«, sagt sie. »Er wird mir bestimmt täglich schreiben.«

Nikos fährt mich in der Nacht zum Hotel.

Als ich Kostas die Lyrik-CD mit der Bemerkung »für deine Frau« in die Hand drücke, fällt mir zu spät ein, dass er schon am ersten Tag von seiner Scheidung erzählt hat.

Er nimmt es locker, die CD kann er verschenken. Seine neue Freundin ist erst 21 Jahre alt.

»Sie scheint nicht arm zu sein, das heißt, sie hat reiche Eltern«, erzählt er.

Deshalb erkundigte sie sich, bevor sie sich mit Kostas einließ, vorsichtshalber im Nachbarhotel, in dem er früher gearbeitet hatte, über ihn und sein Hotel. »Dort sagte man ihr, dass es im ›Europa‹ Ratten und Wanzen gibt und dass ich kein braver griechischer Mann bin. Also engagierte sie einen Privatdetektiv, der mich beobachtete. Na ja, als Tochter aus gutem Haus kauft man nicht – wie ihr in Deutschland sagt – den Kater im Sack.«

Seine Freundin wohnt noch in Athen. »Vielleicht zieht sie später zu mir. In der Liebe gibt man und verlangt nichts dafür. Das habe ich auch bei meiner Exfrau so gemacht. Doch von ihr kam immer weniger zurück.«

Bevor er mir die Gründe für seine Trennung detailliert aufzählen kann, stürmt ein schreiender Mann, der einen Polizisten im Schlepptau hat, ins Hotel.

Kostas sagt, dass er diesen Mann heute schon abweisen musste, weil alle Zimmer belegt sind. »Vielleicht hat er beobachtet, dass ich noch zwei Ausländer aufgenommen habe.«

Der Mann redet unentwegt auf den Polizisten ein, aber der Uniformierte scheint nicht gewillt, Kostas von Staats wegen zu zwingen, dem Mann ein Nachtlager zu gewähren. Kostas lacht. Der Abgewiesene wird noch wütender.

Der Alte kommt herein, schaut verstört, legt Zeitung und Apfel wortlos auf den Tisch und geht, ohne auf das Mineralwasser zu warten, schneller als üblich die Treppe hinauf.

Nach einer Viertelstunde trollt sich der Polizist.

Kostas moniert, dass die Polizei nur dann kommt, wenn man sie nicht braucht. »Manchmal weigert sich ein Gast, der nur Geld für eine Nacht auf den Tresen gelegt, aber hier zwei Nächte geschlafen hat, die restlichen 25 Euro zu bezahlen. Wenn ich mit der Polizei drohe, lacht er nur. Er weiß genau, dass ich weder die Polizei rufe, noch Anzeige erstatte. Früher musste man für die Bearbeitung einer Anzeige wegen Diebstahl, Prügelei oder Betrug 10 Euro bezahlen. Inzwischen wurde diese Gebühr auf 100 Euro erhöht. 100 Euro, damit ich eventuell die 25 ausstehenden Euro erhalte? Ich bin doch kein Vollidiot.«

Seit dieser neuen Gebührenverordnung würden kleine Delikte kaum noch angezeigt. Ein Freibrief für Betrüger und Diebe, aber auch das Aus für Rechtsanwälte, die solche Fälle vertreten haben. »Nur die großen Anwaltskanzleien mit Prozessen, in denen es um Tausende Euros geht, werden überleben.«

»War deine Scheidung teuer?«

»Nicht für mich.«

Seine Exfrau ist die Tochter einer angesehenen Bäckerfamilie in Chalkidiki. Er hat sie in Deutschland in einem Gyros-Laden kennengelernt.

»Sie fragte mich damals sehr höflich und wohl auch ein wenig an mir interessiert: ›Was wünschen Sie, mein Herr?‹ Und ich antwortete ziemlich patzig: ›Was soll ich wünschen, ein Gyros!‹ Da verschwand sie in der Küche, und ihre Tante bediente mich weiter. Damals hat sie geweint. Später, als wir wieder in Griechenland waren, nicht mehr.«

Er erinnert sich an die Heimfahrt von Deutschland nach Griechenland. »Als wir die griechische Grenze hinter uns hatten, fragte meine Frau: ›Kostas, möchtest du eine Cola oder eine Fanta?‹ Ich sagte: ›Eine Fanta.‹ Sie trank die Fanta und warf die Büchse hinaus. Als ich sie verstört ansah, sagte sie: ›Wir sind wieder in Griechenland!‹«

Ich versuche seine Geschichte zu deuten. »Vielleicht wollte sie dir zeigen, dass ihr wieder in Griechenland seid und sich hier niemand an der Unordnung stört. Vielleicht wollte sie aber auch sagen: Wir sind in Griechenland, und ich trinke die Fanta, die du haben wolltest. Zu Hause bestimme ich.«

»Vielleicht«, sagt Kosta. Es käme bei ein und demselben Fakt immer auf den Standpunkt des Betrachters an. »Bist du ein Umweltfreak, wirst du Ersteres behaupten.

Bist du ein Gegner von Emanzen, wirst du die zweite Variante vertreten.«

»Doch weder Umweltverschmutzung noch Emanzentum sind Gründe für eine Scheidung«, entgegne ich.

»Es ging auch sonst nicht mehr mit uns. In der Bäckerei ihrer Eltern wollte ich nach meinen deutschen Erfahrungen die Produktion und den Umsatz steigern. Also schlug ich vor, Backen und Verkaufen räumlich zu trennen. Man hätte dadurch viel mehr produzieren können. Aber niemand hörte auf mich. Ich war für diese Familie nur ein Habenichts.«

In Deutschland hatte seine Frau auch Toiletten saubergemacht und als Hilfskraft in Küchen und Geschäften gearbeitet.

»Im Ausland, ja! Doch zu Hause müssen das die Ausländer machen. Ein Grieche arbeitet in Griechenland nur dort, wo er sich für seine Tätigkeit als Grieche, wie er meint, nicht schämen muss. Der verdammte Stolz der Griechen!«

Es klingt wie ein Stoßseufzer.

Viele Griechen würden auch nicht zugeben, dass einer aus ihrer Familie kein Geld mehr zum Leben oder Schulden hat, die er nicht zurückzahlen kann. »Wie mein Angestellter, der von Nachmittag bis spätabends an der Rezeption sitzt und im Hotel unaufgefordert die Zimmer saubermacht.« Er meint den kleinen Kostas, der schon 75 Jahre ist und geduckt sitzt und geduckt geht. »Eigentlich müsste er längst nicht mehr arbeiten. Doch sein Sohn, der in einem benachbarten Hotel am Empfang arbeitet, verdient sehr wenig. Der Hotelbesitzer hat von einem Tag auf den anderen das Gehalt von 1000 Euro auf 500 reduziert. Nur einer von den vier an der Rezeption Beschäftigten kündigte daraufhin. Kostas' Sohn blieb. Er schämte sich, dass er klein beigegeben hat. Doch zu Hause warteten zwei Kinder auf das Essen, und seine Frau, eine Kindergärtnerin, hatte schon monatelang keinen Lohn von der Kommune erhalten.«

»Also arbeitet der kleine Kostas, um seinem Sohn zu helfen?«

»Indirekt ja. Der Sohn hat noch Schulden bei einem Wettbüro. Dort muss er jeden Monat 30 Euro bezahlen.«

»Und diese Schuld begleicht der Vater?«

»Nicht direkt. Das würde der Stolz des Sohnes verbieten. Wenn Kostas den Lohn erhält, etwas über 600 Euro, geht er in das Wettbüro und hofft, eine große Summe zu gewinnen, um die Schulden des Sohnes zu begleichen. Doch jedes Mal wenn ich ihn frage: ›Kostas, hast du dieses Mal bei der Fußballwette – er wettet nur auf Fußball – 9 Richtige?‹, sagt er: ›Ich hatte 8 Ergebnisse richtig, nur eine Mannschaft spielte nicht, wie ich es wollte.‹ Und dann bezahlt er die 30 Euro und holt neue Wettscheine.«

Als der kleine Kostas nach 22 Uhr geht, setzt sich der große Kostas hinter den Rezeptionstisch.

Er wünscht mir eine gute Nacht und sagt lachend: »Bekannte raten mir, mich überall mit dem Zusatz ›Hotelier‹ vorzustellen. Dann hätte ich mehr Chancen bei den Frauen.«

»Und machst du das?«

»Nein, in dieser Krisenzeit nehmen die Frauen einen Hotelier wahrscheinlich weniger aus Liebe als vielmehr wegen des Geldes.«

»Vielleicht solltest du es tun, wenn die Krise vorbei ist.«

»Die Krise wird erst in Jahrzehnten zu Ende sein. Man muss doch der Gewinne wegen hier erst einmal alles verbrennen und zerstören. Danach können die Konzerne am Neuaufbau verdienen, das heißt die großen Konzerne der reichsten Länder. Doch man muss vorsichtig sein beim Zerstören. Ich kann in einer Stunde alles kaputtmachen, aber wie lange brauche ich, um es wieder aufzubauen?«

Nach meiner Rückkehr aus Griechenland erklärte mir der Wirtschaftsjournalist Stephan Kaufmann die allgemeinen Gesetze der Finanzmärkte und die Beziehungen zwischen den Schuldnerländern und den staatlichen und privaten Gläubigern, die an den Staatsanleihen verdienen. Stephan Kaufmann schreibt für die »Frankfurter Rundschau«, die »Berliner Zeitung« und die »Mitteldeutsche Zeitung«. Er ist 48 Jahre. Mit seinen bis auf die Schultern reichenden Haaren erinnert er an einen übriggebliebenen 68er.

Zwei Stunden lang versucht er mir die einfachen – er nennt sie »simplen« – Zusammenhänge zwischen den internationalen Finanzmärkten und der Weltwirtschaft zu erläutern. Die zwei simpelsten, aber für mich trotzdem wichtigen Erkenntnisse waren: Erstens: Der Konkurrenzkampf, auf dem unsere kapitalistische Gesellschaft basiert, ist inzwischen gnadenlos. Um erfolgreich konkurrieren zu können, muss man investieren. Und um investieren zu können, muss man einen Kredit aufnehmen. Das macht die Wirtschaft, und das machen auch die Staaten. Und jetzt ist alles so simpel, aber es stimmt: Bei jeder Konkurrenz gibt es immer Sieger und Verlierer. Doch das ist nicht vergleichbar mit einem sportlichen Wettkampf. Beim Wettrennen wird einer gewinnen, und der andere wird verlieren. Aber das hat keine Konsequenzen. Anders bei der wirtschaftlichen Konkurrenz. Hier leiht der Gewinner dem Verlierer. Am Ende ist der Verlierer überschuldet, und der Gewinner hat am Verlierer verdient. Wobei in der Krise mit ihren extremen Auswirkungen die Verluste der Verlierer genauso extrem hoch sind wie die Gewinne der Sieger.

Das hatte ich kapiert. Zweitens begriff ich, dass keine Regierung diese simple ökonomische Tatsache ihrem Volk ungeschönt präsentieren kann. »Sie muss die nackte Wahrheit vertuschen, dass ein EU-Land ein anderes ›befreundetes‹ EU-Land durch wirtschaftliche Standortvorteile, durch Lohndumping, durch Exportüberschüsse und durch gewinnbringende Geldanleihen kaputt konkurriert. Das geschieht auch mit Hilfe des Medienmärchens vom erfolgreichen Land mit seinen deshalb notwendigerweise fleißigen Menschen auf der einen Seite und dem erfolglosen Land und seinen deshalb logischerweise faulen Menschen auf der anderen. Konkret: Weil die Deutschen zu den wirtschaftlichen Siegern gehören, denken viele, die Deutschen wären fleißig. Und weil die Griechen zu den wirtschaftlichen Verlierern gehören, wären Griechen faul. Man schlussfolgert aus Sieg oder Niederlage nicht auf die durch Standort, Marketing und Investitionsmöglichkeiten vom Einzelnen unabhängige Produktivität des Unternehmens oder des Landes, sondern suggeriert: Es liegt an den biologischen Eigenschaften der Einzelnen, die gut oder schlecht sind. Das ist ökonomischer Rassismus! Griechen gelten als faul, selbst wenn der einzelne Grieche genauso intensiv und fleißig wie ein Deutscher arbeitet, weil das Land wirtschaftlich nicht erfolgreich ist. Aber er arbeitet nicht in einem hochproduktiven, international erfolgreichen deutschen Automobilwerk, sondern in einer kleinen griechischen Textilbude. Würde der ›faule Grieche‹ mit derselben Intensität (oder langsamer) in dem hochproduktiven deutschen Automobilwerk arbeiten, wäre er sofort ein fleißiger Grieche. Und der ›fleißige Deutsche‹ wäre in der kleinen, wirtschaftlich verschuldeten griechischen Textilbude plötzlich ein ›fauler‹ Arbeiter. Diese Art von ökonomischem Rassismus wurde nach der Wende auch in Deutschland-Ost und Deutschland-West praktiziert. Der Ostdeutsche, der in einem unrentablen Chemiebetrieb in Wolfen sehr fleißig arbeitete, war – weil das Unternehmen keinen Gewinn erwirtschaften konnte – ein ›fauler‹ Ossi. Sobald er aber nach Leverkusen in den Betrieb eines auf dem Weltmarkt führenden und Millionen Euro Gewinn machenden Chemiekonzerns ging, gehörte er automatisch zu den fleißigen Deutschen.« Soweit die für mich wichtigsten »simplen« Erkenntnisse.

Der Vollständigkeit halber füge ich stichpunktartig noch weitere Denkanstöße von Stephan Kaufmann hinzu.

»Viele Menschen in Deutschland halten die Deutschen für fleißig und sind stolz auf die deutsche Wirtschaft, weil ›unser‹ Bruttoinlandsprodukt wächst. Das Bruttoinlandsprodukt ist eine komische statistische Größe. Man kann sie zwar irgendwie ermitteln, aber das Wichtigste an ihr ist: Sie hat eine große ideologische Wirkung. Denn bei der Berechnung des Bruttoinlandsproduktes verschwinden alle Unterschiede: die Unterschiede zwischen dem Millionär und dem Arbeitslosen, der ostdeutschen Floristin und dem Bischof von Freiburg, der Bundeskanzlerin und dem Müllfahrer. Alles ist eins. Alles unsere Leistung! 3300 Milliarden jedes Jahr. Das soll ›unser‹ Haufen sein!

Die Hilfskredite für Griechenland kommen übrigens nicht der griechischen Bevölkerung zugute. Die Milliarden fließen vielmehr auf ein besonderes Sperrkonto. Und das ist hauptsächlich dazu da, die Gläubiger zu bedienen, also die Schulden zu bezahlen. Einfach gesagt: Die EU gibt Hilfen an Griechenland, damit es u. a. die Zinsen an die EU bezahlen kann. Genauso wenig dient ein Schuldenschnitt dazu, den Griechen das Leben zu erleichtern. Durch einen Schuldenschnitt wird ein Land wieder in die Lage versetzt, die Schulden weiter abzubezahlen. Es geht also nicht um die Entlastung der Schuldnerländer, sondern darum, die Gläubiger vor einer vollständigen Entwertung zu schützen. Alles im Interesse des Gläubigers! Der muss dann vielleicht auch mal auf ein paar Millionen verzichten, aber er erhält wenigstens den Rest. Deshalb wird Griechenland immer gerade so über Wasser gehalten, dass es seine Schulden bedienen kann. Schuldenbedienungsfähigkeit ist der ganze Staatszweck Griechenlands und vieler anderer Länder der Euro-Zone geworden. Denn diese ›Fähigkeit‹ ist die Voraussetzung dafür, dass die Finanzmärkte Europa wieder Geld borgen. Dafür muss Europa eine verlässliche Renditequelle für das Finanzkapital werden. Europa muss es schaffen, dass die Finanzmärkte sagen: Oh, jetzt kann ich wieder an denen verdienen.

Und dieses Verdienen soll möglichst ewig weitergehen. Deswegen haben die Finanzanleger auch gar kein Interesse daran, dass ein Staat seine Schulden komplett zurückzahlt. Das geschieht nie. Ein Kredit, sagen wir mal über 10 Millionen, wird nicht Euro für Euro abgezahlt. Die Finanzmärkte verborgen 10 Millionen nicht, um irgendwann 10 Millionen wiederzubekommen. Das brächte ihnen keinen Cent an Gewinn. Geborgt wird nur, um an den Zinsen zu verdienen. Und je höher die Zinsen sind und je länger der Kredit läuft, umso größer ist die Rendite. Wenn der Kredit über 10 Jahre läuft, dann werden nach 10 Jahren die 10 Millionen einfach umgeschrieben. Das heißt, man nimmt einen neuen Kredit auf, um die alten Schulden damit zu begleichen. Jeder Staat der Welt macht es so, dass er neue Kredite aufnimmt, um die alten zu bezahlen. Hauptsache, die Rendite, die Zinsen, laufen für die Finanzmärkte weiter.

Nun ist Griechenland also überschuldet. Es hat, wie es heißt, ›über seine Verhältnisse gelebt‹. Oder anders:

Griechenland hat mehr importiert, als es exportiert hat. Aber woher kommen die Importe, wer hat an Griechenland profitiert? Die deutsche Industrie. Der Nachteil des Verlierers – hohe Schulden, hohe Defizite – ist immer der Vorteil der anderen – hohe Einnahmen, hohe Überschüsse. Es bleibt ein Nullsummenspiel. Was der eine gewinnt, verliert der andere. Keine deutschen Exportüberschüsse ohne Außenhandelsdefizite in anderen Ländern. Keine griechischen Schulden ohne deutsche Forderungen. Denn wer hat denn den Griechen das Geld geliehen? Unter anderem die Banken in Deutschland. Auch deshalb darf man Griechenland nicht pleite gehen lassen. Griechenland hat hohe Schulden, aber die Gewinne haben diejenigen eingestrichen, die das Geld geborgt hatten. Also beispielsweise die Deutsche Bank. Sie wollten natürlich an Griechenland verdienen. Einem kleinen Mann gibt eine Bank für seinen Hausbau nur so viel Kredit, wie sein Haus wert sein wird. Bei Staaten darf's ein bisschen mehr sein. Da geht man einfach davon aus, dass man das Geliehene zurückerhält und an den Zinsen ordentlich verdient.«

»Und wodurch ist Deutschland zum Gewinner geworden?«

»Deutschland sammelt erst einmal ganz viel Geld ein. Und dann kann es das Geld auch günstig verleihen.«

»Und weshalb kann gerade Deutschland so viel Geld einsammeln?«

»Deutschland hat eine unglaublich produktive, über Jahrzehnte gewachsene Industrie. Beispielsweise die deutsche Autoindustrie. Weshalb kommen Peugeot und

Renault nicht gegen Volkswagen an? Erstens, weil VW besser ist, und zweitens auch noch billiger. Die Produktion von BMW, Volkswagen und Mercedes ist derartig modernisiert, rationalisiert und höllenproduktiv.

Allerdings kann niemand garantieren, dass Deutschland in 50 Jahren noch ebenso erfolgreich ist. Wenn Deutschland dann, weil vielleicht China effektiver produziert, nicht mehr in der Weltspitze ist, dann wird es wieder heißen: Ihr Deutschen seid faul! Es ist erst zehn Jahre her, dass die Arbeitslosigkeit in Deutschland sehr hoch war. Da hieß es: Deutschland, der kranke Mann Europas! Dort sind die Leute nicht fleißig genug! Zu viele Sozialleistungen! Die Deutschen sind ständig krank, die studieren zu lange und gehen zu früh in Rente! Heute sagen wir dagegen: Die Deutschen sind so tüchtig! Dabei ist der Erfolg gerade der deutschen Industrie nicht vom Fleiß der Leute abhängig, sondern von der Weltkonjunktur. Hier hatte Deutschland in den letzten Jahren besonderes Glück, denn seit einigen Jahren erleben wir einen riesigen Aufschwung der Entwicklungsländer. Zuerst in China, dann Indien, Brasilien, Indonesien und so weiter. Und die brauchen nun für ihre Entwicklung all das, was Deutschland anbietet. Nämlich Maschinen, Chemie, Kraftwerke, Anlagen. Und wenn es ihnen besser geht, wollen die auch die deutschen Autos. Also die welthistorische Lage hat uns zum Erfolg geführt. Nicht, weil die Deutschen jetzt auf einmal fleißiger geworden sind. Alles ist ein großer historischer Zufall. Und daran verdient sich Deutschland dumm und dämlich. Besser gesagt, die deutsche Industrie.

Griechenland hingegen hat keine bedeutende Industrie. Das Land war ein Spätstarter auf dem Weltmarkt. In den 20er und 30er Jahren war es noch ein reiner Agrarstaat. Später kam das Transportwesen dazu, also die Reedereien, und dann der Tourismus. Wer hätte die Industrie aufbauen sollen? Die Privatwirtschaft Griechenlands hatte kein Interesse. Das Kapital sagte sich: Ich investiere sicher in Landwirtschaft und Reederei. Und wenn ich zu große Gewinne habe, dann investiere ich sie im Ausland. Aber nicht hier in Griechenland. Daher gab es nur einen, der den Aufbau von großen Industrieunternehmen stemmen konnte: die Regierung. Der griechische Staat hat versucht, mit seiner Finanzmacht eine Industrie in Griechenland aufzubauen. Mit Hilfe von Krediten, also mit Hilfe der Verschuldung. Deshalb ist es kein Zufall, dass Griechenland sehr viele staatliche Betriebe hat und durch deren Aufbau sehr hoch verschuldet ist. Und es ist auch logisch, dass dieser staatliche Wirtschaftssektor höchst unprofitabel arbeitet. Denn der griechische Staat kämpft nun mit seiner kleinen Industrie gegen die großen Konzerne der Welt. Und kommt gegen sie nicht an. Deshalb besitzt Griechenland einerseits hoch verschuldete unprofitable staatliche Unternehmen und auf der anderen Seite viele kleine Klitschen, also Hinterzimmerunternehmen.

Griechenland hat wahrscheinlich mehr Unternehmer als Angestellte. Irgendjemand stellt eine Nähmaschine auf und lässt Klamotten nähen. Aber er muss gegen chinesische hochproduktive Textilfabriken antreten. Man hat keine große Produktivitätssteigerungsreserve, wenn man eben nur mit einer Nähmaschine arbeitet. Um die schwachen Unternehmen zu unterstützen, hat es der Staat übrigens auch mit der Besteuerung nie so genau genommen – daher war die Steuerhinterziehung in Griechenland ein traditionell geduldetes Delikt.

Eine Industrie in Griechenland war allerdings früher sehr produktiv, das war die Textilindustrie. Aber sie ist untergegangen, weil 2004 der Weltmarkt für Textilien liberalisiert wurde. Seitdem beherrschen Niedriglohnländer wie China oder Bangladesch den globalen Textilmarkt. Und nun kommt Deutschland und sagt: Ihr müsst in der Krise die Lohnstückkosten senken! Wie tief? Auf das Niveau von Bangladesch? Und da sagt Deutschland: Ist mir egal, bis es mit eurer Wirtschaft wieder aufwärtsgeht. Das ist das harte Gesetz der Konkurrenz und des Marktes. Ihr habt verloren! Also werdet billiger! Es gibt kein gemeinschaftlich sozial verantwortungsvoll handelndes Europa.

Die Griechen verdienen zu viel, sagen die BILD-Leser. Aber ein griechischer Industriearbeiter verdient pro Stunde etwa die Hälfte eines deutschen. Ein FAZ-Leser dagegen sagt: Im Verhältnis zu dem, was sie verdienen, produzieren die Griechen zu wenig. Sie sind zu unproduktiv – also letztlich doch zu faul. Wir Deutsche dagegen sind sehr fleißig und daher produktiver.

Dabei sagt die Produktivität überhaupt nichts darüber aus, wie hart jemand arbeitet oder wie viele Waren er pro Stunde herstellt. Die Ermittlung der Produktivität in der Volkswirtschaftslehre ist viel einfacher: Ökonomen teilen den Umsatz des Betriebes durch die

Beschäftigten. Mehr Umsatz pro Arbeiter bedeutet produktiver. Das bedeutet aber: Die Produktivität des Einzelnen wird nicht mehr daran gemessen, wie hart und fleißig er arbeitet, sondern nur daran, wie viel Umsatz sein Betrieb macht. Und das bedeutet schlicht: Du bist immer so produktiv, wie erfolgreich dein Unternehmen ist. Die Produktivität ist also keine Eigenschaft des Menschen, sondern eine seines Arbeitsplatzes. Und das müsste man diesen ökonomischen Rassisten beibringen. Das Gleiche gilt auch in Deutschland, wo der Osten unproduktiver als der Westen ist. Dabei ist der Friseur in Ostdeutschland nicht faul, er schneidet vielleicht genauso viele Haare am Tag wie sein West-Kollege, aber er kann für den Haarschnitt weniger Geld nehmen. Warum? Weil die Leute im Osten im Durchschnitt weniger Geld haben. Also ist der Ost-Friseur unproduktiver als der Friseur in München, der mehr von den Kunden nehmen kann, weil die Leute dort reicher sind.

Es ist ein weitverbreiteter Irrtum, vom ökonomischen Erfolg eines Menschen auf seine Leistungsfähigkeit, seinen Fleiß oder seinen Charakter zu schließen. Man könnte es Leistungsrassismus nennen. Auf diesem Rassismus beruhen viele populäre Weisheiten: Jeder ist seines Glückes Schmied. Dem Tüchtigen gehört die Welt. Einfach nach dem Muster: Wenn du es schaffst, hast du dich wohl angestrengt. Wenn du es nicht schaffst, hast du dich wohl nicht angestrengt. Alles, was du willst, schaffst du auch. Wenn du arm bist, wenn du arbeitslos wirst, dann bist du selbst dran schuld. Damit hältst du die Leute klein und schützt das gesellschaftliche System vor Kritik. Dann gibt sich jeder selbst die Schuld an Misserfolgen – oder eben ›den Griechen‹.«

Kurz nach Sonnenaufgang hat sich der Lärm der Nacht in meiner Straßenschlucht zur Ruhe gelegt, und ich wache, von der plötzlichen Stille erschreckt, sehr früh auf. Es ist die Zeit, in der nur die wilden Tauben gurren, die Müllfahrer sich Kommandos zurufen, die ersten Mopeds knattern, die Bäcker die Lieferautos beladen und ich nicht mehr einschlafen kann, weil ich versuche, Gespräche und Gedanken zu ordnen …

Katerina hatte mir erzählt, dass die nach dem Zweiten Weltkrieg errichteten Universitätsgebäude auf Teilen des ehemaligen jüdischen Friedhofes gebaut worden sind. 1940 befanden sich auf dem 324000 Quadratmeter großen Friedhof 300000 Gräber. Einige stammten noch aus dem 15. Jahrhundert, als König Ferdinand II. die Juden aus Spanien vertreiben ließ. 20000 kamen damals nach Thessaloniki, das keine 2000 Einwohner zählte.

Im Dezember 1942 wurde der alte jüdische Friedhof auf Befehl des deutschen Militärkommandanten endgültig geschleift. Die Grabsteine verwendete man unter anderem zum Bau von Kaimauern, Häusern, Straßen und für ein Schwimmbad der deutschen Offiziere.

Ein Jahr zuvor hatten die Deutschen Thessaloniki besetzt. Damals lebten fast 60000 Juden in der als »Jerusalem des Balkans« gepriesenen Stadt. Zuerst holten sich die Deutschen mit Hilfe ihrer griechischen Kollaborateure die Reichtümer der Juden: wertvolle Bibliotheken, Gemälde, Möbel, Schmuck.

»Im Juli 1942 geschah das Schreckliche auf dem Platia Eleftherias«, erzählte Katerina. »Die Deutschen hatten befohlen, dass sich alle jüdischen Männer zwischen 18 und 45 Jahren pünktlich um 8 Uhr auf dem Platz versammeln. 9000 befolgten die Anordnung. 9000 standen in Reih und Glied. Sie standen dort bis 17 Uhr in glühender Hitze. Keiner durfte den Kopf bedecken, und zur ›Ertüchtigung‹ mussten sie auf Kommando gymnastische Übungen – Kniebeugen, Armkreisen und Rumpfbeugen – absolvieren. Die 3000 kräftigsten Männer sortierten die Deutschen aus. Sie wurden in ein Arbeitslager, die griechische Variante vom Konzentrationslager, gebracht und mussten Straßen und Tunnel und Gräben bauen. Nach knapp einem Vierteljahr waren von den 3000 kräftigsten Juden schon mehr als 300 an den Strapazen gestorben.«

Im Januar 1943 erledigte die SS die Vernichtung der restlichen Juden auch in Thessaloniki auf gründliche deutsche Art. Vom nahe beim Platia Eleftherias gelegenen Güterbahnhof ließ der SS-Offizier Alois Brunner die restlichen Juden in Viehwaggons nach Auschwitz transportieren. Nicht einmal 2000 kamen 1945 zurück.

Ich erinnere mich an meine Recherche zur Firma »Topf und Söhne« in Erfurt, in der auch die Verbrennungsöfen für Auschwitz entwickelt und produziert worden waren. Dort hatte der Konstrukteur der Verbrennungsöfen, Ingenieur Kurt Prüfer, am 4. März 1943 die 5 Drei-Muffel-Öfen in Auschwitz 2 eine Woche lang trockenfeuern lassen, und nachdem am 13. März Ingenieur Karl Schulze die von ihm entwickelte Be- und Entlüftung der Gaskammern 15 Stunden lang getestet hatte, wurden in der darauffolgenden Nacht im ersten Großversuch 1492 Juden aus Krakow mit Zyklon B vergast und wie vorgesehen in zwei Tagen eingeäschert. Eine Woche später folgte der zweite Ofentest mit 2191 Juden aus Griechenland. Wahrscheinlich waren darunter auch die aus Thessaloniki.

Ich stehe auf, bevor der Tageslärm in der Straßenschlucht widerhallt, und gehe sehr schnell und sehr leise die Stufen hinunter. Der Linoleumbelag über dem, wie Kostas sagte, von SS-Stiefeln abgewetzten Marmor ist an manchen Stellen nur mit Tesastreifen befestigt. Beim Bäcker nebenan kaufe ich mir ein Brot für 99 Cent. (Jedes Geschäft muss, das ist von der Preisbindung in Griechenland übriggeblieben, eine Brotsorte zum früheren Preis anbieten.) Dazu löffele ich einen Joghurt und trinke einen griechischen Kaffee. Danach will ich zum Platia Eleftherias. Doch die Griechen, die ich frage, sagen alle nur: »Thalassa – Am Meer« und zeigen nach Süden. Wahrscheinlich gehe ich einige Male am Platz vorbei, ohne ihn zu registrieren oder glauben zu wollen, dass es der historische Platz ist, auf dem die 9000 Juden antreten mussten.

Als ich einen alten Mann frage, will er wissen: »Jermano?« Und nachdem ich es bejaht habe, nimmt er meinen Arm, führt mich über die vielbefahrene Tsimiski und schiebt mich neben einer herabgelassenen Schranke auf einen mit Autos vollgestellten Platz.

Ich frage noch einmal: »Platia Eleftherias?«

Er nickt und sagt: »Platia Eleftherias. Auf Deutsch Freiheitsplatz. Schon immer Freiheitsplatz. Auch damals!«

Der Platz, auf dem 9000 Juden in sengender Hitze 9 Stunden in Reih und Glied standen, 3000 für die Arbeitslager ausgewählt wurden, von denen 300 schon in den ersten Monaten starben, ist heute der größte bewachte Parkplatz von Thessaloniki.

Ich laufe wie ein Schlafwandler über den schattenlosen Platz der Freiheit und beginne automatisch, die ordentlich nebeneinander parkenden Autos zu zählen. Erst die Längsreihen, dann die Querreihen. Bei jeder vollen 100 mache ich einen Strich in mein Notizbuch. 4 Striche. Dazu noch einmal 37 PKW. Ich schaue auf die Preistafel am Eingang. Eine Stunde kostet 2,10 Euro. Für 12 Stunden auf dem Freiheitsplatz bezahlt man 24,40 Euro. Für einen Tag und eine Nacht 39,40 Euro. Unbewusst rechne ich: 9 (neun!) Stunden mal 2,10 Euro mal 437 PKW sind 8259,30 Euro …

Nur an der Meerseite ist der Freiheitsparkplatz offen. An den übrigen 3 Seiten wird er von den hohen Gebäuden der Alphabank, Pharmaagentur, Commerzialbank, der Allianz-Versicherung, der Piraeus-Bank, der Hellenic-Bank und der Euro-Bank umzingelt. An der offenen Seite, dem Meer zugewandt, steht eine Bronzeskulptur zur Erinnerung an die 50000 Juden von Thessaloniki, die in den Todeslagern ermordet wurden:

ein stilisierter siebenarmiger jüdischer Leuchter und Flammen, in denen sich zum Himmel reckende menschliche Figuren verbrennen.

Ich laufe ziellos in der Stadt umher. Zu lange und ohne zu wissen, wo ich genau bin. Anthi will mich zum Fischgrillen am Hotel abholen. Ich frage nach dem Weg, doch niemand kennt »Europa«. Erst ein, wie er sagt, »fast Deutscher« kann mir helfen. Er ist als Sohn griechischer Eltern in Dortmund geboren. Vor 15 Jahren kam er nach Griechenland zurück. Ich frage ihn, ob er jetzt, wo es den Griechen schlechtgeht, wieder nach Deutschland möchte. Er möchte nicht. Denn auch Deutschland würde die Krise bald erreichen. »Doch wir Griechen ertragen die Krise wenigstens nicht so geduldig, wie das die Deutschen tun werden. Wir Griechen sind revolutionär.«

Weil ich zu spät bin, nehme ich mir ein Taxi. An der linken Ecke der Frontscheibe hängt eine kleine rote Fahne mit Hammer und Sichel. Und genau über dem Taxameter baumelt an einer dünnen goldenen Kette die Gottesmutter Maria.

Anthi öffnet verstört. Sie ist nicht am »Europa« gewesen, um mich abzuholen. »Ich wollte nur eine Viertelstunde schlafen, doch Apostolos hat mich nicht geweckt.« Aufgewacht sei sie erst, als 4 Einbrecher ihre Wohnung durchsuchten. »Ich schrie: ›Ihr könnt hier alles mitnehmen! Alles! Nur nicht den Computer! Ohne den kann ich nicht arbeiten!‹«

Das großzügige Angebot, das sie im Traum gemacht

Anthi Wiedenmayer mit ihrem Mann Apostolos

hat, würde Dieben in der Realität aber nicht viel einbringen: Bücher in Schränken, Bücher auf den Tischen, Bücher auf den Sesseln und Stühlen, Bücher in Regalen, Bücher auf dem Sofa, Bücher in Kartons. Dazwischen Vasen mit getrockneten Blumen, Schalen mit Pistazien, DVDs mit Filmaufnahmen, Teller mit Obst, Marmorfiguren, Eimer mit Schaufel und Besen und im Arbeitszimmer der Computer mit all dem technischen Beiwerk. Auf der Veranda vor dem Eingang stapeln sich Kanister, Dosen und Säcke mit Farben und Trockenmörtel. »Die Nässe kommt durch die Außenwände – Wasserschäden! Dabei ist das Haus noch nicht einmal 10 Jahre alt«, sagt sie.

Anthi hat die Bauleute damals jeden Tag beaufsichtigt. »Ich kontrollierte, hatte aber keine Ahnung von Grundisolierung, Mauersteinen und Schutzanstrichen. Das war so, als wollte ich heute die griechischen Politiker kontrollieren, ohne die Prinzipien der Macht und der Korruption zu kennen.«

Sie möchten das Haus wieder verkaufen, denn das Geld reicht kaum für die notwendigsten Reparaturen. Doch wegen der Krise ist der Wert von Häusern gesunken. Wenn die Preise wieder steigen, wollen sie sich eine kleine Wohnung in der Stadt suchen.

Anthi Wiedenmayer lacht plötzlich laut auf, schüttelt den Kopf, als ob sie ihre Haare fliegen lassen wollte, und meint dann verschmitzt: »Vielleicht ziehen wir auch nach München in eine der denkmalgeschützten Villen der ›Widenmayerstraße‹ am Isarufer.«

Das »e«, das in Bayern fehlt, hätten die griechischen Nachfahren des Münchner Bürgermeisters Johannes von Widenmayer wahrscheinlich später eingefügt.

Katerina und Stavros kommen. Sie schleppen Töpfe und Schüsseln und Plasteschalen, gefüllt mit Salat, Gurken, Joghurt, Kräutern, Tomaten und Sahne. Sofort okkupiert Katerina die Küche als Chefköchin und beginnt mit Hingabe zu schnippeln, zu mischen und abzuschmecken. Anthi protestiert nicht, sie ist wahrscheinlich weniger als Katerina für Koch- und Küchenarbeit zu begeistern.

Auch ich soll mich nützlich machen und auf der Veranda den Tisch decken und Lampen und Kerzen nach draußen bringen. »In Griechenland ist man erst dann ein vertrauter Gast, wenn man an der Vorbereitung des

Essens teilnehmen darf. So als ob man zur Familie gehört.«

Ich weiß nicht, ob das allgemein Sitte ist oder nur bei Frauen, die froh sind, wenn man sie bei der Küchenarbeit außen vor lässt. Auf alle Fälle weiß ich, dass der Münchner Bürgermeister von Widenmayer nicht mit Anthi Wiedenmayer aus Thessaloniki verwandt sein kann, obwohl das griechische Geschlecht der Wiedenmayers mit den Bayern sehr viel zu tun hat, wie Anthi versichert. Und sie erzählt mir kurz ihre Familiengeschichte, die trotzdem lang wird, denn sie ähnelt der Geschichte vieler Familien in Griechenland.

Angefangen hat es nicht mit Wiedenmayer, sondern mit dem Griechen Theodoros.

»Unsere Oma Maria Radoviz, also die Mutter meines Vaters Prodomos, schenkte ihrem griechischen Mann Theodoros zwei Söhne. Doch Theodoros kam nicht aus dem Balkan-Krieg zurück. Er blieb vermisst. In Istanbul lernte Maria den Witwer Wasilios Wiedenmayer kennen, den sie später heiratete. Er hatte schon einen eigenen Sohn. Maria bekam von ihm zwei weitere Söhne, meinen Vater Prodomos und seinen Bruder Andreas.«

Wasilios Wiedenmayer war einer der 3 Enkel des Johann Wiedenmayer. Und Johann Wiedenmayer war der Leibarzt des aus Bayern gekommenen griechischen Königs Otto.

1835 hatte Prinz Otto die Regierung übernommen und bestieg »von Gottes Gnaden« als König von Griechenland den Thron. Er brachte den Griechen zwar das bayerische Reinheitsgebot für Bier, 3500 bayerische Soldaten, Hunderte Beamte und Berater für seine Regierung, aber keine parlamentarische Demokratie. Eine Verfassung erkämpften sich die Griechen erst 1844 nach einem Aufstand gegen ihn. Den zweiten Aufstand von 1862 überstand König Otto nicht mehr. Er kehrte nach fast 30-jähriger Regentschaft – während der ihm seine Frau, die Herzogin Amalie von Oldenburg, zum Unmut der Griechen kein Kind, also auch keinen Thronfolger, geboren hatte – nach Bayern zurück. Und der Däne Georg I. bestieg den griechischen Thron.

Der Leibarzt Johann Wiedenmayer folgte dem König nicht nach Bayern. Seine Enkel gingen nach Afrika, nach Athen und Wasilios Wiedenmayer eben nach Istanbul, wo er, wie gesagt, Maria traf. Ihre Söhne Prodomos und Andreas kämpften später bei den ELAS-Partisanen gegen die faschistischen Okkupanten. Nach der Befreiung wurden sie wie viele andere ELAS-Kämpfer von Soldaten der königstreuen Armee in Straflagern inhaftiert. Anthis späteren Vater Prodomos verurteilten sie dreimal zum Tode. Er saß nach seiner Begnadigung 13 Jahre, von 1946 (da war er 21) bis 1959, im Gefängnis. Den Bruder brachte man auf die Todesinsel Makronisos. Die grausamste Folter, die er dort ertragen musste: nackt mit einer Katze in einen Sack gesteckt und so lange ins Meer getaucht zu werden, bis ihn, der nicht mehr geglaubt hatte, vor dem Ertrinken herausgezogen zu werden, die Katze in ihrer Todesangst zerbissen und zerkratzt hatte. Es gab für alle Gefangenen auf Makronisos nur eine kleine Chance, der Folter und dem Tod zu entkommen. Sie mussten sich »umerziehen«, den griechischen revolutionären Stolz brechen lassen und ihrer linken Gesinnung abschwören. Andreas – »ein immer fröhlicher Kerl« – wäre auf der Todesinsel umgekommen, wenn er die geforderte Erklärung, dass alles, was er früher gedacht, gesagt und gemacht hatte, falsch war, nicht unterschrieben hätte.

Prodomos widerrief nicht.

Gleich ob einer abgeschworen hatte oder nach langer Haft entlassen wurde, allen ehemaligen ELAS-Partisanen, die gegen die Wiedereinführung der Monarchie gekämpft hatten, verweigerte der Staat die »Unbedenklichkeitsbescheinigung«. Ohne diese Urkunde durften sie nicht wieder in Schulen, an Universitäten, in Wissenschaft, Kultur oder den Kommunen arbeiten. Die beiden entlassenen Wiedenmayer-Brüder versuchten es mit einer kleinen Ziegelei. Doch das funktionierte nicht. Ihre Fabrik befand sich außerhalb der Stadt, und sie hatten kein Auto, um die Ziegel zu transportieren.

»1962 heiratete der Vater meine Mutter. Sie war Buchhalterin, und der Vater erwarb einen Laden, in dem sie mit Spielzeug und Haushaltsgegenständen handelten. Dort entwickelten sie auch ihren Verkaufsschlager: schwarze Mülltüten. Als ich 10 Jahre alt war, musste ich jeden Abend diese Tüten falten, und meine 7-jährige Schwester schnitt die Aufkleber dafür. Die Eltern haben die schwarzen Mülltüten nicht nur in ihrem Geschäft verkauft, sondern belieferten während der Militärdiktatur sogar die Kasernen!«

Dieser Handel mit der Junta ist einer der wenigen

Kompromisse gewesen, die ihr Vater gemacht hat. »Unsere Familie musste überleben. Wir drei Kinder waren immer hungrig! Außerdem wusste mein Vater, dass er als ehemaliger Partisan keine Chance mehr hatte. Die sollten wir Kinder erhalten. Mich schickte man mit 12 Jahren auf die deutsche Schule.«

Anthi gibt mir eine Serviette (eine rote!) und zeigt, wo ich Teller, Gläser und Besteck finde. Das Bier steht auf der Veranda neben den Weinflaschen. Ich gieße mir einen Roten ein und bringe Apostolos und Stavros zwei Flaschen Bier in den Garten. Die Anzündpappen auf dem Grill brennen lichterloh. Die Holzkohle glüht noch nicht. Ich will ihnen mit meiner Thüringer Erfahrung helfen und Holz zwischen die Kohlen legen, aber sie winken wortlos ab.

Anthi war in der Nacht zuvor in ein Fischerdorf gefahren, um frisch gefangene Fische zu holen. Aber weil keine Boote zurückkamen, hat sie notgedrungen 4 sehr große Fische in Thessaloniki gekauft. Während sie die Fische abspült, erzählt sie, dass ihre Eltern, nachdem sie die Schule beendet hatte, darauf bestanden, dass sie studiert.

»Damals hatte ich schon Schulstreiks organisiert und als 16-jährige überzeugte Linke vor tausend Jugendlichen gesprochen, doch ich weigerte mich, zur Universität zu gehen. Als ich bei einer Diskussion eine Frauenquote in Wirtschaft und Politik verlangte, bekam der Vater fast einen Herzinfarkt. Und nachdem er erfahren hatte, dass ich mit 18 keine Jungfrau mehr war, brach für ihn eine Welt zusammen.«

Stavros und Apostolos gießen aus weiter Entfernung Spiritus in die Flammen. Sie machen mir Zeichen, dass ich die Fische, von denen wahrscheinlich nur zwei auf dem Grill Platz haben werden, aus der Küche holen soll. Ich schüttele den Kopf und versuche ihnen begreiflich zu machen, dass erst die Flammen verlöschen müssen und dass die Kohle immer noch zu wenig glüht. Damit die Fischhaut nicht am Rostgitter festbrennt, schlage ich vor, den Rost mit Speck einzureiben. Sie lehnen ab. Ich finde auch keinen Speck, hole noch zwei Bier und beginne danach die Salate von Katerina auf den Tisch zu stellen und die Kerzen anzuzünden …

Anthi hat später doch nachgegeben. Sie studierte Wirtschaftswissenschaft. Nach einigen Semestern wechselte sie in das Dolmetscherfach und bewarb sich außerdem zum Studium in Germersheim, einer Außenstelle der Universität Mainz. »60 Ausländer hatten sich angemeldet, zwei wählte man für einen Studienplatz aus. Eine Amerikanerin und mich. Ich spezialisierte mich auf Spanisch, Englisch und Deutsch.«

An dieser Stelle meint Katerina, die auch in Thessaloniki zur deutschen Schule gegangen ist und in Deutschland studiert hat, dass wir auf Deutschland anstoßen sollten.

»Worauf in Deutschland?«, frage ich.

»Auf alles«, sagt Katerina. Und berichtigt sich: »Auf alles, außer auf die deutschen Politiker, die um des deutschen Vorteils willen andere Länder heute wie Kolonien behandeln.«

Und Anthi meint: »Auf alles! Außer auf das deutsche

Wetter! Das Wetter war das Schlimmste in Deutschland. Keine Sonne! Ich schaute immer zum Himmel und jubelte, wenn die Sonne zwischen den Wolken auftauchte. Das Wetter bei euch macht unsereinen depressiv. Also ging ich 1984 mit einem Austauschprogramm nach Granada. Dort gab es zwar sehr viel Sonne, aber kaum Arbeit. 25 Prozent der Menschen in Andalusien waren damals arbeitslos, und dementsprechend groß war die Armut. Ich ahnte nicht, dass Andalusien damals nur die Vorhölle zum Griechenland von heute sein würde.«

Um ihr Studium zu finanzieren, hatte sie in Deutschland sogar Toiletten geputzt. Später bewarb sie sich um einen Job in einem Münchner Büro. »Dort sollte ich englische und spanische Übersetzungen machen. Aber ich hatte noch keine Ahnung von Computern. Also lernte ich auswendig, wie man einen Computer einschaltet und wie man ein Programm aufruft. Beim Vorsprechen habe ich dann alles verwechselt und sogar den Einschaltknopf nicht mehr gefunden. Und trotzdem den Job bekommen.« Das Diplom als Übersetzerin schaffte sie. Doch die Dissertation über Frauenliteratur beendete sie nicht.

Anthi ging nach Griechenland zurück.

Die Fische müsse man nicht würzen, sagt sie. Sonst würden sie den Eigengeschmack verlieren. Ich trage die 4 Riesenfische zum Grill, will die hohen Flammen mit Wasser ablöschen, doch Stavros und Apostolos schütten mein Wasser auf die Blumen. Am liebsten würde ich sie anschreien: »Wenn ihr schon keine Ahnung habt, wie man grillt, und nicht den Rat eines erfahrenen Deutschen braucht, macht euren Scheiß allein! Der Fisch wird euch verbrennen!« Doch Stavros holt 3 kleine Gläser, und wir stoßen mit Tsipouro an.

Anthis Tochter Katherina kommt nach Hause. Die hübsche 18-Jährige studiert Physik und betreut eine linke Theatergruppe für Migranten. Nach der Geburt trennte sich Anthi vom Vater ihres Kindes. »Ich wollte alles allein schaffen. In dieser Zeit hatte ich meine wilden Jahre.«

In Griechenland fand sie gleich eine Anstellung bei einem Unternehmen, das deutsche Busse in Lizenz baute. »Die Firma war erst zwei Jahre alt. Ich übersetzte für sie und reiste in Sachen Marketing nach Deutschland, Spanien und in viele andere Länder. Ich war als Linke plötzlich mittendrin im knallharten kapitalistischen Geschäft.«

Sie winkt ab und schlägt vor, einen Schluck zu trinken, bevor sie weitererzählt, schaut dann aber auf die Uhr und meint, dass es besser wäre, jetzt mit ihrem Lebensbericht aufzuhören. Es sei gleich 22 Uhr und damit die Zeit, in der Griechen üblicherweise mit Essen und Trinken und Feiern beginnen.

»Der Fisch ist noch nicht fertig – du kannst weitererzählen«, sage ich. »Also du warst mittendrin im knallharten kapitalistischen Geschäft?«

»Der Sitz des Unternehmens befand sich nicht gerade in einer seriösen Umgebung. Ein bisschen Unterwelt schon. Gegenüber ein Bordell und so …« Das hätte sie damals nicht gestört. »Ich war ja auch ein bisschen ausgeflippt, kurz davor hatte ich noch rote und grüne Strähnchen in meinen Haaren. Und wie gesagt: Ich war mittendrin in der Profitgesellschaft und habe auch ziemlich viel verdient.«

Damals hätte sie keine Skrupel gehabt, Unternehmensgewinne am Finanzamt vorbeizuschieben. »Das Finanzamt war der Staat. Und ich als Tochter eines Kommunisten war gegen den Staat! So einfach ging das.«

Doch als Katherina 5 Jahre alt war, endeten Anthis »wilde Jahre«. Sie hatte Krebs, wurde operiert, kündigte und lernte Apostolos kennen. Neuanfang mit einer Promotion in Athen. Nicht mehr über Frauenliteratur, sondern zu Erich-Fried-Übersetzungen. »Erich Fried war mein Idol. Ich habe ihn zum ersten Mal an der Universität gesehen. Klein, dick, lockiges Haar, und er ging am Stock. Aber mit seinen Gedichten über die Liebe und die Politik beschrieb er, was mich in meinem Leben am meisten interessierte: Liebe und Politik.«

Ich frage sie nach ihren Lieblingsgedichten von Erich Fried.

»Links rechts« und »Was es ist …«

Ich muss nach den Fischen schauen. Schon von weitem sehe ich, dass die Flammen immer noch hell lodern. Weshalb können sie nicht auf einen hören, wenn sie keine Ahnung haben, denke ich und gehe in der Hoffnung, dass von den Fischen noch etwas zu retten ist, schneller.

Dann sehe ich, was mir bisher nicht aufgefallen war: Die Fische liegen nicht auf dem Rost! Stavros hat sie

Katerinas Mann Stavros vor dem Fischgrill

zwischen zwei runde Gitter geklemmt und schwenkt sie an einem langen stabilen Griff über Glut und Flamme. Er wendet die Gitter, sobald die Haut sich bräunt.

»So grillen wir Griechen«, sagt Katerina, die rauchend danebensteht, und bringt die Fische zum Tisch.

Jeder nimmt sich von den in der Mitte des Tisches liegenden Fischen, was er möchte. Ihre Haut ist knusprig, das Fleisch ist saftig. Sie schmecken nicht nur nach der Glut der Kohle, sondern auch nach dem würzigen Rauch des Feuers. Eine Delikatesse.

Ich frage, ob morgen, am Sonntag, eventuell auch Haushaltswarengeschäfte geöffnet sind …

Ich fühle mich gut. Ich gehöre dazu. Für alle Wein, so viel man will. Das Fleisch der Fische ist an manchen

Stellen schon bis zu den Gräten abgepult, aber es wird sehr viel übrigbleiben.

»Es muss immer mehr auf dem Tisch stehen, als gegessen werden kann. Wenn ein Gast alles aufisst, bedeutet das: Er ist von dem, was es gab, nicht satt geworden«, erklärt mir Anthi und meint, dass die Griechen, was Essen und Trinken betrifft, rührende Regeln haben. Das Wort »rührend« ist wahrscheinlich ihr Lieblingswort. Denn je mehr wir trinken, umso rührender wird alles um sie herum.

Katerina möchte die Welt zum Guten verändern. Anthi bezweifelt diese Möglichkeit. »Wenn man sie allerdings wirklich verändern könnte, wäre das rührend.« Es sei rührend, etwas dafür zu tun, aber man sollte bitte nicht zu naiv sein. Bei den nächsten Parlamentswahlen wählt sie die SYRIZA-Vereinigung. »Es ist rührend, wie die sich bemühen. Aber ich glaube nicht, dass sie die heruntergekommene Wirtschaft, die Bildung und das Gesundheitswesen schnell in Ordnung bringen können. Auch die Linken haben für diese Sisyphusaufgabe wahrscheinlich noch kein Szenario.«

Katerina und Anthi bitten mich, in Deutschland ein Protestschreiben gegen die Abschiebung des stellvertretenden Rektors der Aristoteles-Universität zu verbreiten. »Es gibt ein neues Gesetz. Danach wird jeder Staatsangestellte, den ein anderer beschuldigt, so lange vom Dienst suspendiert, bis das Gericht die Klage angenommen oder abgewiesen hat. Das kann Jahre dauern. Auf diese Weise haben Konservative den stellvertretenden Rektor schon ein Vierteljahr kaltgestellt.«

Bevor wir auseinandergehen, meine ich: »Wir sollten das Feuer im Grill löschen.«

Anthi antwortet lachend, es sei rührend, worum die Deutschen sich sorgen. »Die Flamme verlischt doch, wenn sie keine Nahrung mehr bekommt.«

Katerina, die schon einige Male über meine Strümpfe gespottet hat, zeigt auf meine Sandalen und fragt endlich: »Weshalb trägst du Strümpfe?«

»Weil bei dieser Kälte auch die Griechen noch Strümpfe anhaben. Ich habe bisher keinen Griechen ohne Strümpfe gesehen.«

»Doch die gehen nicht in Sandalen, sondern mit Halbschuhen. Wenn sie Sandalen anhaben, sind die Füße der Griechen immer nackt.«

»Aber ich habe keine Halbschuhe mitgenommen.«

Sie lacht nachsichtig. »Wenn Deutsche an die Universität kommen, sagen die Kollegen sofort: ›Katerina, das sind deine Leute! Im Sommer kurze Hosen und Sandalen! Aber Socken an!‹«

»Wenn ich kurze Hosen anziehe, trage ich immer Sandalen ohne Socken!«

»Also bist du schon auf einem guten Weg, wenigstens ein halber Grieche zu werden«, tröstet sie mich.

Ich ziehe die Socken aus.

Wir lachen, und obwohl wir nicht wissen, wann und wo und ob wir uns wiedersehen, wird es doch kein trauriger Abschied.

Der Taxifahrer hupt. Weil ich den Preis von der Herfahrt kenne, er aber am Hotel viel mehr verlangt, frage ich, ob sein Taxameter, über dem keine heilige Maria baumelt, falsch geht. Er erklärt, dass in Griechenland nach 24 Uhr der Kilometerpreis verdoppelt wird. Und gibt mir eine Quittung.

Als ich Kostas, der wie jede Nacht in der Tür steht, von Anthis Vater und der Todesinsel erzähle, fällt er mir ins Wort.

Er setzt die getönte Brille ab, schaut mir zum ersten Mal ohne Verdunklung in die Augen und sagt: »Weshalb vergessen Menschen die Grausamkeiten schneller als ein Hund die Schläge?«

Über eine Million Griechen sind 1923 aus der Türkei vertrieben worden und siedelten sozusagen als Migranten in Makedonien. Und 1946 und 1947 konnten Hunderttausende den Todesschwadronen in Griechenland nur entfliehen, weil ihnen Länder wie Ungarn, Bulgarien, Polen und Ostdeutschland Asyl gewährten. »Sie erhielten dort nicht nur Asyl. Sie bekamen Kleidung, Essen, Bildung, Kultur und Arbeit … Die Griechen waren damals selbst ein Volk von Migranten.«

Dann fügt er leise hinzu, als schäme er sich: »Doch heute sind wir auch ein Volk, das Migranten hasst.«

Nach dem Krieg hätten Griechen Geld für Verfolgte gesammelt. »Heute verdienen Menschen – nein Unmenschen – in Griechenland an der Not der Verfolgten. Zuerst die Schleuser und dann der Staat.«

Auch in der Nähe seines Dorfes, das an der griechisch-türkischen Grenze liegt, würden Migranten nach Griechenland, also in die EU, geschleust. Dafür müssten die Flüchtlinge bis zu 5000 Euro zahlen.

»Ihre Familien sparen viele Jahre, damit einer, meist der Vater, flüchten und später Frau und Kinder und Großeltern nachholen kann. Für diese Menschen aus den ärmsten Ländern der Dritten Welt ist selbst Griechenland in dieser Zeit der schrecklichen Krise noch paradiesisch. Und die griechischen Plantagenbesitzer sind froh über die Billigarbeiter aus Asien und Afrika. Sie zahlen manchmal nicht einmal 100 Euro im Monat und pferchen sie in Containern zusammen. Arbeitstiere. Doch den Migranten, die zu mir ins Hotel kommen, sage ich: Was du für mich bist, bin auch ich für dich: ein Mensch!«

Und nun erzählt Kostas Geschichten, die für deutsche Ohren verworren klingen, aber, wie Kostas sagt: »So ist Griechenland.«

Manche Migranten schlafen im Hotel. Die Polizei weiß das und beobachtet zuerst, was sie tun und wohin sie gehen. »Einmal waren 13 syrische Flüchtlinge hier. Die Polizisten sagten: ›Wir gehen ins Café nebenan‹, und gaben Katharina, die an der Rezeption saß, eine Handynummer. ›Wenn diese Leute sich auch nur einen Schritt aus dem Hotel bewegen, ruf uns sofort an!‹ Katharina wechselte die Schicht, die Polizisten saßen gemütlich im Café und die syrischen Flüchtlinge in ihren Zimmern. Als ich den Dienst übernahm, verließen die 13 das Hotel. Mich hatte zwar Katharina informiert, nicht aber die Polizisten. Also rief ich sie auch nicht an. Den Verrat, sagt man, lieben alle, den Verräter aber liebt niemand. Eine Stunde später kamen die Polizisten. Die Syrer waren weg. Und ich sagte: ›Wahrscheinlich sind sie beim Schichtwechsel unbemerkt verschwunden.‹

Ein anderes Mal kamen Beamte, die für die Unterbringung von Obdachlosen verantwortlich sind, ins Hotel. Sie machten mir das Angebot, dass ich einige aufnehmen sollte, sie – wenn ich kein Zimmer frei habe – notfalls auf dem Flur schlafen lassen könnte. Und wollten dafür 5000 Euro zahlen. Ich ließ sie also hier schlafen und dachte, na ja, die Stadt wird bezahlen. Doch ich bin immer zu gutmütig. Und sie erinnerten sich nicht mehr an die versprochene Summe.«

Sogar der griechische Staat verdient an den Flüchtlingen. »Für jeden, den wir aus Griechenland abschieben, erhält er Geld von der EU. Die Migranten steckt man dann in Lager und sagt ihnen: ›Ihr habt 30 Tage Zeit, um in eure Heimat zurückzugehen!‹ Natürlich machen sie das nicht. Stattdessen beginnt ihre verzweifelte und teure Odyssee durch Europa. Bis sie irgendwann aufgegriffen und wieder in ihr Einreiseland, also nach Griechenland, zurückgebracht werden. Dann verdient der Staat noch einmal.«

Der Abend endet dramatisch. Der alte Mann steigt, nachdem ihm Kostas die Flasche Mineralwasser gegeben hat, die Treppe hinauf. Plötzlich dreht er sich schreiend um, droht erst dem kleinen Kostas und dann auch dem großen, kommt zurück und schleudert Flüche wie Blitze auf die beiden. Er wünscht ihnen ewige Verdammnis! Siechtum! Pest! Und Cholera!

Der kleine Kostas hatte beim Hinaufgehen des Alten leise gesagt: »Wirf ihn endlich hier raus!« Aber nicht leise genug.

Der alte Mann schreit: »Ich habe dir vor einer Woche 5 Euro geschenkt. Doch nun flüsterst du Schlange: ›Wirf ihn endlich raus!‹ Du bist eine Natter!« Der kleine Kostas duckt sich. Erst nach einer halben Stunde Diskussion und vielen heiligen Schwüren glaubt der Alte, dass der kleine Kostas nicht ihn, sondern einen Afrikaner gemeint hat.

Kostas entschuldigte sich, weil er morgen, an meinem Abschiedsabend, keine Zeit für ein weiteres Nachtgespräch hat. Seine Eltern kommen aus Deutschland zu Besuch.

»Die den Joghurtbecher abwaschen, bevor sie ihn in die Tonne schmeißen …«

Ja, aber er werde deshalb im Hotel nicht extra saubermachen lassen. »Warst du mit der Übernachtung in meinem ›Europa‹ zufrieden?«

Ich nicke und sage, dass mir nur der entsetzliche Lärm die Nächte verdorben hat.

»Welcher Lärm?«, fragt er verwundert. »Wenn deine Nachbarn nachts feiern, dann geh einfach hinüber und feiere mit. So ist das bei uns üblich.«

Ich erkläre, dass ich nicht den Krach im Nachbarzimmer meine, und laufe mit ihm unter meinen Balkon an die Kreuzung der Straßenschlucht. Hier müssen wir schreien, um uns zu verstehen!

Doch er begreift nicht, dass ich mich über die laute Musik, das Knattern der Mopeds, das Schreien der Passanten und das Lärmen der Gäste in der Disco aufrege. »Du verwechselst da etwas: Das ist kein Lärm! Das ist das Leben! Fröhlicher Lärm bedeutet für uns Griechen:

Wir leben noch! Stille dagegen Einsamkeit oder Tod. Also genieße den fröhlichen Lärm, das Leben, in dieser Nacht noch einmal!«

Ich versuche, ohne Ohrstöpsel zu schlafen.

Es gelingt mir nicht.

Am Morgen kaufe ich mir am Kiosk neben dem Hotel eine neue griechische Handykarte, um mich telefonisch bei Peruz, Katerina, Tassos, Anthi und allen anderen Freunden verabschieden zu können. Weil mir Kostas gesagt hatte, dass man in den Kiosken, von denen es in Thessaloniki wohl über 100 gibt und die nicht größer als knapp 3 Quadratmeter sein dürfen, außer Telefonkarten, Zigaretten, Zeitungen, Sonnenbrillen, Eis, Kaffee, Flaschenöffnern, Büchern, Ikonen, Getränken, Messern und Konserven auch Töpfe und Tassen, Fahrradschläuche und Blumenvasen kaufen kann, will ich nach diesem zusammenklappbaren Griechengrill fragen.

Kostas hatte mir auch erzählt, dass die Stadt die begehrten Genehmigungen für das Betreiben eines Kiosks prinzipiell nur an Kriegsveteranen, Kriegerwitwen, Invaliden oder sonstige Behinderte vergibt. Sie sollen dadurch sozial abgesichert werden. Der Mann im Kiosk an der Kreuzung sei allerdings kerngesund. »Doch vielleicht schneidet seine Schwester dem für die Kioskvergabe verantwortlichen Beamten kostenlos die Haare. Oder sein Bruder wartet ihm regelmäßig die Heizung. Oder …«

Der Mann im Kiosk bewegt sich sehr langsam, denn es ist erst 10 Uhr, also noch sehr früh am Tag. Ich versuche ihm klarzumachen, was ich suche. Er zeigt mir Seife und holt aus einem der in der Ecke gestapelten Kartons eine Bürste. Dann geht er mit mir nach draußen. Außerhalb der genehmigten 3 Quadratmeter – »Griechen mögen es nicht, wenn sie sich an Gesetze halten müssen« (Gerichtsdolmetscher Tassos) – stehen Getränkeschränke, Kisten mit Lampen und Batterien und eine Kühlbox für Eis. Und an Leinen hängen Zeitungen und Heiligenbilder. Der Kioskbesitzer bedeutet mir, dass ich selbst suchen soll. Ein alter Mann, der von morgens bis spät in der Nacht immer auf einem Hocker neben dem Kiosk sitzt, Kaffee trinkt und mit dem Verkäufer schwatzt, rückt zur Seite. Statt zu suchen, zeichne ich dem Kioskbesitzer den Handgrill auf.

Der zuckt die Schultern. Und als die Kirchenglocken läuten, schlägt er das Kreuz. Danach spricht er mit dem Kaffeetrinker. Der steht auf, nimmt mich am Arm, geht mit mir die Egnatia in Richtung Triumphbogen entlang, zeigt in eine rechte Nebenstraße und schlurft zurück zu seinem Stammplatz.

Ich finde kein Geschäft mit Haushaltsgegenständen. In der Nähe höre ich die laute, wehklagende Musik einer Ziehharmonika und das tiefe Grummeln und hohe Zirpen eines sehr hart klingenden Zupfinstrumentes. Solche Musik hat Katerina gestern bei Anthi aufgelegt. Sie klingt traurig und aufbegehrend wie Blues. Katerina hatte mir erzählt, dass sie diese alte Musik, das griechische Rembetiko, genauso liebt wie Selbstgedrehte und Selbstgebrannten. Rembetiko ist Anfang des 20. Jahrhunderts in den Armenvierteln von Piräus,

Thessaloniki und anderen Hafenstädten entstanden. Fischer, Transportarbeiter, Tagelöhner und die von Krankheit oder Krieg Gezeichneten spielten das Rembetiko auf der Bouzouki. Die Lieder handelten von Arbeit, Schmerz, Liebe, Hunger und Tod.

Die Musikanten stehen, von zwei Touristengruppen verdeckt, um das Denkmal von Grigoris Lambrakis. Über dem Denkmal schwebt heute ein gelber Luftballon. Damit er nicht wegfliegt, liegt ein Betonklotz auf dem Ende der Schnur.

Ich war an solchen durch Ballons gekennzeichneten Touristentreffpunkten schon oft vorbeigelaufen. Aber noch nie habe ich dort einen Musiker gesehen, der eine Bouzouki spielt. Der Bauch dieses Instruments ist so dick wie eine Kürbishälfte und das mit 3 Doppelsaiten bespannte Griffbrett sehr lang und kunstvoll mit Intarsien verziert.

Nachdem Ziehharmonika und Bouzouki schweigen, legen ein Mädchen aus der Schülergruppe und ein Mann aus der Gruppe von schon sehr betagten Touristen – wahrscheinlich Pensionären – Sträuße mit roten Nelken neben das Denkmal.

Der Stadtführer verteilt Broschüren und Lagepläne und drückt auch mir, in der Annahme, dass ich zu den Pensionären gehöre, ein Büchlein in die Hand. Als ich es mit der Bemerkung, ich sei ein Jermano, zurückgeben will, sagt er auf Deutsch: »Behalten Sie! Es kostet nichts. Mit interessantem Artikel über unsere nächste Station – die Kirche vom heiligen Minas.«

Ich gehe im Pulk der Pensionäre zu der mir wohl unvergesslich bleibenden Taubenschiss-Kirche und hoffe, dass ich den ehrwürdigen Popen Georgios aus der Gruppe heraus unbemerkt doch noch fotografieren kann. Unterwegs frage ich den jungen Stadtführer, ob es stimmt, dass alle Priester der griechisch-orthodoxen Kirche wie Beamte vom griechischen Staat bezahlt werden. Und ob ihr Salär während der Krise wie das anderer Staatsangestellter gesenkt worden ist.

Er bestätigt mir beides. Ob allerdings Priester auch entlassen, also eingespart, worden sind, weiß er nicht. »Wahrscheinlich nicht. Ich habe hier noch keine Demonstration von Priestern erlebt.«

Vor der Kirche schwebt ein gelber Luftballon mit der Nummer 5. Schüler wie Veteranen schlagen schon vor dem Eingang zum Kirchenhof das Kreuz. Pater Georgios steht am Portal und schweigt. Der Stadtführer erklärt den Touristen die Geschichte der Kirche. Danach gehen sie, vom Pater mit Kopfnicken begrüßt, hinein. Und während die meisten von ihnen Geld in den Opferstock werfen, rechne ich. 8000 Priester, die vielleicht weniger als Pater Georgios, aber monatlich mindestens 1000 Euro vom Staat erhalten. Das sind im Jahr 96 Millionen …

Als die Touristen Pater Georgios im Hof umringen, hole ich den Fotoapparat aus der Tasche. Bevor ich auf den Auslöser drücken kann, teilt der Pater die Menge und kommt zu mir. Er lächelt zwar, sagt aber betont langsam, als ob er einen seiner Schüler in der deutschen Schule ermahnt: »Ich hatte dir schon vor einigen Tagen gesagt, dass ich nicht fotografiert werden möchte.«

Ich nicke. Und als wollte er mich für meinen Gehorsam belohnen, gibt er mir eine Weisheit seiner letzten Predigt mit auf den Weg: »Gott ist zwar der Einzige, der Wunder vollbringen kann, aber wir Priester, seine Diener, dürfen ihm dabei manchmal auf Erden behilflich sein. Doch heute sind für viele Menschen – vor allem im westlichen Europa – das Geld und die Banken die neuen Priester. Aber sie können nur Wunder für die Reichen vollbringen. Die Armen hoffen vergeblich.«

Und er schlägt das Kreuz.

Bei einem Krämer finde ich den Original-Klemm-Grill mit Handgriff. Er kostet nur 8 Euro. Ich freue mich, dass ich in Griechenland ein Schnäppchen gemacht habe, und stelle mir vor, wie meine Freunde zu Hause staunen werden, wenn ich Fisch oder Fleisch grille, ohne dass ich zuvor die Flammen löschen muss. Das einzige Problem: Ich kann das Gerät nicht mehr in meinem Rucksack verstauen und weiß nicht, wie ich es nach dem Einchecken durch die Kontrolle bekommen werde.

Am Nachmittag scheint die Sonne. Ich gehe das erste Mal, seitdem ich in Thessaloniki bin, zum Meer hinunter, begrüße es, indem ich mich von der Kaimauer hinabbeuge und wie immer eine Handvoll Salzwasser trinke. Heute ist die Begrüßung jedoch gleichzeitig meine Verabschiedung. In der vergangenen Woche bin ich lediglich durch die Stadt gelaufen. Habe unter blühenden Bäumen im Kafenio gesessen, verfallene Villen fotografiert und mir die Preise in den Geschäften auf-

Jesus preisgesenkt

geschrieben. Beispielsweise, dass der Preis für Brot im Supermarkt von einem auf den anderen Tag um 10 Cent gestiegen und der Preis für den goldenen Jesus am Kreuz in dem Bilderladen an der Egnatia von 30 auf 19 Euro gesunken ist.

Nun endlich das Meer.

Auf der Kaimauer steht, sein weiß bemaltes Gesicht zur Stadt gewandt, ein regloser Mann, der von Kopf bis Fuß in ein weißes Kapuzengewand gehüllt ist. In seinen weißen Händen hält er eine rote Rose. Die Kunstinstallation einer dem Meer entstiegenen Skulptur. Zu ihren Füßen steht ein Korb mit Münzen.

Angler am Hafen

100 Meter daneben hockt ein Mann in einer zerrissenen Hose, einem grünen T-Shirt und mit einer roten Schirmmütze. Er angelt, wie wir das schon als Kinder versucht haben: ein Stock ohne Griff und Kurbel und eine dünne Schnur, an der ein Haken befestigt ist. Die sich in Intervallen vergrößernden und danach wieder verkleinernden Wellenberge spritzen ihm bei der stärksten Welle – ich zähle immer die siebente – Gischt über Kopf und Schulter. Seine Plastetüten sind leer, seine Haare, die Schultern und der Rücken triefend nass. Doch er gibt den Kampf gegen die Wellen nicht auf. Als ich stehen bleibe, zeigt er mir mit der Hand die Größe des Fisches, den er fangen und heute Abend essen will.

Die Models, die in gebührender Entfernung für eine

Fotoshooting

Fotografin sehr elegante Kleider der Sommerkollektion am Meer präsentieren, ignoriert er genau wie sie ihn.

Am Eingang des für Besucher zugänglichen Hafengeländes dröhnt Discomusik. Reisebüros, Reedereien und Händler bieten in Zelten und an Ständen Luxusfahrten, Anglerbedarf, Segelboote, gesellige Nächte in Tavernen mit Rembetiko-Musik und Spielzeug zum Selbstbasteln an.

Ich laufe durch die Ausstellung zu den Lagerhallen, weil ich Marios Giannopoulos und den 18-jährigen afrikanischen Migranten Pablo suche. Doch ich entdecke sie nicht. Auf einem Poller am Hafenbecken sitzt ein lesendes Mädchen. Ich sehe nur ihre langen schwarzen Haare. Sie hat das Gesicht dem Meer zugewandt und lässt sich, das Buch über dem Wasser haltend, auch nicht stören, als ich sie fotografiere. Einen Moment lang denke ich, dass dieses Stillleben einer griechischen Schönen am Meer das Titelbild für den Umschlag des Buches sein könnte. Vielleicht zusammen mit dem Stacheldraht, der dreifach über den hohen Maschenzaun gespannt ist. Er riegelt den Hafen, in dem die Schiffe anlanden, vom zugänglichen Gelände ab. Am Ende dieses Zaunes ist der Stacheldraht wie eine Aalreuse gedreht und über dem Wasser befestigt, damit man sich über dem Meer nicht von einer Seite auf die andere hangeln kann.

Auf den Stufen einer kleinen Halle finde ich endlich Marios und seinen Freund aus Afrika. Es ist ein weißer Afrikaner. Marios trägt selbst in der Mittagshitze seine schwarze Wollmütze.

Er freut sich, dass wir uns noch einmal sehen, und meint: »Menschen, die sich wirklich finden wollen, treffen sich auch.«

Von der lauten Ausstellungsmeile holt er Kaffee. Pablo hat Jeans an und ein rosa-graues ausgewaschenes T-Shirt, das früher wahrscheinlich rot gewesen ist. Dazu trägt er spitze Lacklederschuhe mit Metallschnallen, wie ich sie bei Evangelos, dem griechischen Feinkostproduzenten aus Suhl, gesehen hatte.

»Ich habe ihm die Schuhe geschenkt«, sagt Marios. Der Junge steht auf, geht hinter die Lagerhalle. Als er zurückkommt, hat er das verblichene T-Shirt umge-

Die zwei Seiten des Hafens

dreht. Nun sind zwar die Nähte zu sehen, aber es leuchtet blutrot, als ob es neu ist.

»Mir ist es nach der Flucht besser ergangen«, versichert Marios. »In Rostock war es sehr kalt, aber ich bekam Stiefel mit Fell und eine Hose. Die war so dünn, dass ich darüber, was ich nicht wollte, noch eine dicke Hose ziehen musste. Die Jacke war aus einem Stoff genäht, den man auch als Segel nutzen kann. Und eine Frau, ich nannte sie in unserer Sprache Anastasia, obwohl sie Anna hieß, strickte mir einen dicken roten Schal und eine schwarze Mütze.«

Nein, die trägt er nicht mehr. Aber seitdem hat er immer eine schwarze Mütze auf dem Kopf.

Er ist in Rostock zwei Klassen tiefer eingestuft worden. Nach einem Jahr konnte er Deutsch. In der Schulmannschaft spielte er Fußball. Er wollte in die Oberliga-Mannschaft von Empor Rostock, sei aber im Spiel für den Trainer »nicht kollektiv genug gewesen«. Zuerst arbeitete er als Schweißer auf der Werft. Danach delegierten ihn die Kollegen zum Maschinenbaustudium. »Ich bestand meine Ingenieurprüfung zwar nur mit einer Drei, aber alles war damals sehr gut«, sagt er, verbessert sich aber sehr leise: »Fast alles war gut, denn ich blieb ohne Nachricht von zu Hause, und niemand konnte mir sagen, wo sich mein Onkel Dionyssos in Polen aufhält. Meine Mutter und mein kleiner Bruder waren tot, der Vater vermisst. Ich war plötzlich familienlos. Marios Giannopoulos – ein Mensch ohne Vergangenheit.«

Er habe oft stundenlang am Meer gestanden. »Die Ostsee war für mich immer ein Meer.« Auf der Landkarte zeichnete er die Schiffsroute nach Thessaloniki ein: die Ostsee, die Nordsee, der Atlantische Ozean, das Mittelmeer, das Ägäische Meer …

»Doch in den Hafen, von dem aus die DDR-Schiffe in die Welt fuhren, durfte man nicht hinein. Stacheldraht wie hier. Dort Stacheldraht, damit niemand aus dem Land herauskam. Und hier, damit niemand in das Land hineinkommt.«

»Und wie ist Pablo nach Griechenland gelangt?«, frage ich.

Genau weiß es Marios nicht. »Der Junge hat seine Geschichte einem Landsmann erzählt. Und der übersetzte sie für mich ins Englische.«

Pablo hat in einer kleinen marokkanischen Hafenstadt gelebt. Als er 8 Jahre alt war, verunglückte sein Vater, ein Maurer, beim Einsturz des Baugerüstes. Er starb im Krankenhaus. Die Mutter, die für eine Boutique in Tanger auf Bestellung Kleider, Röcke und Hosen nähte, blieb, ohne wieder zu heiraten, mit den 4 Söhnen allein. Pablo war der jüngste. Zwei Brüder fischten in einem notdürftig geflickten und schlecht geteerten Boot vor der Küste. Meist reichte ihr Fang nur für den eigenen Kochtopf. Vor 3 Jahren wurde Pablos Mutter sehr krank. Sie konnte die Finger nicht mehr bewegen. Die älteren Brüder beschlossen auszuwandern. Sie wollten in Kanada Arbeit suchen und Geld nach Hause schicken, damit die Mutter und der kleine Bruder überleben konnten. Als Pablo damals bettelte, dass sie ihn mitnehmen sollten, foppten sie ihn: »In Kanada gibt es noch wilde Bären, die werden dich fressen, Kleiner!« Wenn er groß wäre, sollte er nach Europa auswandern, aber sich nicht – das wussten sie als Fischer – mit einem Boot, »einem Todesschiff«, nach Italien oder Spanien übersetzen lassen. Später schickten sie ihm 5000 Dollar, damit ihn Schlepper über die Türkei nach Europa bringen.

»Von Istanbul aus wurde Pablo mit 10 Männern, 3 Frauen und 2 Kindern in einen Kleintransporter bis zum griechischen Grenzfluss Evros gefahren, den sie nachts in Gummibooten überquerten. Auf der griechischen Seite nahmen ihnen Einheimische – zur Sicherheit, wie sie sagten – zuerst alle Papiere ab. Pablo musste unterschreiben, dass er ihnen später 300 Euro bezahlt. Dafür würden sie ihn nach Thessaloniki bringen. Von dort sollte er auf einem Schiff nach England fahren. Das versprachen sie. Und er glaubte es.«

Um die 300 Euro zu verdienen, arbeitete Pablo auf einer griechischen Plantage.

»Erdbeeren pflücken?«

»Nein, Kirschen.« Marios stockt und sagt: »Entschuldigung, du hast noch nicht gegessen.«

Er geht in die Lagerhalle und kommt mit Weißbrot, Tomaten und einer großen Schüssel Erdbeeren zurück.

Die Erdbeeren schmecken noch wie Erdbeeren.

»Weil der Plantagenaufseher Pablo verprügelt hat, floh der Junge. Ich habe ihn vor zwei Wochen schlafend an der Straße gefunden und im Auto nach Thessaloniki mitgenommen. Er hatte weder Geld noch eine Jacke.«

Seitdem versteckt sich Pablo vor der Polizei in dem ungenutzten Lager.

»Ich versuche ihm täglich Englisch beizubringen, damit seine Hoffnung nicht stirbt, dass er irgendwann doch in England arbeiten kann.«

Pablo hat Glück, dass er kein schwarzer Afrikaner ist. »Schwarze werden von den Faschisten der ›Morgenröte‹ verfolgt. Und als Weißer kann er sich besser vor der Polizei verbergen. Seine typisch afrikanisch gekräuselten Haare werde ich ihm noch kurz schneiden.«

Ich frage Marios, womit er, der Maschinenbauingenieur, heute sein Geld verdient.

Und Marios antwortet im Tonfall von Pater Georgios: »Ich habe hier vor 3 Jahren, da war ich 68, ein Wunder erlebt.« Die Metallfabrik, in der er 10 Jahre als Abteilungsleiter gearbeitet hat, verkaufte im Inland immer weniger, und im Ausland eroberten deutsche Produkte den Markt. Der Betrieb wurde geschlossen. Marios blieb über ein Jahr ohne Arbeit und erhielt nicht einmal 300 Euro Rente.

Doch dann sei das Wunder geschehen.

»Ich stehe in der Kirche und bitte die Gottesmutter, wie ich das schon oft getan hatte, um einen neuen Arbeitsplatz. Vor mir betet ein sehr gut gekleideter alter Mann. Er geht am Stock. Beim Treppensteigen bricht sein Stock entzwei. Ich helfe ihm. Auf der Straße steht sein großes Auto. Der Fahrer wartet. Ich reibe mir die Augen. Den Fahrer kenne ich. Bei einer Demonstration war er neben mir marschiert, und wir hatten gemeinsam geschrien: ›Tod den neuen Faschisten!‹ Der Fahrer klopft mir auf die Schulter und fragt, ob ich seinen Chef im Auto nach Hause fahren könnte. Er selbst müsste wegen einer wichtigen Besorgung einige Stunden in der Stadt bleiben. Unterwegs erzähle ich dem alten Herrn, dass ich keine Arbeit habe. Als er sich erkundigt, welche Partei ich bei der letzten Parlamentswahl gewählt habe, frage ich listig, welche er wählt. ›Die Nea Dimokratia.‹ Natürlich sage ich: ›Ich wähle auch immer die Nea Dimokratia.‹ (In Wirklichkeit hatte ich SYRIZA meine Stimme gegeben.)

Der Mann mit Schlips und Anzug war ein hoher Gewerkschaftsfunktionär. Vielleicht könnte er mir helfen, sagt er. Sein Parteifreund von der Nea Dimokratia sei mit einem Angestellten in der Baubehörde befreundet. Der bearbeite zurzeit den Antrag eines Unternehmers, der auf einem Fabrikgelände einen Garagenkomplex bauen will. Wenn er die Baugenehmigung erhält, braucht er einen technischen Chef. 10 Tage danach rief der Gewerkschaftsfunktionär an und gab mir eine Telefonnummer. Seitdem leite ich den Aufbau des Garagenkomplexes.«

Und seitdem glaubt er, der Sohn eines griechischen kommunistischen Partisanen, an Wunder. Dass sich sein Lebenswunsch durch ein Wunder erfüllen lässt, bezweifelt er trotzdem. Er möchte, dass sich alle kleinen Leute in allen Ländern vereinigen und sich gegen diejenigen auflehnen, die an ihnen verdienen.

Ich frage nicht, wie diese Utopie verwirklicht werden kann. Doch Marios erläutert es am Beispiel der griechischen Krise. »Die internationalen Verdiener an der Krise fürchten, dass sie eines Tages die kleinen Leute aller Länder nicht mehr entzweien und ausnutzen können. Das wird so sein, wenn überall auf der Welt die gleichen sozialen Bedingungen, also die gleichen Löhne, die gleichen Mieten, die gleichen Altersrenten und die gleichen Gesetze zur Erhaltung der Umwelt, gültig sind.«

Er gibt mir eine griechische Drachme. »Ich habe sie seit meiner Rückkehr nach Griechenland aufbewahrt. Wirf sie bitte für mich in Rostock ins Meer!«

Dann setzt er sich mit Pablo in den Schatten der Lagerhalle und fragt ihn englische Vokabeln ab.

»Ich habe keine Familie mehr. Aber vielleicht irgendwann einen Sohn, den ich in England besuchen werde.«

In einer Taverne am Meer gibt es Gyros, wie ich ihn mag: ohne Ketchup und ohne Pommes. Ich esse zwei

Portionen, dazu Tsatsiki mit viel Knoblauch. Trinke 3 Gläser roten Wein und 2 Ouzo. Und singe im fröhlichen Lärm der Griechen, weil mich keiner verstehen kann, deutsche Shanties. Immer nur den Refrain. Danach humpele ich zum letzten Mal zum »Europa«.

Und weil Kostas heute keine Zeit für ein Nachtgespräch hat, erzählt er mir nur noch eine kurze Geschichte.

»In seinem Ort sieht ein älterer Mann vor der Fischtaverne das Schild: ›Speisen und Getränke umsonst. Alles bezahlen die Enkel.‹ Der Mann glaubt an einen Scherz, doch als am nächsten Tag immer noch Speisen und Getränke, die die Enkel bezahlen, angeboten werden, sagt der Mann zu seiner Frau: ›Zieh dich fein an, ich lade dich heute Abend in die Fischtaverne ein.‹ Sie entgegnet erstaunt: ›Du warst doch noch nie mit mir in einem Restaurant, weshalb heute?‹ Aber natürlich nimmt sie seine Einladung an. Vor dem Eingang hängt immer noch das vielversprechende Schild. Der Mann bestellt zuerst Champagner. Danach lässt er Hummer und Langusten und delikate Fische kommen, probiert mit seiner Frau die feinen Desserts und verlangt zum guten Schluss noch französischen Kognak. Als sie dankend gehen wollen, bringt der Kellner eine Rechnung über 850 Euro. Der Mann empört sich: ›Wozu eine Rechnung? Es war doch alles umsonst! Bezahlen sollten die Enkel!‹ Das bestätigt der Kellner und erklärt lächelnd: ›Aber diese Rechnung ist die von Ihrem Großvater!‹«

Dann stellt Kostas mir noch seine Eltern vor, fragt, ob

Katharina morgen mein Gepäck heruntertragen soll, sucht mir die Telefonnummer der Taxizentrale, sagt, dass ich zum Flughafen nicht mehr als 20 Euro bezahlen soll, drückt mir zur Erinnerung an die Nachtgespräche eine etikettlose Plasteflasche mit Tsipouro in die Hand. Und gibt mir, nachdem ich bezahlt habe, eine ordentliche Rechnung. »Für dein Finanzamt!«, spottet er. Es ist alles gesagt und getan. Der Chef vom »Europa« lacht, knackt mit den Fingern und sagt: »Komm mal wieder.«

Am nächsten Nachmittag lande ich in Berlin-Schönefeld. Es regnet Blasen. Die Schwalben fliegen tief. Eine Woche später überschwemmt die Flut der Flüsse einen Teil von Deutschland.

6 MONATE SPÄTER

Katerina dolmetscht eine Lesung von Ingo Schulze in Thessaloniki.

Peruz wird auf dem Nachhauseweg vom Kaffeeladen auf der Egnatia überfallen. Der Täter versucht, ihr die Tasche zu entreißen, und stößt sie zu Boden. Man bringt sie mit Schädelbruch ins Krankenhaus

Anthi unterrichtet als Gastprofessorin an der Humboldt-Universität in Berlin.

Kostas muss wegen der Übernachtung von Migranten in seinem Hotel ins Gefängnis und wird nach einer Woche gegen Kaution freigelassen. Er schreibt mir: »Entschuldigung, ich hatte vergessen, Dir zu sagen, was ›Ich liebe dich‹ auf Griechisch heißt: S'agapao.«

Tassos ist noch nicht verheiratet. Er stellte auf einer internationalen Konferenz in Berlin seine Dissertation über das Gerichtsdolmetschen in Griechenland vor.

Bei einer Diskussion über die Finanzkrise fragte mich ein in Deutschland lebender griechischer Journalist, ob ich wüsste, dass nur zwei NATO-Staaten mehr als 2 Prozent ihres Bruttoinlandsproduktes für die Rüstung ausgeben: die USA und das hochverschuldete Griechenland, das im Jahr immer noch für rund 10 Milliarden Euro Waffen kauft.

Er schlug vor, Frau Merkel, die als »Kommandeurin der Troika« von den Griechen unerbittlich eine extreme Einsparung bei Löhnen, Renten, Arbeitslosenhilfe, Gesundheitsfürsorge, Bildung und in anderen lebensnotwendigen Bereichen verlange, einen Brief zu schreiben. Darin sollte man sie fragen, weshalb sie nicht einmal andeutungsweise erwähne, geschweige denn fordere, dass die griechische Regierung auch Milliarden bei Rüstungskäufen einsparen müsse. Ob es daran läge, dass die Griechen mit den EU-Krediten Waffen bei Krauss-Maffei Wegmann (KMW) und anderen deutschen Rüstungsfirmen kauften? Müssten die Griechen weitere Hunderttausende entlassen, die Krankenbetreuung streichen und Arbeitslosen den Strom abstellen, damit ihre Regierung auch künftig für Milliarden Euro deutsche Waffen kaufen könnte?

Ich weiß nicht, ob er den Brief geschrieben hat.

In der VIO.ME-Fabrik, in der sie immer noch täglich für 10 Euro arbeiten, verrichten nicht mehr alle Arbeiter alle Tätigkeiten. Für die Abrechnungen haben sie eine Buchhalterin eingestellt.

In Athen bringen Rechtsextreme den linken antifaschistischen Musiker Pavlos Fyssas (wie seinerzeit Lambrakis) auf offener Straße um. Führer der »Goldenen Morgenröte« werden verhaftet.

Und noch einmal Tassos. Er mailt mir eine Krankengeschichte, die, wie er meint, typisch für griechische Verhältnisse sei: »Ein Grieche, der nach einem Sturz im Ausland eine Beinverletzung hatte, wollte sich zu Hause behandeln lassen. In seiner Stadt gab es kein Zentrum der kostenlosen solidarischen Arzthilfe. Er versuchte, einen Arzttermin in einer staatlichen Praxis zu erhalten. Man teilte ihm mit, dass er erst in 4 Wochen vorsprechen könne. Wenn er allerdings privat versichert sei, könnte er am nächsten Tag behandelt werden. Er war nicht privat versichert. Als seine Beschwerden nach 3 Wochen immer schlimmer wurden, riet man ihm, es bei einem Arzt zu versuchen, der täglich die ersten 3 Patienten auch unangemeldet behandelt. Der Arzt öffnet um 8 Uhr die Praxis. Weil der Mann schon seit 5.30 Uhr wartend davorstand, wurde er angenommen. Der Arzt verschrieb Gehhilfen und bestellte den Mann in 3 Wochen wieder. Nachdem keine Besserung eingetreten war, musste operiert werden. Zuvor aber war ein MRT nötig. Für diese MRT-Untersuchung gab der Arzt dem Patienten eine Liste mit 20 bis zu 100 Kilometer entfernten Praxen. Keine dieser Praxen konnte einen Termin innerhalb von 4 Wochen vergeben. Nur eine Praxis schlug vor, dass der Patient, wenn er rund 1000 Euro bezahlt, sofort … Da entsann sich der Mann in letzter

Not früherer Verbindungen zu einem Bürgermeister, in dessen Stadt sich eine Klinik und ein MRT-Gerät befinden. Er nutzte die Beziehung (messa). Der Bürgermeister kannte eine Ärztin, die Ärztin kannte den Verantwortlichen für MRT-Untersuchungen in der Klinik … 3 Tage später wurde der Patient untersucht … Das sind griechische Verhältnisse.«

Aber, um bei der Wahrheit zu bleiben: Das schrieb nicht Tassos, sondern ein Deutscher, der auf der Fahrt nach Griechenland gestürzt ist, sich bedauerlicherweise dort nicht im solidarischen Ärztezentrum behandeln ließ und in Deutschland die medizinische Odyssee eines nicht privatversicherten Patienten erleben musste.

Den »griechischen Grill« präsentierte ich im Sommer, indem ich darin Forellen über dem Feuer schwenkte. Unsere Freunde staunten nicht. Sie besaßen selbst solch ein Gerät, hatten es jedoch nicht für 8 Euro in Griechenland, sondern für 2 Euro in einem deutschen Schnäppchenmarkt gekauft.